中国家庭教育与儿童发展蓝皮书（2023）

上海纽约大学应用社会经济研究中心 / 编
中国福利会发展研究中心

· 主　编 / 吴晓刚
· 副主编 / 缪　佳

上海社会科学院出版社
SHANGHAI ACADEMY OF SOCIAL SCIENCES PRESS

目 录

序 ……………………………………………………………………… 1

第一章 理论背景 ……………………………………………………… 1
  第一节 引言 …………………………………………………………… 1
  第二节 理论基础 ……………………………………………………… 6
  第三节 国内外儿童发展研究现状 …………………………………… 9
  第四节 中国儿童发展研究的概念框架 ……………………………… 15
  第五节 小结 …………………………………………………………… 18

第二章 家庭教育资源 ………………………………………………… 19
  第一节 中国家庭教育支出的变化趋势 ……………………………… 20
  第二节 家庭经济资源投入 …………………………………………… 23
  第三节 家庭的非经济性教育资源 …………………………………… 32
  第四节 小结 …………………………………………………………… 43

第三章 家庭教育分工 ………………………………………………… 45
  第一节 中国家庭结构变迁 …………………………………………… 45
  第二节 家庭成员角色分工 …………………………………………… 50
  第三节 父亲参与情况与结果 ………………………………………… 55
  第四节 隔代抚育参与情况与结果 …………………………………… 65
  第五节 小结 …………………………………………………………… 74

第四章　教育期望与家庭养育 …… 78
第一节　教育期望 …… 78
第二节　养育观念 …… 84
第三节　养育模式 …… 87
第四节　亲子互动 …… 94
第五节　父母参与 …… 99
第六节　小结 …… 110

第五章　家庭教育对儿童发展的影响 …… 112
第一节　家庭教育的重要性 …… 112
第二节　家庭背景对儿童发展的影响 …… 114
第三节　家庭教育对儿童发展的影响 …… 123
第四节　小结 …… 135

附录　中国儿童发展干预项目及评估 …… 137
第一节　中国早期儿童发展干预项目实施背景 …… 137
第二节　中国0—6岁婴幼儿主要干预项目及评估 …… 139
第三节　小结 …… 157

序

　　社会经济地位在代际间传递的过程和机制是社会科学研究的一个永恒话题。近年来,对这一问题,研究的关注点逐渐转向生命历程早期阶段的发展,因为婴幼儿期是个人认知和社会情感技能发展的关键时期,将较大影响其后续的学业成功、就业结果以及最终的社会经济成就。儿童早期投资可以带来丰厚的人力资本回报。根据诺贝尔经济学奖得主詹姆斯·赫克曼(James J. Heckman)的分析,投资人力资本在胎儿期的收益最大,其次是在 0—5 岁,即儿童的早期发展阶段。投资儿童早期教育,他们成年之后的收入回报率每年有 7%—10%,而美国 1945—2008 年的股票年平均回报率不过 5.8%。此外,也有越来越多的实证研究显示,家庭养育的质量在不同阶层间的差距正日渐扩大,成为经济不平等加剧、社会流动率下降和阶层固化的根源。因此,家庭教育、儿童发展对于经济发展和社会稳定具有长远的影响。在中国,这一议题更与国家未来发展紧密相关。深入研究家庭如何通过早期教育投资影响儿童的成长轨迹,对于制定公平有效的教育政策至关重要。

　　"家庭是人生的第一所学校,家长是孩子的第一任老师,要给孩子讲好'人生第一课',帮助扣好人生第一粒扣子。"习近平总书记的这一重要论述,深刻诠释了家庭教育的重要意义。党的十九届四中全会提出,要构建覆盖城乡家庭教育指导服务体系,注重发挥家庭家教家风在基层社会治理中的重要作用。国家首次就家庭教育进行专门立法。2021 年 10 月 23 日《中华人民共和国家庭教育促进法》通过,明确未成年人的父母或者其他监护人负责实施家庭教育;国家和社会为家庭教育提供指导、支持和服务。社会对家庭教育的需求也日益增长。然而,我国关于家庭教育和儿童发展的理论分析和实证研究尚显缺乏。上海纽约大学应用社会经济研究中心(Center for Applied Social and

Economic Research，CASER）成立于 2020 年 11 月 19 日。中心"以实证科学入门，以人文关怀入世"，致力于推动当代中国社会民生问题的实证研究。中心成立之初，就将教育与儿童发展、社会不平等列为重点关注的两个议题，并自 2021 年以来，开启了"上海儿童早期教育与发展调查项目"（Shanghai Early Education and Development Survey[SEEDS]），简称"种子计划"，并与多所高校、研究机构建立了合作关系，将"种子计划"研究设想向国内其他区域扩展，促进学术研究与实际应用跨学科和跨地区的比较研究。

特别值得一提的是，2023 年 8 月，中心与中国福利会发展研究中心（宋庆龄儿童发展中心、中国福利会教师教育发展中心）签署合作框架协议，在资源共享、互惠共赢的前提下，发挥各自在专业和学科上的领先优势，在 0—12 岁儿童教育与发展领域进行合作，共同推动"种子计划"，建立我国第一个在大都市背景下关于儿童发展与教育、家庭、社区的综合性数据库。双方充分发挥各自优势，共同撰写儿童教育与发展领域研究报告，举办学术会议，合理运用相关研究成果，开展宣传，促进研究成果转化。本书是双方合作的第一项成果。

本书主题部分的撰写，完成于 2022 年，为"种子计划"筹备阶段的一项重要工作。由于缺乏我国有关家庭教育和儿童发展的基础数据，我们主要利用可以公开获取、由北京大学中国社会科学调查中心负责实施的"中国家庭追踪调查"（China Family Panel Studies[CFPS]）数据的相关模块，辅以中心研究团队参与设计、由上海大学数据科学与都市研究中心（Center for Data and Urban Science, CENDUS）实施搜集的"上海都市社区调查"（Shanghai Urban Neighborhood Survey[SUNS]）数据的相关模块。CFPS 样本覆盖 25 个省、市、自治区，最终的样本规模为 14 960 户家庭，调查对象涵盖样本家庭的家庭成员共 42 590 位个人，包括 8 990 位 0—15 岁的儿童和青少年。CFPS 在其后针对这些家庭和个人，每两年追踪调查一次，包括 2012、2014、2016、2018、2020、2022 年共六次，本书所使用的数据截至 2020 年。SUNS 研究设计与 CFPS 类似，2017 年的入户调查基期数据来自 180 个居委会或村委会的 5 120 户、8 631 位成年人和 1 892 位儿童及青少年；2019 年对这些样本进行了跟踪，完成了 4 243 户家庭、7 654 位成年人和 1 482 位儿童及青少年的数据采集。研究报告主要分析 CFPS 数据，并以 CFPS 历年并未涵盖但包括在 SUNS 2017 年的相关议题为补充。此外，本书还使用了中国福利会发展研究中心（宋庆龄儿童发展中心、中国福利会教师教育发展中心）开展的"上海市 3—12 岁儿童家庭教育现状与需求调查"[即上海市教育科学研究项目"构建本土积极家教支持系统的探索性研究（C15001）"]数据，该调查采用多阶段按规模大小成比例的概率抽样法，在2016—2017年共收集了1132名幼儿园阶段和1280名小学阶段儿童的信息。

本书共分五章，外加一个附录。第一章概述了国内外关于婴幼儿期发展和儿童早期投资重要性的研究证据，介绍家庭经济、文化和社会资本如何影响子女认知和社会情感技能发展；基于已有的理论和研究证据，提出了一个关于儿童发展与家庭、社区、学校、地方、国家等多层次因素密切互动的整合性理论框架，以期为儿童早期教育领域的未来跨学科研究提供分析方向。第二章从多个维度理解家庭教育资源，使用CFPS数据，描述中国家庭教育资源在2010—2020年的变化趋势，及其在不同维度上的差异，探讨差异产生的机制。第三章基于2000—2020年中国人口统计年鉴数据，以及2012—2018年CFPS调查数据，展示近20年来我国家庭结构变迁的主要特征，家庭成员角色分工的变化，父亲参与育儿的情况，及隔代养育的变化趋势和对儿童的影响。第四章介绍反映家庭对教育重视程度的教育期望，以及与培养孩子的原则相关的养育观念，其后讨论作为抽象类型的养育分类与作为具体实践的亲子互动和父母参与；利用CFPS调查数据，综合对比全国教育期望在不同地区和群体间的差异；利用SUNS数据和"上海市3—12岁儿童家庭教育现状与需求调查"数据，分析不同类型上海家庭在家庭养育观念、行为和亲子陪伴方面的差异。第五章回顾国内外有关家庭背景、家庭教育和儿童发展主题的重要研究成果，并结合CFPS（2018—2020）和SUNS2017的数据，描述当前中国有关家庭背景、家庭教育是如何影响儿童发展的结果。附录梳理了中国目前具有代表性的儿童和青少年发展干预项目及其试点，为未来在SEEDS调查设计中嵌入干预项目提供经验。

本书是上海纽约大学应用社会经济研究中心研究团队集体合作的成果。副主编缪佳与叶一舟协助主编拟定框架，组织报告的撰写。中国福利会发展研究中心（宋庆龄儿童发展中心、中国福利会教师教育发展中心）对本书亦有贡献，各章的主要作者分别是

第一章：李欣、吴晓刚

第二章：张奕

第三章：李佳蓉、宁夏

第四章：叶一舟

第五章:殷俊

附录:王彦蓉

沈明宏统筹负责数据分析和制图。韩煦和胡宇轩,以及中国福利会发展研究中心(宋庆龄儿童发展中心、中国福利会教师教育发展中心)的徐溯、唐小雨、钱啸云参与全书书稿校对,并在书中补充中国近年来出台的相关政策及实际工作。最后,缪佳协助主编通读全书定稿。本书的写作和出版,受到上海纽约大学(2021BF XG W)资助,在此一并致谢。

我们希冀本书的出版,为深化上海纽约大学应用社会经济研究中心的特色议题研究,在"种子计划"研究基础设施上,推动中国情境下的养育科学(parenting science)建设,助力家庭教育和科学育儿实践,迈出坚实的一步。

吴晓刚　缪　佳

2023 年 11 月 20 日

第一章 理论背景

婴幼儿期是个人认知和社会情感技能发展的关键时期,将较大影响了其后续的学业成功、就业结果以及长期的社会经济成就获得。儿童早期投资可以带来丰厚的人力资本回报,但同时也是发展不平等的根源。我国正规的幼儿保育和教育项目及政策仍在进一步发展中,但在儿童早期教育和发展的系统性科学研究领域相对薄弱。本章首先概述关于婴幼儿期发展和儿童早期投资重要性的研究证据,随后介绍家庭经济、文化和社会资本影响子女认知和社会情感技能发展的理论框架,接着简要概括国内外儿童教育和发展的相关项目及启示,最后对儿童早期教育领域的未来研究趋势进行展望。基于已有的理论和研究证据,我们提出了一个关于儿童发展与家庭、社区、学校、地方、国家等多层次因素密切互动的整合性理论框架,并结合我国目前早期教育现状,引出了微观、中观和宏观层面的相关问题,以期为儿童早期教育领域的社会科学未来研究提供分析方向,为进一步促进我国人力资本投资、推动社会流动的实践和政策提供科学证据。[①]

第一节 引 言

习近平总书记在党的十九大报告中指出,"建设教育强国是中华民族伟大复兴的基础工程,必须把教育事业放在优先位置"。教育事关国民素质的提高、创新能力的提升和国家综合实力的发展。少年儿童是国家的未来和民族

---

① 本章部分内容改写与扩展自:吴晓刚,李欣.中国儿童早期发展与社会流动[J].华东师范大学学报(教育科学版),2023,41(10):53—65.

的希望,儿童早期是人的一生中最关键的发展阶段,不仅很大程度上会影响了人一生的成就,也在较大程度上影响了国家社会层面的人力资本水平。儿童早期发展(Early Childhood Development,ECD)非常需要正确的教育和引导。家庭是孩子成长的摇篮和第一所学校,父母是孩子的第一任老师。家庭教育是指家长(主要是父母)在家庭生活中对孩子行为和价值观的引导和影响,是对孩子社会化过程进行的教育和影响,是孩子接受最早、持续最久、影响最深远的教育。在微观层面的家庭内部,家庭环境与父母教养对孩子的成长至关重要。在宏观层面上,家庭是社会的基本细胞,家庭教育在学校—家庭—社会的协同育人体系中发挥着重要作用。

父母对孩子的直接或潜在影响时时处处发生在家庭中父母与孩子的日常交流、孩子对父母行为举止的模仿等。父母自身的文化心理素质、父母对孩子的期望态度、父母的教育观念行为以及家庭资源条件都是影响家庭教育的重要因素。家庭对孩子成长的影响体现在方方面面,例如孩子的身体健康、人生态度、行为准则、文化素养、能力发展等。其中,早期的家庭条件和教育尤为重要,在儿童发展的关键时期起到主导作用,进而影响孩子的终身成就。社会学、经济学、心理学、教育科学和神经科学等多学科已达成共识:婴幼儿早期的家庭和学前环境,对其日后不同阶段的认知和非认知能力发展有着非常重要的影响。产前和婴幼儿阶段的家庭和公共项目投入是人力资本投资和技能形成的重要推动力,可以带来高效且长期的回报。在儿童早期教育的社会实践方面,英美等西方国家的婴幼儿托育相关行业起步早,发展至今相对成熟,相关政策法规较为完善。我国正规的幼儿保育和教育项目及政策仍在持续完善中,长期以来,通过一系列政策和措施,我国的幼儿保育和教育发展迅速,然而,3岁以下婴幼儿的托育和教育服务资源供给仍然不足、质量参差不齐,这一阶段的儿童教养仍大多由家庭承担。在儿童早期教育的相关研究方面,很多发达国家都建立了从幼儿阶段开始的长期追踪调查项目,这些项目为儿童发展和早期教育相关的学术研究和政策制定提供了广泛而有价值的依据。此外,国内外诸多针对相对弱势背景儿童的干预项目都证实了早期环境对个人长期发展的因果性作用,以及早期干预对于改善儿童早期体验的有效性。然而,我国目前仍缺乏关于儿童早期教育和发展的多学科、系统性的科学研究,也未建立大规模、具有代表性的儿童发展追踪数据库。项目组希望针对我国当前早期家庭教育存在的问题,通过建立儿童早期发展的概念模型,为相关社会科学领域的未来研究提供方向。

一 婴幼儿期：发展的关键时期

婴幼儿期是大脑可塑性（brain plasticity）最强、神经发生（neurogenesis）最为活跃的时期，是认知和心理社会技能发展的重要时期。[1]在生命最初的几年里，大脑发育所消耗的能量占到所有能量的50%—75%，大脑建立神经元连接的速度达到最快，大约为每秒超过100万个神经元连接，幼儿3岁时大脑活跃程度是成人大脑的2倍。[2]社会学、经济学、心理学和神经科学的多学科研究表明，儿童出生后的最初几年所接触的家庭和学前环境，会影响其不同发展阶段的认知和社会情感技能。这些早期获得的技能和能力相互作用并相互促进，是个人随后的学业成功、就业结果以及长期的社会经济成就的重要决定因素。[3][4][5][6][7][8][9]早期技能缺陷会在整个生命周期中积累和加强，阻碍儿童和成人的终生学习和发展。[10]

一个关于儿童早期能力影响长期发展状况的经典研究是棉花糖实验（Marshmallow Experiment），这是1972年由斯坦福大学教授、心理学家沃尔特·米歇尔

---

[1] Gertler P, Heckman J, Pinto R, et al. Labor market returns to an early childhood stimulation intervention in Jamaica[J]. Science, 2014, 344(6187):998—1001.

[2] 参见 The Washington Post. A Nobel Prize winner says public preschool programs should start at birth[EB/OL]. (2016-12-12). https://www.washingtonpost.com/local/education/a-nobel-prize-winner-says-public-preschool-programs-should-start-at-birth/2016/12/11/2576a1ee-be91-11e6-94ac-3d324840106c_story.html; Center on the Developing Child at Harvard University. InBrief: the science of early childhood development[EB/OL]. https://developingchild.harvard.edu/resources/inbrief-science-of-ecd/。

[3] Bowles S, Gintis H, Osborne M. The determinants of earnings: a behavioral approach[J]. Journal of economic literature, 2001, 39(4):1137—1176.

[4] Farkas G. Cognitive skills and noncognitive traits and behaviors in stratification processes[J]. Annual review of sociology, 2003:541—562.

[5] Heckman J J, Stixrud J, Urzua S. The effects of cognitive and noncognitive abilities on labor market outcomes and social behavior[J]. Journal of labor economics, 2006, 24(3):411—482.

[6] Borghans L, Duckworth A L, Heckman J J, et al. The economics and psychology of personality traits[J]. Journal of human resources, 2008, 43(4):972—1059.

[7] DiPrete T A, Jennings J L. Social and behavioral skills and the gender gap in early educational achievement[J]. Social science research, 2012, 41(1):1—15.

[8] Cunha F, Heckman J J, Lochner L, et al. Interpreting the evidence on life cycle skill formation[J]. Handbook of the economics of education, 2006, 1:697—812.

[9] Kulic N, Skopek J, Triventi M, et al. Social background and children's cognitive skills: the role of early childhood education and care in a cross-national perspective[J]. Annual review of sociology, 2019, 45:557—579.

[10] DiPrete T A, Eirich G M. Cumulative advantage as a mechanism for inequality: a review of theoretical and empirical developments[J]. Annual review of sociology, 2006:271—297.

(Walter Mischel)领导的一项关于儿童早期自控力或延迟满足(delayed gratification)的研究。[1]参与的32名儿童年龄在3岁6个月到5岁8个月之间,来自附属于斯坦福大学的一家幼儿园。在这项实验中,孩子可以选择立即获得一个小奖励(棉花糖),或者选择等待一段时间后获得两个小奖励。让这个研究闻名的不是他们最初的发现,而是后续的追踪研究(第1次是1988年,第2次是1990年)。在后续研究中,研究人员发现那些延迟获得奖励越久的孩子拥有更高的美国高考(SAT)成绩,并拥有更好的耐心、更好的自制力(如较低的毒品滥用率和肥胖率)、更好的抗压力和更好的社交能力等。[2][3]需要指出的是,"棉花糖实验"的研究,并非一项旨在验证儿童自控力(非认知能力)与成年后社会经济成就之间因果关系的设计,因而其近年来受到一系列研究的批评。其中最重要的一个批评是关于实验对象的代表性:参与实验的儿童来自斯坦福校园的一家幼儿园,当中很多儿童是斯坦福学生或教授的孩子。延迟满足可能主要是中间阶级和上层阶级的文化,而对于在贫困家庭中长大、习惯了生活不稳定的儿童,延迟满足可能并没有意义。此外,延迟满足对孩子长期发展状况的预测能力在一系列最近的研究中受到了挑战,这些研究发现孩子的经济背景、家庭环境的稳定性、文化背景等也在其中挥发了决定性的作用。[4][5]儿童"延迟满足"的能力可能只是其成长环境的副产品。换句话说,培养孩子的"延迟满足"可能会带来竞争优势,但孩子成长的环境决定了谁更有可能具有这样的能力。

二 儿童早期投资:奠定发展的基础

儿童早期的投资为认知和心理社会技能的发展奠定了基础。儿童早期发展与其成年后的社会经济成就之间的因果关系的确立,要归功于以诺贝尔奖经济学奖获得者詹姆士·赫克曼(James J. Heckman)为代表的一批经济学家

---

[1] Mischel W, Ebbesen E B. Attention in delay of gratification[J]. Journal of personality and social psychology, 1970, 16(2):329.

[2] Ayduk O, Mendoza-Denton R, Mischel W, et al. Regulating the interpersonal self: strategic self-regulation for coping with rejection sensitivity[J]. Journal of personality and social psychology, 2000, 79(5):776.

[3] Schlam T R, Wilson N L, Shoda Y, et al. Preschoolers' delay of gratification predicts their body mass 30 years later[J]. The Journal of pediatrics, 2013, 162(1):90—93.

[4] Calarco J M. Why rich kids are so good at the marshmallow test[J]. The Atlantic, 2018.

[5] Benjamin D J, Laibson D, Mischel W, et al. Predicting mid-life capital formation with preschool delay of gratification and life-course measures of self-regulation[J]. Journal of economic behavior & organization, 2020, 179:743—756.

对一系列针对来自弱势群体家庭的儿童早期教育的干预研究资料的再分析。赫克曼和他的团队专注北卡罗来纳州的两个为低收入儿童提供免费照料的全日制项目，Abecedarian（简称 ABC）和 Carolina Approach to Responsive Education（简称 CARE）项目，针对来自劣势家庭的 8 个月大的婴儿提供延续至 5 岁的早教项目，后续跟踪他们至 35 岁。赫克曼团队经分析发现，从出生开始的幼儿教育项目的公共投资回报率（13%）要高于从 3 岁开始的学前项目（7%—10%）。①高质量幼儿教育项目可以为儿童带来长期的回报，尤其是来自低收入家庭的孩子。研究表明，参加这类项目的孩子更可能从高中毕业，智商更高，收入更高，并且更加健康。这是因为当儿童在早期获得良好的照顾和培养时，孩子的大脑发育就会处于一个好的轨道上，这是孩子健康和长期发展的基石，这对于父母、孩子和未来劳动力市场都有重大意义。②相反，如果在成长早期脱离父母、缺乏良好的照顾，那将对孩子的正常成长带来极为严重的负面影响。一个著名的例子是 20 世纪 60 年代罗马尼亚政府为刺激生育颁布了"770 法令"，禁止堕胎和节育，然而许多贫困家庭并没有能力抚养那么多孩子，大量的儿童被抛弃或成为孤儿。因此，当时的罗马尼亚全国建造了数百所孤儿院来管理这些被遗弃的儿童。研究发现，在罗马尼亚孤儿院中被严重忽视的儿童的大脑结构遭到了破坏。与生活在家庭中、有父母陪伴的孩子的大脑相比，他们的大脑更不活跃，成长和学习更慢。这些孤儿如果越早被收养，则越有可能拥有正常的成年期。③

　　这些基本技能和能力的形成受到个体在幼儿时期的生活环境，特别是受到家庭的影响。社会学研究通常将家庭看作核心的分层力量和地位获得的关键决定因素。家庭不平等的大部分影响从幼儿时期就开始显现。国内外越来越多的经验研究显示，家庭教养的质量在不同阶层间的差距正日渐扩大，跨代

---

① Heckman J J, Moon S H, Pinto R, et al. A new cost-benefit and rate of return analysis for the Perry Preschool Program: a summary[R]. Cambridge, MA: National Bureau of Economic Research, 2010.

② 参见 The Washington Post. A Nobel Prize winner says public preschool programs should start at birth[EB/OL]. (2016-12-12). https://www.washingtonpost.com/local/education/a-nobel-prize-winner-says-public-preschool-programs-should-start-at-birth/2016/12/11/2576a1ee-be91-11e6-94ac-3d324840106c_story.html; The Washington Post. Why your children's day care may determine how wealthy they become[EB/OL]. (2017-04-27). https://www.washingtonpost.com/news/wonk/wp/2017/04/24/why-your-childrens-daycare-may-determine-how-wealthy-they-become/。

③ Cohn J. The Two Year Window[EB/OL]. (2011-11-15). https://newrepublic.com/article/97268/the-two-year-window.

累积优势或劣势不断累积和加剧,出现了社会流动率下降和阶层固化的现象。拥有丰富资源的家庭会促进儿童的认知、社交和行为技能的发展,而缺乏资源的家庭则会产生相反的效果。[1][2]"毒性压力"(Toxic Stress)模型结合社会学、神经科学、心理学和遗传学,分析了早期暴力、环境危害和其他逆境对贫困儿童认知和身体发育的损害。[3]家庭的邻里社区在影响儿童和青少年的福祉方面亦发挥着重要作用。[4]对美国各地数百万家庭的计量经济学分析表明,儿童成长的邻里环境,尤其是从很小的时候开始,对他们成年后的各方面产生了强烈的影响,例如收入、大学入学率、生育率和婚姻模式。[5]遭受经济衰退、极端天气和传染病等负面冲击的幼儿在教育和劳动力市场结果方面遭受长期影响。不平等的种子在生命的早期就种下,而在以后的生活中,补救的效果会更差,成本也会更高。

第二节 理论基础

本节介绍家庭背景影响儿童认知和社会情感能力发展的理论基础。这个理论框架关注家庭经济资本、文化资本和社会资本,讨论了不同社会经济背景的家庭拥有的资源和育儿行为是如何影响儿童各方面发展结果的,为儿童从出生开始的能力和技能形成及其背后的因果机制提供了一系列的解释。

一 经济资本

家庭经济资本对儿童发展起着关键性作用。经济资本是指可以用来获得商品与服务的金钱和物质性财富,是各种社会资源中最基本也是最有效的资本形式。当家庭拥有较多的经济资本、雄厚的经济支付能力时,就能够为子女

---

[1] Kim P, Evans G W, Chen E, et al. How socioeconomic disadvantages get under the skin and into the brain to influence health development across the lifespan[M]//Halfon N, Forrest C B, Lerner R M, et al. , eds. Handbook of life course health development. Cham: Springer, 2018:463—497.

[2] Benjamin D J, Laibson D, Mischel W, et al. Predicting mid-life capital formation with preschool delay of gratification and life-course measures of self-regulation[J]. Journal of economic behavior & organization, 2020, 179:743—756.

[3] McEwen C A, McEwen B S. Social structure, adversity, toxic stress, and intergenerational poverty: an early childhood model[J]. Annual review of sociology, 2017, 43:445—472.

[4] Sampson R J. Neighborhood inequality, violence, and the social infrastructure of the American city[M]//Tate IV WF, ed. Research on schools, neighborhoods, and communities: toward civic responsibility. Lanham: Rowman & Littlefield Publishers, Inc. , 2012:11—28.

[5] Chetty R, Hendren N. The impacts of neighborhoods on intergenerational mobility I: Childhood exposure effects[J]. The quarterly journal of economics, 2018, 133(3):1107—1162.

的教育投入更多的资本,使子女获得更充足、优质的教育资源。相反,经济贫困、生活物资匮乏会直接或间接地影响儿童的认知和社会情感发展。直接地,经济资本不足会限制儿童学习环境的丰富性,贫困儿童往往缺乏学习资源,也很难获得高质量的学习辅导。并且,贫困也会影响孩子的心理健康,例如会给孩子带来无助、羞耻和被排斥的感觉,尤其在精英文化社会背景下。[1]间接地,贫困可能剥夺亲子时间,低收入的父母更可能不得不长时间工作,而无暇为孩子提供社会情感发展所需的优质儿童保育和亲子互动。[2]经济困难的父母也可能无法为孩子的社会化提供有效的引导,例如贫困的孩子更可能存在习得性无助(learned helplessness)、动机缺陷(motivational deficit)等问题。面临经济困难的成年人会承受更大的来自社会或家庭压力,自身的心理资源不足,严重时可能会引发心理健康问题,进而损害他们作为父母养育和教育孩子的能力。[3]当他们无法为孩子提供足够的温暖、沟通,缺乏对孩子适当行为的监控时,孩子的发展会受阻,甚至可能导致更多儿童行为问题的出现。

二 文化资本

家庭文化资本是孩子成功的必要资源。文化资本是指通过各种教育活动的作用而储存于个体身上的文化知识、修养和技能等,可以客观化为文化产品、制度化为学历,也可以体现为身心的某种倾向。[4]文化对个人技能、习惯和知识的塑造起到关键作用,文化资本是个人建构行动策略的工具箱,个人采用建立在其习惯(habitus)之上的策略来组织他们的生活。[5]家庭的客观化(objectified)文化资本越丰富,比如家庭拥有的书籍、绘画等物质性文化财富越丰富,或者质量越高,越可能为孩子提供大量的可供学习或促进学习的工具。家长拥有被社会认可的文凭、职称等体制化(institutionalized)文化资本,可以通过对子女的智力支持、言语点拨为子女带来正向的教育效果。具体化(embodied)文化资

---

[1] Zhang H. Social assistance for poor children in urban China: a qualitative study from the recipients' perspective[J]. Children and youth services review, 2016, 64:122—127.

[2] Kalil J A. Childhood poverty and parental stress: important determinants of health[J]. UBC medical journal, 2015, 6(2):41—43.

[3] Katz L F, Hessler D M, Annest A. Domestic violence, emotional competence, and child adjustment[J]. Social development, 2007, 16(3):513—538.

[4] Bourdieu P. Cultural reproduction and social reproduction[M]//Brown R, ed. Knowledge, education, and cultural change. New York: Routledge, 2018:71—112.

[5] Swidler A. Culture in action: symbols and strategies[J]. American sociological review, 1986: 273—286.

本,即通过各种教育活动的作用而储存在个体身上的文化知识、修养、技能等,决定家庭的文化氛围、家长的教养态度和方式、父母对子女的教育期望等,并通过家长有意识或无意识的言传身教,让孩子在有形的教育和无形的熏陶中受到影响。文化资本的代际传递是阶层地位维持的重要工具,一般而言,父母的社会经济地位越高,拥有的文化资本越丰富,子女的教育成就和个人发展水平可能越高。不同社会阶层地位的家庭往往会采取不同的教养模式,在日常生活的活动安排、亲子互动、技能培养等方面存在差异。[1]例如,贫困父母的教养方式更多地强调服从而非自主,这并不利于孩子在竞争激烈的社会中获得成功。[2]

三 社会资本

家庭社会资本也会影响儿童福祉。社会资本是指在群体或社会网络中的位置和联系,这一持久性的网络将成员相互联系起来,并基于集体性拥有的资本为成员提供支持。[3]家庭内部的家庭结构(例如,核心家庭、主干家庭、单亲家庭等)、家庭成员之间的关系与互动(例如,父母对孩子的关心程度、与孩子共同活动的频率等)等都会对儿童的产生影响。研究发现,家庭成员间的信任和关爱与儿童的身心健康、生活质量、社会适应能力、幸福感等息息相关。[4]父母关系不佳、父母关注不足、亲子互动缺乏等导致的社会资本匮乏则不利于儿童的发展。[5]人力资本、文化资本在代际间的传递需要依赖社会资本这一渠道,而社会资本不足会使儿童难以从父母的资本中获益,不利于其社会化过程。[6][7]此外,在

---

[1] Lareau A, Horvat E M N. Moments of social inclusion and exclusion race, class, and cultural capital in family-school relationships[J]. Sociology of education, 1999:37—53.

[2] Leung J T Y, Shek D T L. Parental beliefs and parental sacrifice of Chinese parents experiencing economic disadvantage in Hong Kong: implications for social work[J]. British journal of social work, 2015, 45(4):1119—1136.

[3] Coleman J S, Hoffer T. Public and private high schools: the impact of communities[M]. New York: Basic Books, 1987.

[4] Lau M, Li W. The extent of family and school social capital promoting positive subjective well-being among primary school children in Shenzhen, China[J]. Children and youth services review, 2011, 33(9):1573—1582.

[5] Ferguson K M. Social capital and children's wellbeing: a critical synthesis of the international social capital literature[J]. International journal of social welfare, 2006, 15(1):2—18.

[6] Coleman J S. Social capital in the creation of human capital[J]. American journal of sociology, 1988, 94:S95—S120.

[7] Morrow V. Conceptualising social capital in relation to the well-being of children and young people: a critical review[J]. The sociological review, 1999, 47(4):744—765.

家庭外部,父母通过个人的技能、习惯、观点等文化资本寻求和发展社交网络。父母的社会支持网络越广泛,嵌入程度越深,越可能获得儿童教育相关的信息、资源和支持,也更可能与学校、老师建立起良好的关系和互动,进而为孩子发展带来正面的效果。来自家庭外部的社会资本,例如良好的社区、学校环境可以在一定程度上弥补家庭内部社会资本的不足。[①]须特别指出,在中国的语境下讨论家庭社会资本与儿童发展的关系时,应当考虑我国的文化和相关政策制度,例如户籍制度与人口流动带来的留守儿童问题,生育政策从独生子女政策到单独二孩、全面二孩再到三孩政策的变迁带来的家庭结构变化等。

第三节 国内外儿童发展研究现状

本节介绍关于儿童早期发展的国际追踪调查项目、干预研究项目以及幼儿保育和教育项目在我国的实践,并总结相关的可借鉴经验和未来早期教育项目的完善方向。

一 国际儿童发展调查项目

美国幼儿纵向调查(The Early Childhood Longitudinal Study,ECLS) 项目关注儿童从出生到小学过程中的知识、技能和发展。ECLS项目由美国教育部实施,隶属于美国教育部教育科学研究所(Institute of Education Sciences,IES)的国家教育统计中心(National Center for Education Statistics, NCES)。[②]目前ECLS项目包括四个纵向研究,搜集了关于儿童发展、入学准备和早期学校经历的重要信息:(1)ECLS-B追踪了2001年出生的儿童从出生到进入幼儿园的过程;(2)ECLS-K关注了1998—1999学年的幼儿园班级样本从幼儿园到八年级的发展;(3)ECLS-K:2011使用了2010—2011学年的幼儿园班级样本,从幼儿园追踪至五年级;(4)最新的研究ECLS-K:2024将追踪2023—2024学年的幼儿园班级样本至五年级。该项目为分析广泛的家庭、学校、社区和个人因素与儿童发展、早期学习和学校表现之间的关系提供了宝贵数据。20多年来,ECLS项目协助教育工作者、家庭、研究人员和政策制定者共同改善儿童的教育体验。

---

① Camfield L. Resilience and well-being among urban Ethiopian children: what role do social resources and competencies play?[J]. Social indicators research, 2012, 107(3):393—410.

② 详情参见 https://nces.ed.gov/ecls/。

1970 年英国出生队列研究(The 1970 British Cohort Study，BCS70)追踪了 1970 年一周内出生在英格兰、苏格兰和威尔士的大约 17 000 人的生活,搜集了所有参与者关于健康、身体、教育和社会发展以及经济状况等因素的信息。[1]BCS70 主要由英国经济和社会研究委员会(Economic and Social Research Council)资助。BCS70 已成为社会流动性、教育、培训和就业以及经济不安全等关键政策领域的重要证据来源。该项研究贡献了大量关于生命不同阶段个人发展的重要证据。

德国全国教育追踪调查(The German National Educational Panel Study，NEPS)是由莱布尼茨教育轨迹研究所(Leibniz Institute for Educational Trajectories, LIfBi)进行的一项跨学科研究。[2]NEPS 的目标是搜集在整个生命过程中有关能力发展、教育过程、教育决策和教育回报的纵向数据。目前该项目已发布了六个队列的数据,并将持续公布更多轮的数据。这项调查项目为与教育和培训过程相关的各个学科(如人口统计学、教育科学、经济学、心理学、社会学)提供了丰富数据,并将为教育政策和实践提供指导。

通过对这些具有全人口代表性的追踪调查数据进行分析,相关研究发现,在所有的国家,来自不同社会经济背景家庭的儿童在健康、认知和非认知能力方面发展的差距在很早的阶段就已经出现。这些差距是遗传与教养(parenting)共同作用的结果,而后者可以通过改变家长的育儿行为而实现。此外,在所有的国家,来自不同社会经济背景家庭的儿童在进入正规教育体系之前的基础已经具有很大的差异,这些差异影响了儿童在学校的学业表现。因此,缩小学前教育的差距非常重要。[3]最后,这些差距不会因儿童的成长而缩小,优势和劣势会不断累积,使得社会经济不平等长期化,造成社会流动的停滞。[4]目前我国还未设立类似的大规模、具有代表性的儿童发展追踪调查项目,以上项目为我们推进相关项目的启动提供了重要的参考价值。

二 国际干预项目

大量专门针对弱势儿童的干预项目都证实了早期儿童环境对青少年和成

---

[1] 详情参见 https://cls.ucl.ac.uk/cls-studies/1970-british-cohort-study/。
[2] 详情参见 https://www.ncps-data.de/Mainpage。
[3] Cunha F, Heckman J J, Lochner L, et al. Interpreting the evidence on life cycle skill formation[J]. Handbook of the economics of education, 2006, 1:697—812.
[4] Attanasio O, Cattan S, Meghir C. Early childhood development, human capital, and poverty[J]. Annual review of economics, 2022, 14:853—892.

人阶段的结果具有长期的因果作用,并在许多发达国家和发展中国家产生了巨大的研究和政策影响。

佩里学前教育项目(Perry Preschool Program,PPP)是 1960 年代初期在美国密歇根州伊普西兰蒂的佩里小学开展的一项幼儿教育计划。该项目是美国最早的为改善贫困家庭的学前儿童的学业成绩而设计的早期儿童项目,专门针对生活在不利环境中、智商得分低、家庭社会经济地位指数低的弱势儿童。这项计划从儿童 3 岁开始并持续 2 年,干预包括在学年的工作日进行 2.5 小时的学前教育,并辅以教师每周的家访。项目课程通过鼓励儿童积极参与学习来促进其认知和社会情感发展,引导儿童通过计划—操作—审查过程来计划、执行和反思他们的活动。在参与者大约 15、19、27 岁和 40 岁时进行了后续访谈。在这些采访中,参与者提供了有关他们生命周期轨迹的详细信息,包括学校教育、经济活动、婚姻生活、抚养孩子和犯罪情况。此外,研究人员还收集了学校记录、警察和法庭记录以及使用社会福利记录等形式的行政数据。研究发现,那些接受过高质量早教的孩子相较没有接受过早教的孩子,成为未成年父母的比例更低,成年以后的犯罪率更低,更有可能从高中毕业、找到工作并且收入更高,更有可能拥有自己的住房和汽车[1]。根据计算,如果将参与这项实验的花费视作一项"投资",其社会效益的年回报率为 7%—10%,超过同期股票投资。[2][3]针对弱势儿童的早期干预可以缩小技能差距,促进经济效率和社会流动性。因此,即便根据成本—效益分析,从公共政策的角度,政府也应该通过社会福利项目干预儿童的早期发展。作为最早和被引用最多的儿童早期干预措施,该项目的研究证据被广泛应用于倡导儿童早期项目的投资和政策制定。

另一项针对儿童早期发展进行的随机干预项目为生活在贫困中的发育不良的牙买加幼儿提供社会心理干预,针对生活在首都贫民区的 127 名年龄在 9—24 个月、发育不良的儿童开展了为期两年的随机干预研究。具体的干预措施包括社区卫生工作者在 2 年内每周访问参与家庭 1 小时,教授育儿技能,并

---

[1] Heckman J, Moon S H, Pinto R, et al. Analyzing social experiments as implemented: a reexamination of the evidence from the HighScope Perry Preschool Program[J]. Quantitative economics, 2010, 1(1):1—46.

[2] Bowles S, Gintis H, Osborne M. The determinants of earnings: a behavioral approach[J]. Journal of economic literature, 2001, 39(4):1137—1176.

[3] Farkas G. Cognitive skills and noncognitive traits and behaviors in stratification processes[J]. Annual review of sociology, 2003:541—562.

鼓励母亲与孩子互动和玩耍，以培养孩子的认知和社会情感技能。对项目的评估发现，干预使参与者的收入增加了25%，足以赶上发育正常的孩子的收入水平。[1]研究结果表明，在弱势环境中，儿童早期的社会心理干预可以对个人的劳动力市场结果产生重大影响，并减少后续生活中的不平等。该项目是针对早期儿童发展干预对发展中国家儿童长期经济滞后和发展不平等影响的第一次实验性评估。研究表明，牙买加的干预计划对收入的影响比在美国实施的任何计划都要大得多，这意味着早期儿童发展计划可能是改善发展中国家弱势儿童长期发展结果的一种特别有效的策略。

国内外已经有很多项目对早期幼儿发展进行干预，如1965年美国开始实施的"开端计划"（Head Start Program），就是林登·约翰逊总统任内联邦政府反贫困计划的一部分，旨在为低收入的家庭和儿童提供从早期教育、健康、营养到父母参与的综合性服务，以建立稳定的家庭关系，促进儿童的身体和情绪的健康发展。[2]"开端计划"至今仍然在进行，从1965年到2020年，总计有3700多万名来自低收入家庭的儿童参与，2020年联邦政府的预算是106亿美元。英国在托尼·布莱尔执政时期，自1998年也开启了一个类似的"开端确保"项目（Sure Start），通过改善婴儿照顾、早期教育、健康与家庭支持，尽可能给予孩子们最好的人生开端。[3]

这些随机实验（干预）项目及其后续的研究，证实了产前和婴幼保育（0—3岁）阶段在人力资本投资和技能形成中发挥的重要作用，并在早期儿童能力发展和其成年后的社会经济表现之间建立起因果联系，从而为不少国家的政府更大规模地将儿童发展纳入消除贫困的社会政策中提供了科学依据。

三 中国的幼儿保育和教育项目

经过长期努力，中国正规幼儿保育和教育的发展取得较大成就，学前幼儿毛入园率已达89.7%。[4]然而，随着社会发展，人们对托育服务的需求不断加

---

[1] Gertler P, Heckman J, Pinto R, et al. Labor market returns to an early childhood stimulation intervention in Jamaica[J]. Science, 2014, 344(6187):998—1001.

[2] Vinovskis M A. The birth of Head Start: preschool education policies in the Kennedy and Johnson administrations[M]. Chicago: University of Chicago Press, 2008.

[3] Glass N. Sure Start: the development of an early intervention programme for young children in the United Kingdom[J]. Children & society, 1999, 13(4):257—264.

[4] 国家统计局,2022年《中国儿童发展纲要（2021—2030年）》设计监测报告[N].中国信息报,2024-01-02(003).

大,对托育服务也提出了更高要求。在这样的背景下,托育服务的普惠性资源供给呈现不足,早期托儿和教育在很大程度上依赖于家庭。我国早期托育的供给和需求缺口较大。目前我国0—3岁婴幼儿约4 200万,其中三分之一有比较强烈的托育服务需求,但入托率仅为5.5%左右,[①]远低于OECD国家3岁以下幼儿35%的平均入托率。[②]近年来,国家和各地政府在推动我国托育服务供给方面取得积极进展。2020—2023年共安排中央预算内投资约36亿元,新建48个地市级以上托育综合服务中心。[③]国家统计局发布的2022年《中国儿童发展纲要(2021—2030年)》统计监测报告显示,截至2022年末,全国共有7.57万家机构提供托育服务,托位总数362.4万个,全国千人口托位数2.57个。[④]但与《"十四五"公共服务规划》[⑤]中提出的"到2025年,每千人口拥有4.5个3岁以下婴幼儿托位数"的目标仍有较大差距。与此同时,我国进一步加大关于学前儿童保育项目的社会政策力度,如2020年,国务院办公厅印发《关于促进养老托育服务健康发展的意见》,积极支持普惠性服务发展。[⑥]2022年7月,国家卫生健康委、国家发展改革委等17部门联合印发《关于进一步完善和落实积极生育支持措施的指导意见》明确提出提升托育服务质量。[⑦]2022年8月,国家发展改革委等部门联合印发了《养老托育服务业纾困扶持若干政策措施》,在中央预算内投资加大对养老托育设施建设支持力度,将养老托育设施建设项目纳入地方政府专项债券支持范围。[⑧]2023年10月,国家卫生健康委等部门印发《家庭托育点管理办法(试行)》的通知,规范发展多种形式的托育服务。[⑨]

[①] 新华网.国家卫健委:全国0至3岁婴幼儿中1/3托育服务需求比较强烈[EB/OL].(2021-07-21). http://www.xinhuanet.com/politics/2021/07/21/c_1127679834.htm.

[②] 李冰冰,程杰,曲玥.我国0—3岁幼儿托育服务状况及"十四五"供需趋势[J].中国发展观察,2022,(08):87—92.

[③] 杨彦帆.普惠托育,托举幸福童年[N].人民日报,2023-05-31(007).

[④] 国家统计局.2022年《中国儿童发展纲要(2021—2030年)》统计监测报告[N].中国信息报,2024-01-02(003).

[⑤] 关于印发《"十四五"公共服务规划》的通知.[EB/OL]. https://www.gov.cn/zhengce/zhengceku/2022-01/10/content_5667482.htm?eqid=f04b025f00022d6700000006645f50e8

[⑥] 国务院办公厅关于促进养老托育服务健康发展的意见国办发〔2020〕52.[EB/OL]. https://www.gov.cn/zhengce/zhengceku/2020-12/31/content_5575804.htm

[⑦] 关于进一步完善和落实积极生育支持措施的指导意见[J].中华人民共和国国家卫生健康委员会公报,2022,(07):30—33.

[⑧] 国家发展改革委等部门印发《养老托育服务业纾困扶持若干政策措施》的通知.[EB/OL]. https://www.gov.cn/zhengce/zhengceku/2022-08/31/content_5707518.htm.

[⑨] 关于印发《家庭托育点管理办法(试行)》的通知[J].中华人民共和国国家卫生健康委员会公报,2023,(10):11—15.

上海于2023年12月1日起实施《关于进一步促进本市托育服务发展的指导意见》，明确了上海托育服务资源的主要形态及促进托育服务的政策举措。①在中国政府出台一系列推进学前儿童保育与教育的意见和政策同时，对获得优质育儿资源和幼儿教育方面的不平等问题的实证科学研究还相对缺乏。在过去几十年间，我国快速的经济增长也带来了收入差距扩大的问题。在城市的新兴中产阶层家庭中可以经常看到对优质儿童保育和幼儿教育资源的竞争和投资；而来自贫困家庭的孩子则处于不利地位，尤其是农村家庭和流动人口的孩子。由于缺乏经济资源、有质量的陪伴时间或保育知识，相对劣势背景的家庭与中产阶层家庭在培育素质方面的差距似乎越拉越大。收入差距的扩大对我国儿童发展和社会流动性的长期后果还有待进一步观察。上海都市社区调查（Shanghai Urban Neighborhood Survey，SUNS）2019年的数据显示，26.72%的受访家庭面临着预算压力（定义为在紧急情况下无法支付5万元的紧急支出），18.8%的家庭的收入低于上海家庭收入中位数（即50 000元）的一半。居住在这些受访家庭的1 461名儿童和青少年中，67%是没有当地户口的流动人口。此外，根据中国家庭追踪调查数据（China Family Panel Studies，CFPS），不同社会经济背景家庭的教育经济投入和育儿行为存在显著差异，尤其儿童早期阶段。例如，2010年2—6岁城市儿童家庭教育支出占总支出的比例约为农村儿童的2.5—4倍。这一差异带来的影响会随着儿童成长越发扩大，终将导致收入差距进一步加剧。

目前我国幼儿的保育和教育相关项目还不是很多，比较具有代表性的有两项（本书最后的附录部分会对我国现有的其他儿童发展干预项目进行系统介绍）。第一个是斯坦福大学设计开展的**农村教育行动项目（Rural Education Action Program，REAP）**。该项目致力于发现中国农村的贫困原因，并寻找简单而有效的解决方案，特别关注儿童早期干预和育儿培训，旨在采取多种干预措施来投资弱势儿童的人力资本，改善中国儿童的未来，包括家长课程、育儿中心、营养支持、幼儿阅读等。②该项目的研究团队由经济学家、教育和健康专家组成，针对中国最紧迫的人力资本问题开展严谨的科学研究，并积极与各种政府、私营和行业团体合作。迄今为止，REAP的教育和营养项目已经影响了中国农村的数百万学生。

---

① 上海教育.上海加快建设标准化、嵌入式社区托育"宝宝屋"[EB/OL]（2023-12-04）. https://edu.sh.gov.cn/xwzx_bsxw/20231204/f1a49f7a09df46869606911caa22a546.html.

② 详情参见 https://reap.fsi.stanford.edu/research/early_childhood_development。

第二个比较有影响力的干预项目是中国发展研究基金会的**农村教育与儿童健康项目(China REACH)**。该项目于 2015 年 7 月在甘肃省华池县启动,是国内首个针对低收入农村地区儿童的综合性早期儿童发展项目。[①]该项目进行了开创性幼儿研究,评估了营养计划、育儿干预和护理人员培训对幼儿发展的影响。目前 REACH 项目已在中国农村全面推广,并根据芝加哥大学团队和中国发展研究基金会的研究结果进行了调整。项目目标包括了解儿童的健康、认知和社会情感发展,以及实施干预项目以提高中国农村地区的人力资本和社区资源。

以上两个项目在我国的开展虽然起步较晚,但仍然具有一定的开创性。一方面,它们借鉴了西方社会比较成熟的针对弱势儿童的早期干预研究及其后续评估的研究成果,将对儿童发展的关注和人力资本的投资应用到偏远省份农村地区的扶贫实践中去,具有深远的政策意义。另一方面,这些针对特定地区、特定人群的干预实践,在更加广泛的意义上,引起了全社会对儿童早期发展,特别是学前阶段家庭教育的重视。当然,REAP 和 REACH 这两个具有影响力的项目还存在着不少局限性。例如,这些研究只针对中国中西部特定农村地区的特定人群,主要采用的实地实验(干预)方法,干预的长期效果还需要假以时日才能够显现。尽管实验研究设计是找到因果效应的最常用的方法之一,但是其研究发现是否具有外部有效性一直受到质疑。换句话说,特定项目中的干预即便有效果,是否可以推广到其他情境、其他人群,还需要更多的证据。此外,项目仅仅涵盖有限的主题,使用了少量评估儿童发展结果的测量工具。在未来,还需要基于全人口的概率抽样追踪调查,来弥补实验/干预研究的不足,兼顾样本的代表性和因果推论的需要。

第四节 中国儿童发展研究的概念框架

本书基于已有的理论和研究证据提出以下概念框架,以期为本儿童早期教育领域的未来研究提供分析方向,进而为促进我国人力资本投资、推动社会流动的实践和政策制定提供依据。儿童发展是一个跨学科的研究领域,涉及心理学、教育学、神经科学、经济学、人口学和社会学等诸多学科。如图 1-1 所示,本概念框架强调了儿童的健康状况、认知水平、社会情感等方面的发展与

[①] 详情参见 https://chinareach.cdrf.org.cn/。

父母、家庭、社区、学校、地方、国家等多层次因素密切相关。儿童发展受到多层次、多维度因素的影响。它既是一个微观的问题，也需要以宏观的视角审视。从社会学的角度看，人的成长脱离不了他们所处的社会环境的限制。

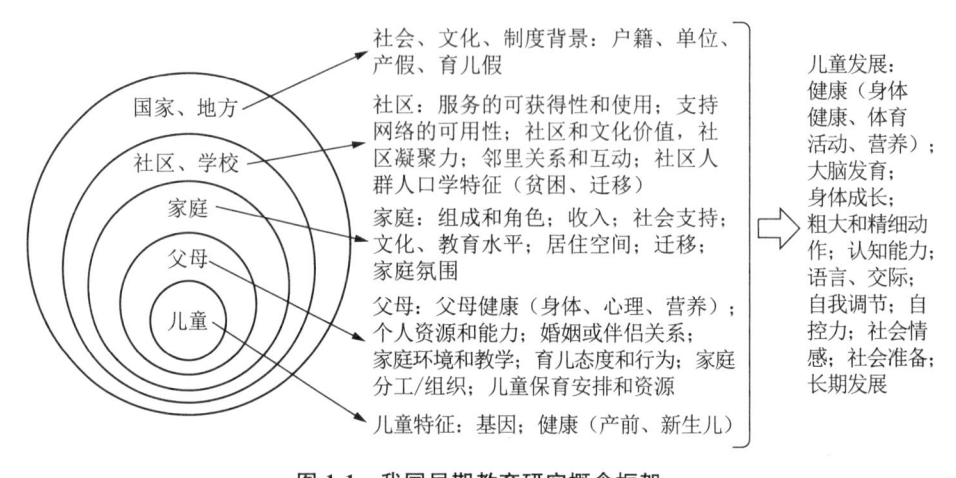

图 1-1 我国早期教育研究概念框架

一 微观层次

儿童发展受到多层次、多维度因素的影响。在微观层面上，儿童自身的基因、产前和新生儿健康是日后发展的基础。父母作为儿童照料和教育的主要责任人，他们的身心健康、认知和非认知能力、育儿态度、观念和行为等都会直接或间接地对儿童发展产生影响。家庭内部的组成和分工、家庭的经济、文化、社会资源、所处的位置和环境、家庭氛围等也会影响儿童的发展。不同地区、社会经济背景的家庭在教育理念、投入和行为上都可能存在着巨大差异，从而造成儿童发展的差异性。例如，我国农村家庭在儿童发展早期对教育的经济性投入一直明显低于城市家庭，支出结构也更单一（主要是学校教育支出），这在一定程度上反映了不同类型家庭的育儿态度和观念存在差异。我们还需要更多研究去进一步探索这种差异现象及其对儿童发展和社会流动性产生的影响。母亲在孩子的养育中仍然占据着主导的地位，孩子的养育状况很大程度上跟母亲的受教育程度和就业情况相关，母亲缺位可能会给孩子带来非常负面的影响。然而，目前在离异、单亲、留守、隔代抚养、旁亲监护等状况下的儿童不在少数，他们的成长会受到何种影响以及如何帮助相对弱势群体儿童的发展，是一个急切需要关注的研究议题。

二 中观层次

在中观层面上,社区和学校是两个重要的影响儿童发展的因素。社区作为家庭所处的环境,是社会服务和支持家庭教育的具体执行者,发挥着连接不同家庭以及家庭和社会资源的纽带作用。社区提供的服务和网络、传达的价值和理念,邻里间的互动,以及社区的整体社会经济水平都会通过家庭影响儿童发展。学校负责组织系统教育,是儿童学习知识和技能的主要场所。如何进一步推进校、家、社协同育人,促进不同儿童教育主体之间的资源整合和紧密合作,仍需要进一步的经验总结和实践探索。

三 宏观层次

在宏观层面上,国家和地方的社会文化背景、相关制度和政策为家庭教育提供了根本保障,为儿童成长和发展提供宏观环境。不同的国家和地方拥有的不同育儿观念、行为和社会政策(如为工作女性提供的产假与育儿假),会影响家庭生育决策、婴幼儿照护质量和亲子关系,进而影响孩子的身心健康发展,最终带来社会不平等的代际传递,即不同的社会流动模式。例如,产假、育儿假对家庭的生育决策、婴幼儿照护都会有影响,进而对孩子与父母之间的关系以及孩子的身心发展产生作用。不同时间和地区的相关政策存在差异,家庭是如何对这些宏观政策进行反馈的,以及如何改善我国未来的生育率和人口结构,这些都需要更深入的研究分析,从而引导相关政策的制定。除此之外,城乡家庭在子女教育上投入的差异在儿童早期非常大,这也反映出城乡早期教育供给侧的结构和质量差异,即农村的学校、社会资源和支持存在更大的缺口,这一结构性问题如何解决还需要更多的社会力量支持。如何缩小城乡在家庭教育方面的差异也值得进一步探究。

女性在家庭中作为母亲承担养育孩子的关键责任,这与在社会中接受良好教育、承担社会责任之间可能存在矛盾。不同于以往女性承担主要养育责任的传统模式,目前的家庭责任观念发生了转变,女性在社会上越来越多地承担工作,随之幼儿托育托管的需求也日益增加。考虑到儿童早期照料的重要性,社会需要提供更多的援助和支持来帮助家庭成功地完成孩子早期的照顾、培养和启蒙。正如2022年8月16日国家卫健委、国家发展改革委等17部门联合印发《关于进一步完善和落实积极生育支持措施的指导意见》所提出的,要建立从生育、哺育、养育再到教育的覆盖婴幼儿全生命周期照护体系,提高家庭婴幼儿照护能力领域的具体落实举措。

此外,早期教育公共服务体系的建立、财政投入和质量监管,教育机构的运营、课程设置和师资配备,科学育儿的教育和实践都需要基于研究证据的科学解决方案。我国学前公共教育普及率在逐步提高,根据2021年教育部统计数据,全国共有幼儿园29.48万所,在园幼儿4 805.21万人,其中普惠性幼儿园覆盖率达到87.78%;共有学前教育专任教师319.10万人,全国开设学前教育专业的本专科高校共有1 095所,毕业生达到26.5万人[①]。但是总体上仍存在师资和教育资源发展不平衡等问题,尤其是3岁前婴幼儿的托育需求难以被满足。家庭面临"入托难"问题,公办托儿所数量不足,民办机构收费高、收费乱、质量良莠不齐,缺乏规范和监管,这需要更多的宏观引导和扶持。

第五节 小 结

本章就关于家庭教育对儿童成长和发展的影响的相关理论和研究现状进行了概括,并提出了未来相关研究的概念框架。这种生命历程的视角可以从儿童养育延续到学校教育和成年以后的社会经济地位获得,为消除贫困,促进社会流动,实现共同富裕和人的全面发展,提供一个整体性、长远性的全新政策视角。基于这一研究设想,研究团队启动了一项针对儿童早期教育及发展的追踪调查项目,融合社会学、经济学、人口学、心理学、教育学、神经科学等多学科的研究成果,使用可靠有效的儿童认知、非认知、健康等方面的测量工具,并在调查中嵌入针对儿童早期发展的干预措施,建立关于儿童发展与家庭、学校、社区的综合性数据库,以期促进我国儿童和青少年发展的高水平科学研究,为相关政策制定提供科学依据。

---

① 参见中华人民共和国教育部.2021年全国教育事业统计主要结果[EB/OL].(2022-03-01). http://www.moe.gov.cn/jyb_xwfb/gzdt_gzdt/s5987/202203/t20220301_603262.html;中国教育在线.教育这十年!今日聚焦学前教育[EB/OL].(2022-04-28). https://baijiahao.baidu.com/s?id=1731284959680249906。

第二章 家庭教育资源

家庭教育资源投入是人力资本投入的重要组成部分。来自家庭的投入对孩子发展具有深远的影响。经济学的研究表明,父母在儿童早期的投入能够实现自我再生产,即早期对儿童的投入使儿童形成的能力会影响后期家庭投入的效果。举例而言,儿童时期形成的学习习惯能够让他们在后面的人生中从学习过程受益更多。[1][2]然而,家庭教育资源投入存在巨大的差异,并且这样的差异有不断扩大的趋势。在全球范围,父母在育儿时间上的投入普遍呈现增长的趋势。在美国,不同学历父母在育儿时间上的投入差距不断扩大。[3]从家庭收入的角度看,美国高收入家庭和低收入家庭的孩子在学业表现上差距也在不断扩大,这背后受到了美国收入不平等的加剧以及家庭投资差异扩大的影响。[4]在我国,以往的学者也从城乡户籍、地区投入、家庭经济背景和家庭结构等方面刻画了家庭教育资源投入的差异。[5][6][7][8]

---

[1] Cunha F, Heckman J J, Schennach S M. Estimating the technology of cognitive and noncognitive skill formation[J]. Econometrica, 2010, 78(3):883—931.

[2] Francesconi M, Heckman J J. Child development and parental investment: introduction[J]. The economic journal, 2016, 126(596):F1—F27.

[3] 德普克,齐利博蒂.爱、金钱和孩子:育儿经济学[M].吴娴,鲁敏儿译.上海:格致出版社,2019.

[4] Reardon S F. The widening academic achievement gap between the rich and the poor: new evidence and possible explanations[J]. Whither opportunity, 2011, 1(1):91—116.

[5] 刘保中.我国城乡家庭教育投入状况的比较研究——基于CFPS(2014)数据的实证分析[J].中国青年研究,2017(12):45—52.

[6] 方超,黄斌.挤入还是挤出:公共教育财政投入对家庭教育支出的影响[J].教育研究,2022,43(2):10.

[7] 张月云,谢宇.低生育率背景下儿童的兄弟姐妹数、教育资源获得与学业成绩[J].人口研究,2015,39(4):16.

[8] 张俊良,张兴月,闫东东.公共教育资源、家庭教育投资对教育贫困的缓解效应研究[J].人口学刊,2019,41(2):13.

家庭教育资源带来的巨大影响使得我们需要更深入且全面地理解家庭教育资源的差异以及背后的机制。本章将从多个维度理解家庭教育资源。家庭教育资源不仅包括了家庭对孩子教育在经济上的投入,也包括了家庭的社会资本、文化资本等非经济资源。我们将使用中国家庭追踪调查(China Family Panel Studies, CFPS)数据,描述家庭教育资源在2010—2020年的变化趋势,以及在地区、城乡以及家庭收入等多个因素上的差异,并且探讨差异背后的产生机制。

第一节 中国家庭教育支出的变化趋势

尽管我国儿童人数的总体规模下降、家庭结构趋于小型化,但家庭教育支出在我国家庭总支出中所占比重逐步上升。本小节根据2010—2020年的中国家庭追踪调查数据,简要陈述近十年来家庭儿童教育支出的变化特征。

一 儿童教育支出快速上升,城乡差异逐渐扩大

中国家庭追踪调查的数据显示(图2-1),在2010年至2020年的这十年中,我国平均儿童教育支出翻了四倍。2010年,平均每个家庭的儿童教育支出仅为1 076元,而2012年,该支出翻了一倍,为2 116元。2016年之后,平均每个家庭儿童教育支出的上升速度加快,从2016年的3 020元上升到2018年的4 574元。这是因为,一方面,随着市场化程度的加深,儿童教育市场出现了戏剧性的扩张;另一方面,严格的计划生育政策,使这一代城市儿童很少有兄弟姐妹,在家庭中"集万千宠爱于一身"的他们,获取的消费资源比以往任何一代人都要好。[1][2]

伴随着儿童教育支出的快速上涨,儿童教育支出的城乡差异也逐渐扩大。2010年,儿童教育支出的城乡差距约为1 288元;2018年,儿童教育支出的城乡差距达到巅峰,超过3 775元。2020年儿童教育支出的城乡差距略微回落。导致该现象的产生主要有两个方面的原因:一方面,随着我国市场转型、社会经济的发展和家庭结构的变化,各收入水平的家庭已经表现出在经济能力允

---

[1] 林晓珊."购买希望":城镇家庭中的儿童教育消费[J].社会学研究,2018, 33(4):163—190+245.

[2] 魏易.校内还是校外:中国基础教育阶段家庭教育支出现状研究[J].华东师范大学学报(教育科学版),2020,38(5):103-116.

许的范围内为子女选择更高质量的学校教育的倾向,家庭对优质教育资源和差异化教育资源需求的增加。另一方面,伴随着义务教育免费和教育市场的发展,家庭可选择的教育产品和服务从由传统的公立学校提供转向由学校和市场共同提供,而校外教育则成为家庭教育消费差异化的需求体现。①

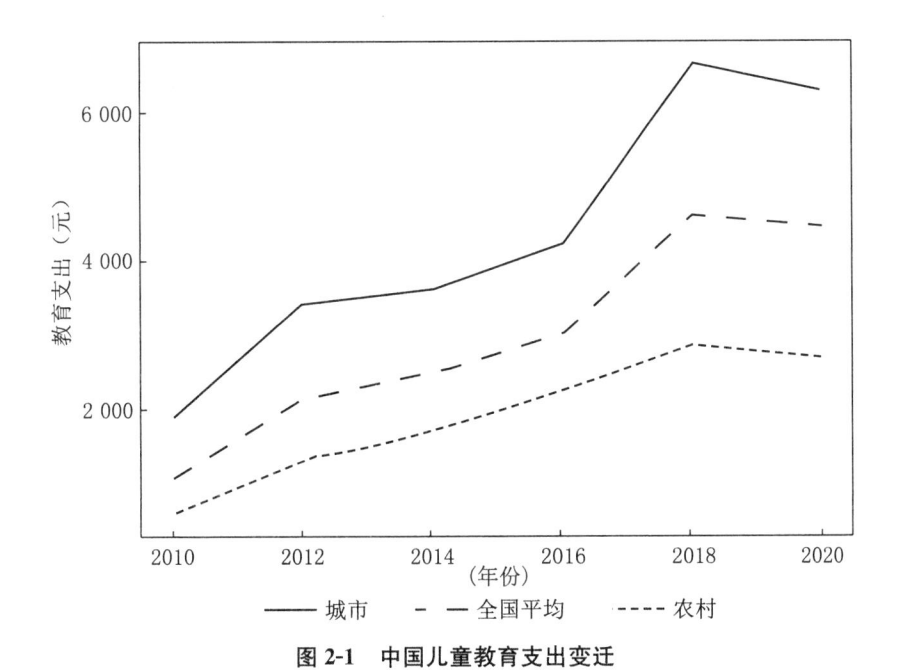

图 2-1 中国儿童教育支出变迁

资料来源:2010—2020 年中国家庭追踪调查数据。

二 儿童教育支出的性别差距不断扩大,尤其是在农村地区

家庭对子女的教育投资是否存在性别差异吸引了较多的探讨,尤其是在东亚的社会情境之中。研究发现,家庭内部教育获得的性别差异来源于父母对女儿和儿子的差异化投资。兄弟姐妹数量增加会显著降低女性的受教育程度,但并不会降低男性的教育获得。②2010—2020 年中国家庭追踪数据显示(图 2-2),男生的教育支出逐渐超过女生,但二者相差较小。2010 年,女生的

---

① 魏易.校内还是校外:中国基础教育阶段家庭教育支出现状研究[J].华东师范大学学报(教育科学版),2020, 38(5):103-116.
② 参见许琪.男女教育的平等化趋势及其在家庭间的异质性[J].青年研究,2015(5):59-68+95-96;郑磊.同胞性别结构、家庭内部资源分配与教育获得[J].社会学研究,2013, 28(5):76-103+243-244。

教育支出要略高于男生；2020年，男生的教育支出超过了女生，两者相差231元。

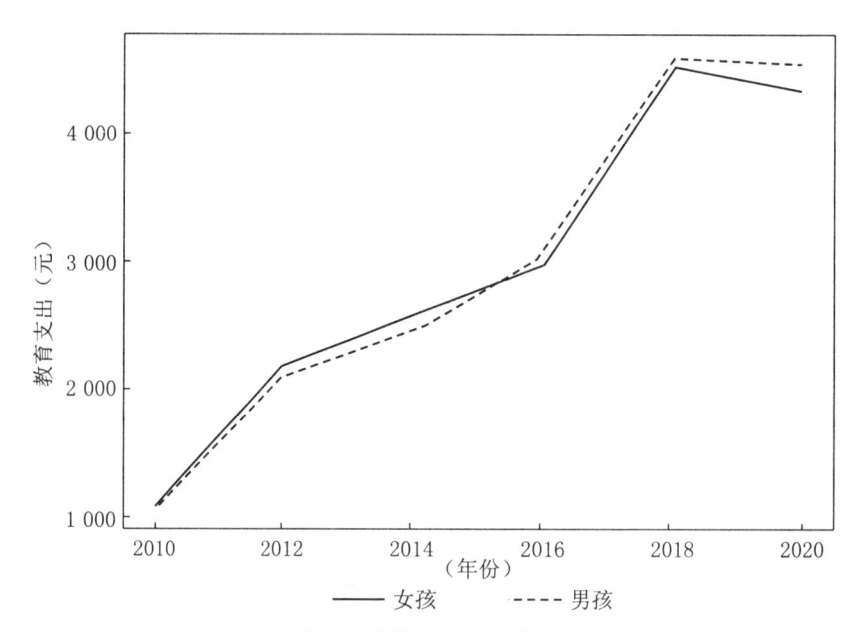

图 2-2　中国儿童教育支出的性别差异变迁

资料来源：2010—2020年中国家庭追踪调查数据。

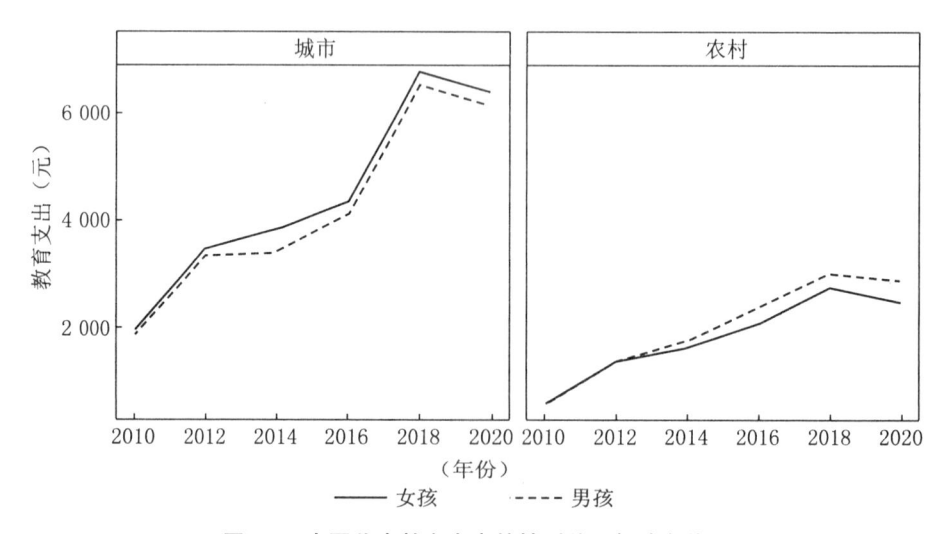

图 2-3　中国儿童教育支出的性别差异与城乡差异

资料来源：2010—2020年中国家庭追踪调查数据。

城市地区女生教育支出更高,农村地区男生教育支出更高。如图 2-3 所示,2010 年,城市女生的教育支出比城市男生约高 78 元;2020 年,该差异上升至 280 元。而 2010 年农村女生的教育支出比农村男生低 21 元,十年后该差异达到 432 元。

第二节 家庭经济资源投入

本节将关注家庭为孩子教育在经济资源上的投入。家庭教育支出既包括学校内孩子在学校就读所花费的学费、书本费、食宿费等,也包括学校外孩子参与补习班和辅导班的费用、购买有益于孩子发展的软件、硬件的支出以及支持孩子参与各类活动的花费等。本节将使用 2018 年中国家庭追踪调查数据,分析家庭在调查过去的一年中对被调查的单个孩子的各类教育支出。[①]首先,关注家庭教育支出的总量水平在地域以及家庭两个层级上的差异。然后,分析不同家庭在分配家庭教育经济资源上的差异。在地区变量上,主要以家庭居住的省份作为分类的标准,并且分为东部、中部和西部三类地区。

在城乡变量上,以当前的户口类型作为界定城乡家庭的方式。在家庭层级上,主要关注家庭收入水平的影响。在分析中,先将家庭的年收入水平进行排序,并根据排序的高低分为四类。前 25% 收入水平的家庭为高收入家庭,收入在前 25% 到前 50% 的家庭为中高收入家庭,收入在前 50% 到 75% 的家庭为中低收入家庭,收入在最后 25% 的家庭为低收入家庭。然后呈现数据中家庭各类教育经济投入结构的整体状况,并且比较经济投入结构的差异。

一 家庭教育支出水平差异

本节将所有的家庭教育支出进行加总,并对家庭教育总支出进行地区间、城乡间、家庭收入水平间的对比。家庭教育支出在家庭总体支出中的占比是衡量教育造成的经济压力的重要指标。因此,研究者还将考察家庭教育支出在家庭总体支出中占比的差异。分析结果发现:

---

① 在本节中,家庭教育支出指的是家庭对单个孩子的支出,而非家庭整体的教育支出(例如,多个孩子教育支出的加总)。

东部地区教育支出远高于西部,差距达到 2.5 倍。以往的研究认为,区域间家庭教育支出差异存在三个中间机制:第一个机制是区域的收入差异。东部地区家庭收入要高于中西部地区,而家庭收入是家庭进行教育投资的决定性因素。因此,区域间的家庭收入差异进一步影响了家庭投资教育的能力。第二个机制是市场化教育资源的差异。不同区域的市场化教育资源(例如,培训班数量)存在差异。区域的教育资源匮乏会限制教育消费,而丰富的市场化教育资源则可能将处于激烈教育竞争中的家庭裹挟进教育市场的资源争夺中。第三个机制则是公共教育资源投入的差异。这一机制在以往研究中受到了广泛关注。美国的经验显示,公共投入是家庭教育支出的"均衡器",一定程度上消弭了不同收入水平家庭在孩子发展上支出的差异。公共投入的增加提高了经济上处于劣势家庭的教育支出,并且减少了优势家庭的支出。[①]但基于中国经验的研究则产生了不同的结论:生均财政经费可能会加剧非贫困家庭的"军备竞赛",增加了高收入家庭的教育支出。[②]2018 年中国家庭追踪调查数据显示,在多种机制的复合影响下,我国的教育支出呈现东部、中部和西部梯度下降的趋势,如图 2-4 所示。居住在东部地区的家庭年平均教育支出为 6 509 元,中部地区年平均教育支出为 4 647 元,而西部地区年平均教育支出只有 2 607 元。比较而言,东部地区家庭教育支出是中部地区的 1.4 倍,是西部地区的 2.5 倍。教育支出整体水平上差异呈现的规律也符合三个影响地区教育投入的机制。东部地区家庭收入要高于中西部地区,教育市场发展程度更高,生均教育资源投入也要更多。因此,逐步消除地区间收入不平均,规范教育市场以及合理配置公共教育资源都能够助力于减少地区间家庭教育经济投入上的差异。

城市家庭教育投入是农村家庭的 2 倍以上。在城乡二元结构的背景下,虽然城乡在小学教育的获得上差异不断减小,但是在高中及以上的教育机会上差距仍然不断扩大。[③][④]教育机会获得差异的背后则是家庭教育投入的分

---

① Jackson M I, Schneider D. Public investments and class gaps in parents' developmental expenditures[J]. American sociological review, 2022, 87(1):105—142.

② 方超,黄斌. 挤入还是挤出:公共教育财政投入对家庭教育支出的影响[J].教育研究,2022,43(2):10.

③ 吴愈晓. 中国城乡居民的教育机会不平等及其演变(1978—2008)[J].中国社会科学,2013(3):4—21.

④ 李春玲. 教育不平等的年代变化趋势(1940—2010)——对城乡教育机会不平等的再考察[J]. 社会学研究,2014(2):25.

异。虽然城乡家庭在教育期望上存在差异，但都处于较高水平。然而，教育资源的差异影响了教育期望的实现。[①]分析结果显示（图2-4），城市户口家庭的教育投入与农村家庭存在较大的差距。城市家庭每年平均教育支出6 640元，而农村家庭的平均教育支出只有2 865元，城市家庭对教育的经济投入是农村家庭的2.3倍左右。与前文对于教育资源投入的地区差异分析相类似，城乡间的家庭教育投入差异受到了城乡间结构性因素差异的驱动。总体而言，相较于城乡家庭在思想观念（教育期望）上的差异，城乡经济差异、教育市场发展水平等客观结构性因素更能解释城乡家庭教育投入的差异。

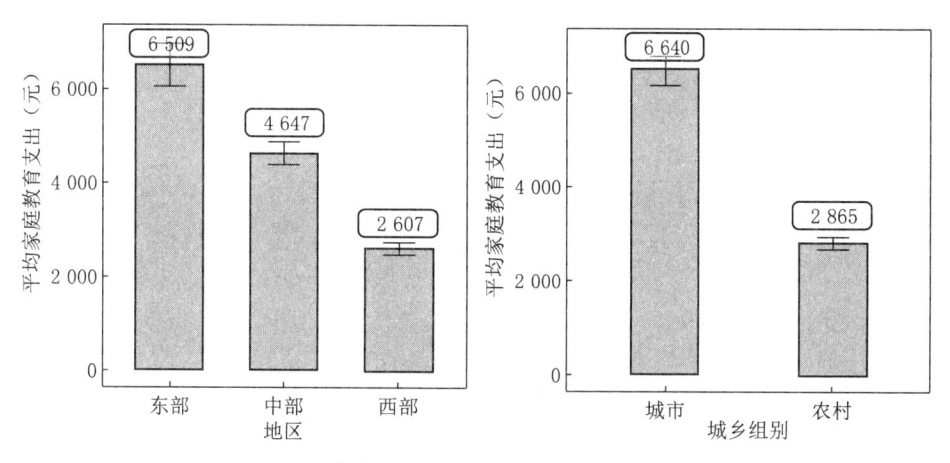

图2-4 家庭教育经济投入的地区和城乡差异

资料来源：2018年中国家庭追踪调查数据。

教育支出呈现出巨大的家庭收入差异，高收入家庭的教育支出是低收入家庭的5倍。美国学者拉鲁在《不平等的童年》中，用民族志的方法刻画了不同背景的家庭在孩子活动支出方面的差异。中产家庭每年都能常规性地支出数量可观的花费在孩子的各项活动上。然而，工薪家庭和贫困家庭把家庭的经济资源都花在了解决日常生活需求上，根本无力承担孩子的其他活动开支。[②]2018年中国家庭追踪调查数据显示（图2-5），在我国不同收入水平的家庭在教育支出上呈现出较大的差异。低收入家庭受到家庭收入的约束，无法给孩子更多经济资源的投入，而中高收入家庭则有足够的经济资源对

---

① 刘保中.我国城乡家庭教育投入状况的比较研究——基于CFPS(2014)数据的实证分析[J].中国青年研究，2017(12)：8.

② 拉鲁.不平等的童年[M].张旭译.北京：北京大学出版社，2010.

孩子进行投资。收入在前25%的家庭每年的教育开支达到了11 813元,而收入在最后25%的家庭,其教育开支只有2 343元,高收入家庭的教育开支是低收入家庭的5倍。进一步研究发现,教育支出的巨大差异主要体现在高收入家庭的支出远高于其他组别,而中上收入以及中等以下收入家庭的教育支出差距相对较小,这可能是源于两个原因。一是四个收入组别在收入上的差异并不相等。高收入群体收入可能远高于其他组别,而中高收入及以下的收入群体在收入之间的差异相对更少。不同收入组别的教育开支的差异可能主要来源于不同收入组别在实际收入上的差异。二是不同收入组别的家庭在分配家庭资源上的策略可能存在差异。在下文关于教育支出占比的探讨中,研究者将对不同收入水平家庭在教育资源分配上的策略进行更为详细的分析。

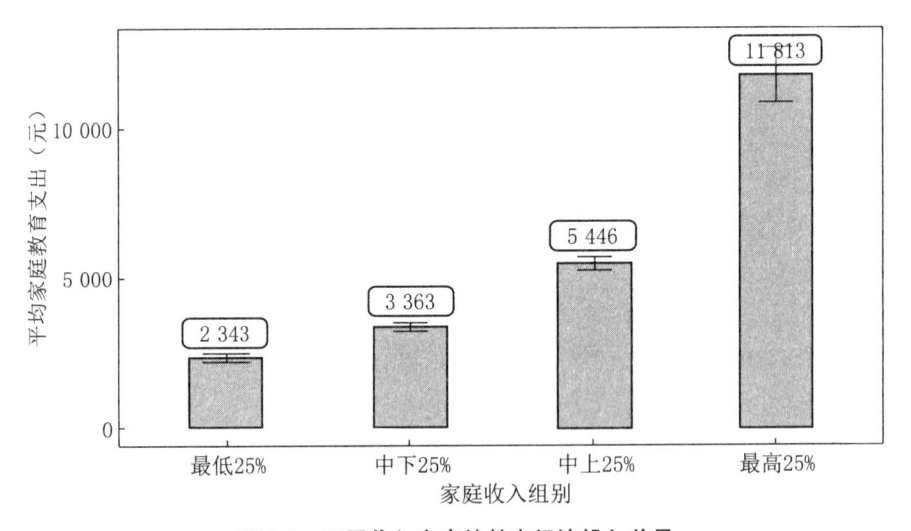

图 2-5 不同收入家庭的教育经济投入差异

资料来源:2018年中国家庭追踪调查数据。

教育支出占总支出比重在城乡和不同收入家庭之间差异相对较小,但在父母教育水平上差异较大。 迟巍等学者认为,教育支出占家庭总收入或支出的比重是教育负担的指标。过高的教育支出占比会影响家庭的财产积累以及挤占其他家庭消费。[①]在我国,"再穷不能穷教育,再苦不能苦孩子"的观念深入人心,教育支出在一定程度上被视为家庭消费的必需品,这体现在城乡和不同

---

① 迟巍,钱晓烨,吴斌珍.我国城镇居民家庭教育负担研究[J].清华大学教育研究,2012,6:75—82.

收入水平的家庭在教育支出占比上差异不大。图 2-6 显示,教育支出占家庭总支出的比重在城市地区为 5.8%,在农村地区为 7%。在家庭收入水平的对比上(图 2-7),即使是教育支出占比较低的中低收入家庭,占比也达到 6.1%,而高收入家庭的教育支出占比为 7.2%。由此可见,不同收入水平的家庭在分配家庭整体资源时,对于教育的分配比例基本相当。

相比较而言,教育支出占比受到父母教育水平的影响更大。如图 2-8 所示,父母最高教育程度为大专及以上的家庭,教育支出占比达到了 8.3%,而这个数字在父母教育程度为高中及以下的家庭中为 5%—6.1%。可以看出,父母受教育程度是驱动家庭的教育投资策略差异的重要因素。父母受过高等教育的家庭对孩子的教育期望更高,并且认识到教育投资的重要性,因此将更多的家庭支出分配到孩子的教育上。这一现象充分体现了教育是一种家庭文化资源的代际传递。受过良好教育的家庭更看重教育的价值,并且在家庭资源分配的决策过程中将更多的资源分配给教育用途上,而这些家庭的孩子也将在这个过程中获益。相比较而言,家庭收入组别的差异没有父母教育水平差异所产生的影响突出。

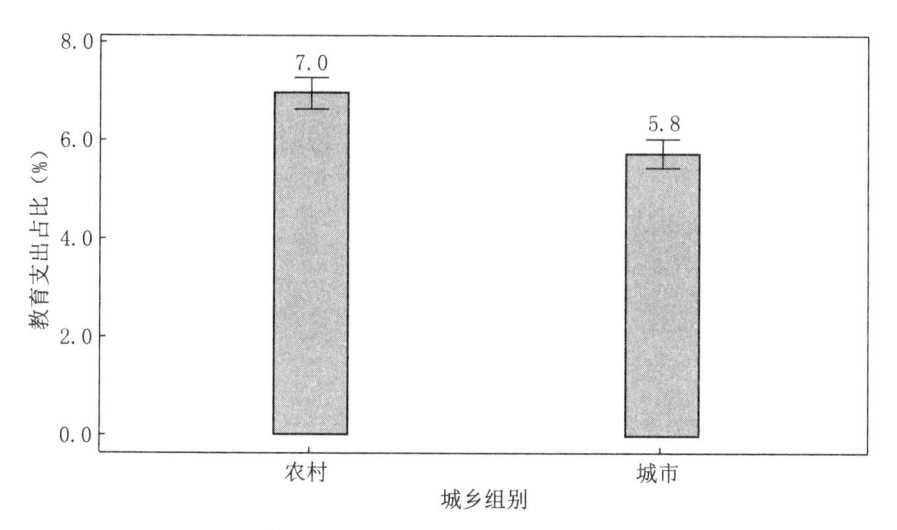

图 2-6　家庭教育投入占比的城乡差异

资料来源:2018 年中国家庭追踪调查数据。

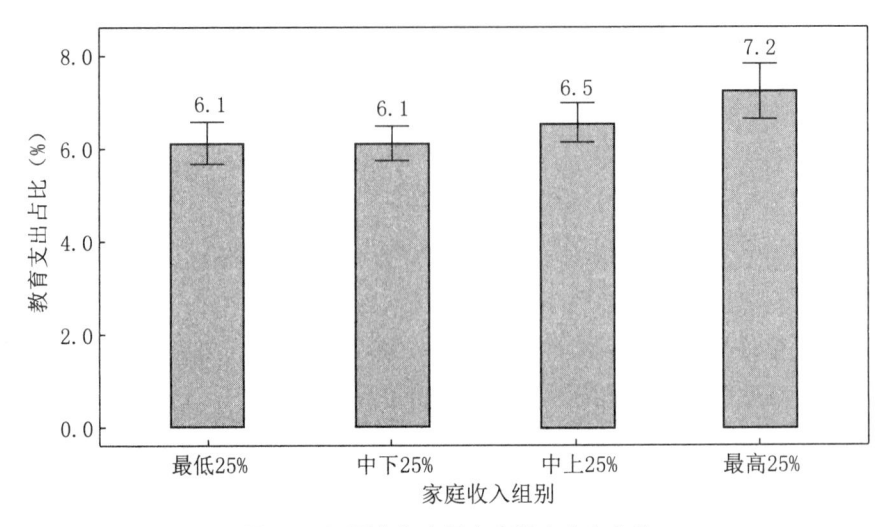

图 2-7　不同收入水平家庭教育支出占比

资料来源：2018年中国家庭追踪调查数据。

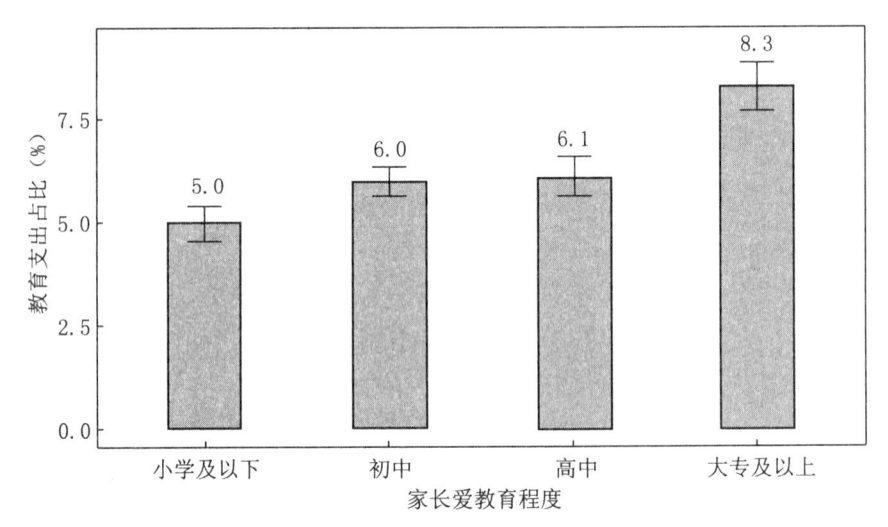

图 2-8　家庭教育投入占比在家长受教育程度上的差异

资料来源：2018年中国家庭追踪调查数据。

二　家庭教育支出结构

接下来，我们将家庭教育支出进行分解，来探讨支出构成上的差异。家庭教育支出结构体现了家庭在预算约束下教育消费的选择。在我们的分析中，家庭教育支出可以分为以下三个部分：一是校内支出，包括学杂费、食宿费、校车费、书本及用具、学校组织参观费用、服装费、体育用品费等；二是校外辅导补习支出，包括孩子参与课外辅导班、请家教等支出；三是校外其他支出，指的是除了参与课外辅导班、请家教以外的校外支出，例如文具费用、课外活动费用等。从总体来看，受访家庭的校内支出占教育支出约49.8%，辅导补习支出占36.6%，而其他校外支出占13.6%。可以看出，在"双减"政策出台前，我国家庭将教育支出的很大一部分分配给了课外辅导，课外辅导的占比超过了校外支出的七成。在对整体结构的描述外，将对家庭教育支出结构上的差异进行家庭收入、城乡以及地区之间的对比。

不同收入的家庭在教育支出上的差异主要是由辅导补习支出导致的。如图2-9所示，不同收入的家庭在辅导补习支出上的差异巨大，高收入家庭每年在辅导补习支出上的支出达到了5 290元，收入中上家庭的支出只有1 495元，而这一数字在低收入家庭的家庭中只有241元。高收入家庭的辅导补习支出是低收入家庭的约22倍，远高于两者教育总体支出差距。辅导补习支出的巨大差异背后反映了高度市场化的课外补习活动给优势家庭制造了教育投资的巨大空间，使得优势家庭的经济优势能够充分发挥。而对于低收入家庭而言，课外补习活动存在较高的门槛，收入限制了他们投入课外补习活动的能力。一方面，在"双减"政策前，课外辅导补习活动是一个自由市场，家庭在其中的投资很少受到制度的限制。在自由市场中，课外补习的提供者势必为了利润的最大化而更多地去争取支付能力更强的家庭，为这些家庭提供更优质且具有排他性的教育服务。另一方面，家长对于孩子之间教育竞争的焦虑使他们积极寻求方法提高自己孩子竞争优势的方法，而课外辅导补习活动给高收入的父母提供了能够将经济资源转化为孩子竞争优势的可能性。相比较而言，其他校外支出在家庭收入上的差异则要更小，高收入家庭与低收入家庭在其他校外支出上相差大约3倍。可以看出，目前阶段经济资源在投资于课外教育材料、课外活动上的空间相对较小。另一个可能的原因是，其他校外支出并不能直接影响孩子的学业表现，无法直接作用于目前激烈的学业竞争。因此，家庭投入其他校外支出以及优势家庭通过其他校外支出形成相较其他孩子的优势的动机都相对更弱。

不同收入的家庭之间校内支出的差异远小于校外支出。从总体上看，校内教育支出在总支出中的占比较校外支出更高，在各个收入组中都是如此。高收入家庭平均校内支出为5 368元，最低收入家庭平均支出为1 767元，前者大约是后者的3倍，远远低于校外支出在两个组别间的差距（22倍）。这可能是两个原因导致的。一是研究使用的样本是处于义务教育阶段的孩子。义务教育阶段公立学校的学杂费不需要由家庭承担,而就读私立学校、国际学校的孩子占比也较低。总体而言,义务教育下家庭在学校内需要进行的支出较少。二是各类校内支出并非市场化的产品,而是作为公共产品受到更为严格的监管。优势家庭在校内进行消费和教育投资的空间相对较小。但从另外一个角度看,校内支出是低收入家庭教育支出的最主要部分,达到了70%左右。而对于高收入家庭而言,校内支出只占33%。校内支出相较校外支出而言是教育投资中的必需品,因此减少学校内各项支出对于低收入家庭缓解教育支出的经济负担的作用更为明显,意义更为突出。

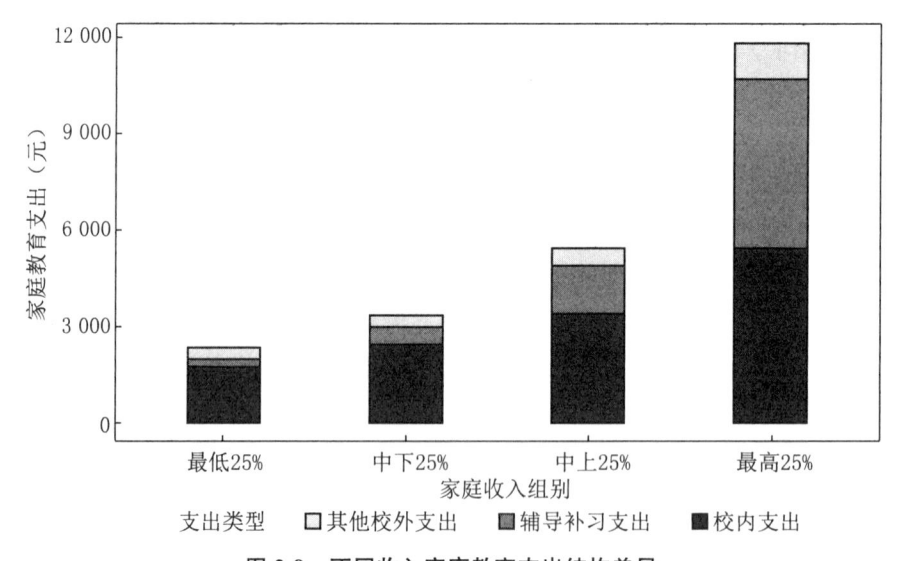

图 2-9 不同收入家庭教育支出结构差异

资料来源:2018年中国家庭追踪调查数据。

农村家庭教育支出主要发生在学校内,且校内支出城乡差异较小,校外支出城乡差异较大。如图 2-10 所示,校内支出占农村家庭教育支出约七成,远远大于城市家庭的约四成。农村家庭在校内支出上达到 2 162 元,是城市家庭的这一数字的 60.3%。然而,校外支出在城乡间呈现较大的差异。农村家庭的辅导补习支出仅为城市家庭的约七分之一,其他校外支出仅为城市家庭的一半。总体而言,城乡之间校内支出的差异小于校外支出的差距。农村家庭主要把教育支出投入必需品上,在必需品的投资上与城市家庭的差距相对较小。校内的教育投入更多地呈现公共产品的特征,在教育平等化的背景下一定程度上减小了城乡之间的差距。然而,由于家庭收入以及校外教育市场可达性上的差异,城市家庭对孩子进行了更多校外的教育投入,尤其是辅导补习上的投入,这可能进一步带来城乡之间在教育结果上的差异。

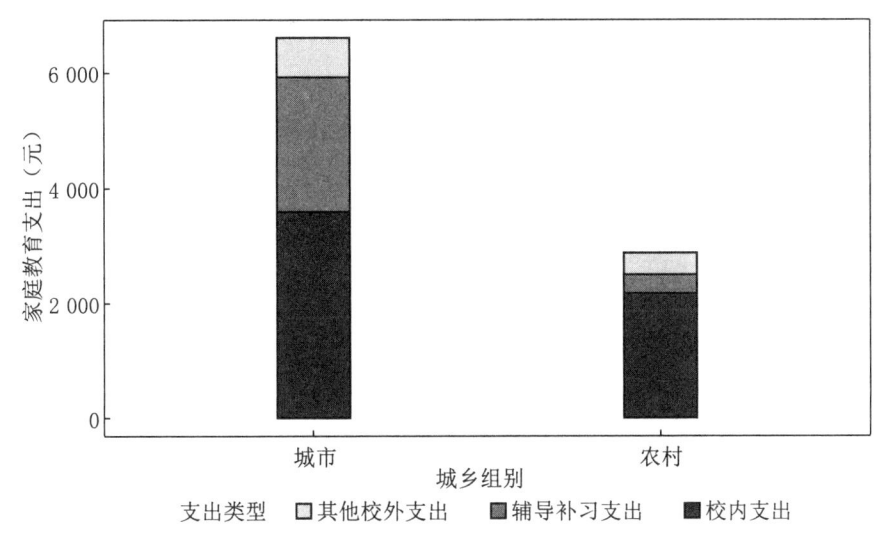

图 2-10 家庭教育支出结构的城乡差异

资料来源:2018 年中国家庭追踪调查数据。

东部地区校外支出占比高,中西部教育支出结构相近。 东部地区的家庭在校外支出占比上高于中西部地区。如图 2-11 所示,从东部和中部地区的对比来看,两个地区的校内支出金额相近,但是校外支出的金额存在较大的差异。东部地区辅导补习支出是中部地区的 2 倍,其他校外支出是中部地区的 1.5 倍。东部和中部地区家庭在教育总体支出上的差异在相当程度上(约 70%)来自校外支出上的差异。另一方面,中西部在教育支出结构上非常类似,各项支出占比相近,都是以校内支出为主,辅导补习支出为辅,其他校外支出占比较小。中西部地区家庭在各类教育支出上的差异主要体现在绝对的总体数量上,而非在各项支出的分配差异上。从校内支出的对比上看,东部地区与中部地区在校内的教育投入上基本相似,这可能来源于东中部地区在校内支出的规范、公共教育的投入上都基本上实现了均等化。同时,西部地区家庭在校内支出上仍然少于东中部地区。这可能来源于地区间的家庭收入差异,也可能来源于地区间校内教育发展模式的差异。西部地区的学校由于学生家庭经济状况以及组织能力的限制,校内提供的教育服务更为基础且公益。从校外支出的对比上看,东部地区家庭在课外教育支出上的优势充分体现了市场化力量在教育支出中的作用。东部地区教育市场化程度更高,家庭消费能力更强,从而使得东部地区家庭在课外教育支出更多。

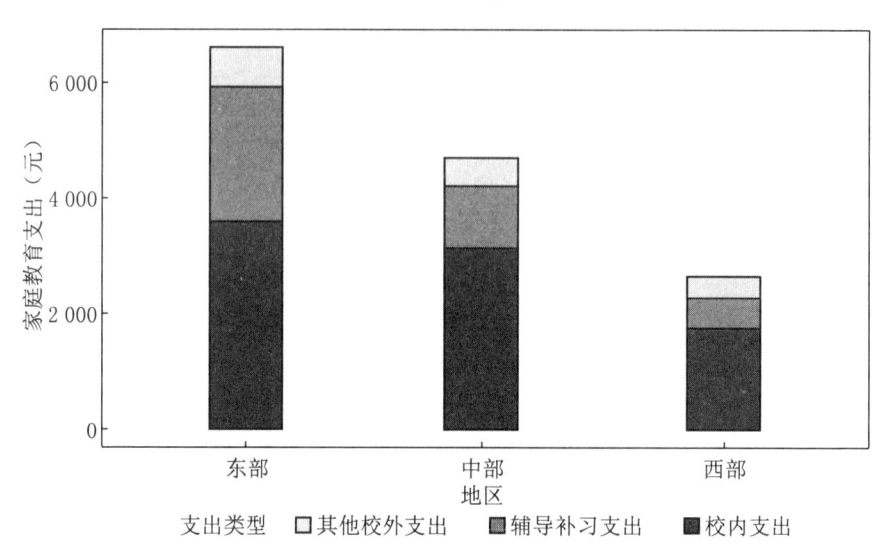

图 2-11 家庭教育支出结构的地区差异

资料来源:2018年中国家庭追踪调查数据。

第三节 家庭的非经济性教育资源

本节主要关注家庭的非经济性教育资源。家庭教育资源远远不止经济资源的投资,家庭内部形成的良好氛围、亲子之间的良性互动、家长的文化水平等都是能够作用于孩子教育的重要资源。本节讨论的非经济性资源主要包括三个部分:一是家庭的社会资本。美国社会学家科尔曼认为,家长在家庭内部的参与、家长在家庭外与老师和其他家长的互动都是教育社会资本的重要构成。二是家庭的文化资本。布迪厄提出的文化资本将家庭拥有的文化资源视作为一种可以再生产的家庭资本。文化资本可以体现在家庭形成的文化习惯、占有的文化产品等方面上。三是课外补习参与行为。这是家庭经济源转化为孩子的非制度性教育参与。在本节中,我们将主要分析三种非经济性教育资源在地区、城乡以及家庭收入上的差异。

一 家庭社会资本

科尔曼独特地将家长与孩子、家长与老师和其他孩子家长的互动也视为孩子教育相关的重要资源,并将这一关系理论化为社会资本是人力资本再生产的重要因素。科尔曼定义的社会资本主要表现为两种形式：一是家庭外的代际闭合，指的是家长与老师以及其他孩子的家长成为朋友，形成关系闭合。二是家庭内的家长参与，指的是家长与子女之间的密切关联，从而使父母的人力资本作用于儿童发展。[1]以往基于我国经验的研究部分验证了科尔曼的观点，即亲子间的沟通交流对提高孩子成绩起到重要作用。同时，亲子间不同的互动形式会产生不同的效果，例如父母指导功课及检查作业等直接干预学习的行为可能会对孩子的学业表现有负面影响。[2]

一般而言，家长与老师以及其他孩子家长形成的社会资本能够让家长更好地了解自己孩子的情况、了解其他家庭的育儿方式、掌握学校信息等，而这些也会作用于孩子的教育。由于中国家庭追踪调查缺少这一部分的信息，我们在分析中采用2017年上海都市社区调查(Shanghai Urban Neighborhood Survey, SUNS)的数据。以下的分析将采用与前文一样的样本，即6—15岁义务教育阶段的孩子样本。需要注意的是，由于SUNS调查是一个城市调查数据，因此并不能与中国家庭追踪调查数据所得到的全国情况进行直接比较。SUNS数据中与家长在家庭外部参与相关的问题有三个，分别为"您认识孩子学校的任课老师吗？""您认识孩子常在一起的朋友吗？"和"您认识孩子班上其他同学的家长吗？"在分析中，将这三个问题分别简化为"认识老师""认识其他孩子"和"认识其他家长"。这三个问题的回答分为"都不认识"(1分)、"认识少部分"(2分)、"认识一半左右"(3分)和"大多认识"(4分)。分数越高表示家长在家庭外的教育社会资本越高。下面将主要比较社会资本在不同收入家庭以及不同受教育程度的家长中的不同点。[3]我们发现差异主要存在三个趋势：

老师是家长在家庭外教育互动的主要对象。在这一部分的分析中，我们将所有样本家庭根据家庭收入分为高收入(收入为前三分之一)、中收入(收入为中间三分之一)和低收入(收入为最低三分之一)三个组别。图2-12所示，平均而言，家长认识老师的得分为2.94，认识孩子的朋友得分为2.35，而认识其他家长的得分只有2.07。可以看出，家长认识老师的得分明显更高。这体现了在家长为了孩

---

[1] Coleman J S. Social capital in the creation of human capital[J]. American journal of sociology, 1988, 94:S95—S120.

[2] 赵延东, 洪岩璧. 社会资本与教育获得[J]. 社会学研究, 2012, 27:47—68.

[3] 由于SUNS数据针对的上海市样本与CFPS全国样本的差异，我们将采用不同的收入和受教育程度分类标准。收入水平的排位将家庭分为低收入家庭(收入最低的三分之一)、中等收入家庭(收入中间的三分之一)和高收入家庭(收入最高的三分之一)。受教育水平分为初中及以下、高中、大专、本科及以上。

子教育所建立的社会网络中,老师占据了最重要的地位。一方面,老师掌握了孩子在教育过程中表现的信息,家长需要通过与老师建立良好的社会关系以获取信息。另一方面,教育组织也会帮助家长构建与老师的社会网络,例如组织家长会等。

高收入家庭的社会资本水平更高。图2-12还显示,在认识老师、孩子的朋友以及其他家长的得分上,高收入家庭都要高于中低收入家庭,并且中低收入家庭之间的差别相对更小。高、中、低收入家庭在认识老师的得分上分别为3.14、2.87和2.85,在认识孩子的朋友的得分上分别为2.96、2.62和2.42,而在认识其他家长的得分上分别为2.24、2.05和1.94。不同收入家庭在教育相关的社会资本上的差异,一方面可能来源于他们拥有的其他社会资源的差异。举例而言,高收入家庭可能有更多的空余时间来与老师和其他家长互动。在组建家委会等形式上,高收入家庭也会在金钱、时间投入上更有优势。另一方面,不同收入家庭可能在教育意识上也存在差别,进一步影响了他们培育教育社会资本的动力。除此之外,家长认识孩子的朋友既可能反映了他们与其他家长、孩子共同参与亲子活动,或者参与到孩子的活动之中,也可能反映了家庭内部家长参与的情况,例如家长通过与孩子谈论学校里面发生的事情,了解到孩子的社会网络,而非直接与孩子的朋友建立社会网络。

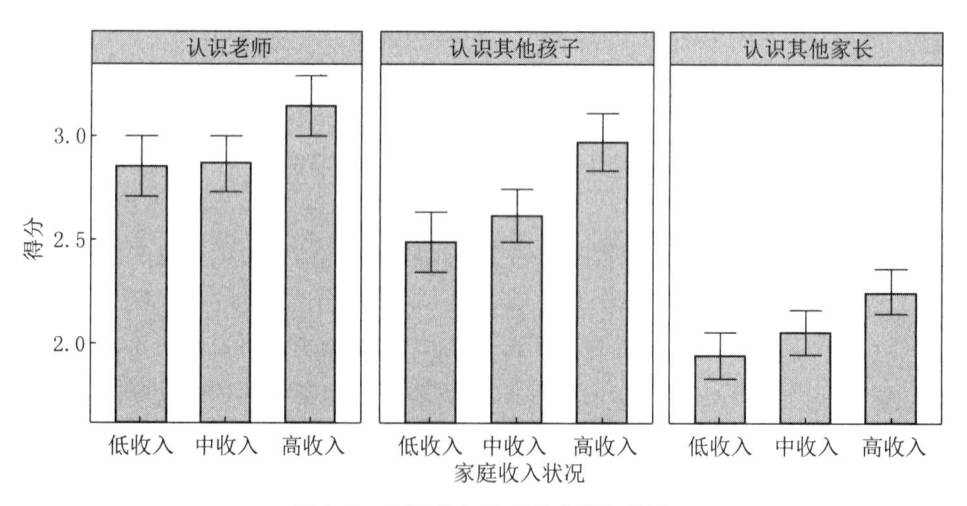

图 2-12 不同收入家庭社会资本差异

资料来源:2017年上海都市社区调查数据。

家长的高教育水平与家庭的高社会资本水平相关联。从总体的规律上看,高教育程度的家长会更多地认识老师、孩子的朋友以及其他家长,但是家长受教育水平之间的差别在不同认识对象上也会存在差异。如图2-13所示,大专及以下的家长在认识老师的得分上基本相当,都是处于 2.9 到 2.96 的区间。而本科及以上的家长认识老师的得分远高于其他家长,达到了 3.13。而在认识孩子的朋友上,教育水平产生的区别主要体现在大专及以上的家长和其他家长的区别上。受教育水平为初中及以下、高中的家长认识孩子朋友的得分分别只有 2.43 和 2.66,而大专及以上的家长的得分为 2.93。在认识其他家长的得分上,初中及以下、高中、大专和本科及以上四组家长分别为 1.95、2.12、2.19 以及 2.22。家长教育水平以及家庭社会资本之间的关联一方面可能来源于与家长高教育水平伴随的更丰富的其他家庭资源。同时,家长接受的教育还能够让他们形成不一样的教育观念,习得不同的社会交往习惯。例如,受过高等教育的家长能够更多地意识到家庭教育中信息的重要性,更多地与老师、其他家长沟通教育信息,主动获取自己孩子的情况。这也就是家长教育对家庭教育社会资本产生的直接影响。

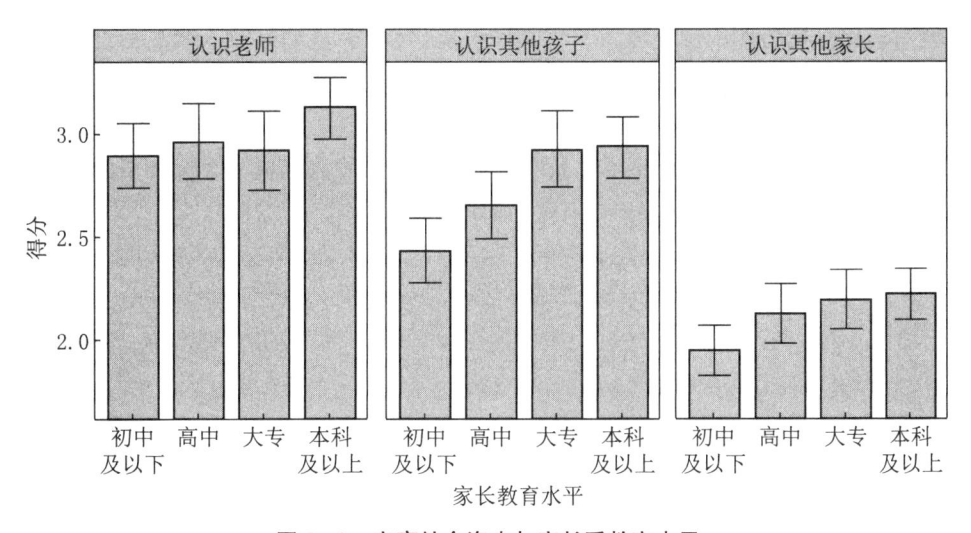

图 2-13 家庭社会资本与家长受教育水平

资料来源:2017 年上海都市社区调查数据。

二 家庭文化资本

布迪厄提出的文化资本也是理解家庭资源与孩子成就的重要概念。文化资本指的是一系列能够用以投资于个人提升地位的文化资源。[①]拥有文化资本

---

① 参见 Bourdieu P. Cultural reproduction and social reproduction[M]//Brown R, ed. Knowledge, education, and cultural change. New York: Routledge, 2018:71—112.; Bourdieu P, Passeron J C. Reproduction in education, society and culture[M]. London: Sage, 1990.

的家长可以将文化资本传递给子女,子女在习得文化资本后又能在教育系统中取得优势。这个过程充分体现了家庭地位的再生产。以往基于中国大学生的研究发现,不同收入水平家庭在文化资本上存在差异,而文化资本又会影响下一代的教育获得。[1]我们使用2018年中国家庭追踪调查数据,用家中藏书的数量和家庭过去一年有没有用在文化娱乐(包括购买书籍和看电影、看戏等)的开支来测量家庭文化资本。我们发现,我国家庭平均藏书数量为54本。只有约四成家庭在过去一年间有文化娱乐方面的开支。这一比例说明家庭文化资源的培育还没有成为一个普遍流行的现象。此外,家庭文化资本在不同收入水平和教育程度的家长之间、城乡和地区之间都呈现出差异。

高收入家庭在文化资本上处于优势地位。如图2-14所示,一方面,高收入家庭的藏书要远多于中低收入家庭。高收入家庭平均有154本藏书,中高收入家庭平均藏书为65本,而中低收入家庭藏书不多于40本。另一方面,高收入家庭有文化开支的比例也要远高于中低收入家庭。75.4%的高收入家庭会进行文化上的消费,55.3%的中高收入家庭有文化上的消费,然而这一比例在中低收入家庭和低收入家庭只有37.6%和22.6%。总体而言,优势家庭在经济资源上的优势能够帮助他们在文化资本上获取优势。而中低收入家庭囿于经济资源的限制以及文化消费习惯,给孩子在家庭中形成更多的文化资本有限。

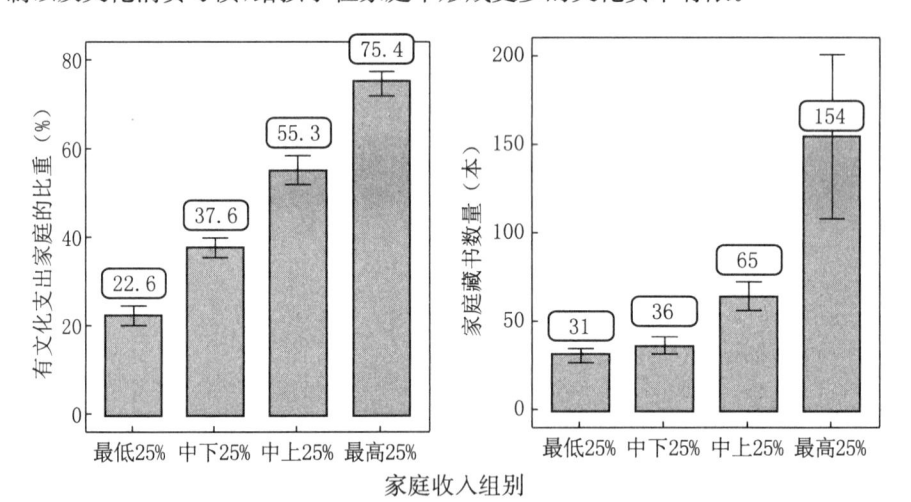

图 2-14 不同收入家庭文化支出和家庭藏书差异

资料来源:2018年中国家庭追踪调查数据。

---

[1] Hu A, Wu X. Cultural capital and elite university attendance in China[J]. British journal of sociology of education, 2021, 42(8):1265—1293.

家长的受教育程度也是家庭文化资本差异的来源。教育是影响文化资本形成的重要因素。受过良好教育的家长对文化资本的重要性有更为充分的认识,并且在受教育的过程中逐步获得累积文化资本的习惯,由此能够在家庭中形成更多文化资本,并且最终传递给孩子。分析的结果也印证了这个观点。如图2-15所示,随着家长受教育程度的增加,家里的藏书也会更多。如果家长受过大专及以上教育,家里的藏书平均有161本,而在家长受过高中、初中和小学及以下教育的家庭中,家里的藏书数量分别是59本、38本和28本。从文化支出的角度来看,有接近79.6%的受过高等教育家长所在的家庭有文化消费。如果家长受教育程度是小学及以下、初中或者高中,这个比例分别只有24.2%、36.7%和56.6%。由此可见,教育获得所形成的文化资本并非是一次性的。反而,家长受教育形成的习惯能够使他们文化资本一直处于积累的过程。而家长的文化资本能够直接作用于孩子的教育过程。例如,陪伴孩子阅读能够帮助孩子形成良好的学习习惯,而形成阅读习惯或者家长引导下培育良好文化能力(例如,画画、写字等)能够使得孩子在学习过程中获得超越同龄人的优势。这一过程也是人力资本再生产以及教育代际传递的路径之一。

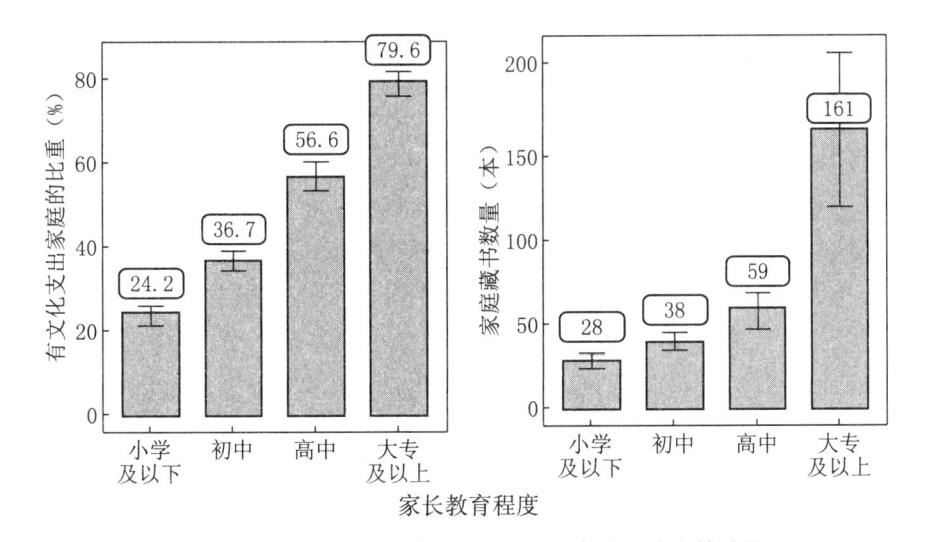

图 2-15 文化支出和家庭藏书在家长受教育程度上的差异

资料来源:2018年中国家庭追踪调查数据。

城市家庭较之农村家庭拥有更高的文化资本。如图2-16所示,从家庭藏书量来看,城市家庭平均藏书80本,而农村家庭只有35本,农村家庭的藏书量不到城市家庭的一半。从家庭文化消费来看,有55.7%的城市家庭有文化方面的消费,然而只有29%的农村家庭有文化消费。城乡差异一方面可能来源于家庭特征。城市家庭的经济水平以及受教育水平都要处于更为优势的地位,因此城市家庭支付文化消费的能力和意愿都更强。另一方面,文化资本水平的差异也可能来源于文化资源的可达性上。例如,农村家庭住的地方离书店、电影院、影剧院更远,不方便家长带孩子进行文化活动。从这个角度而言,促进城乡公共文化资源的均等化具有重大的意义,不但能够作用于成年人,也会对下一代的成长有积极影响。

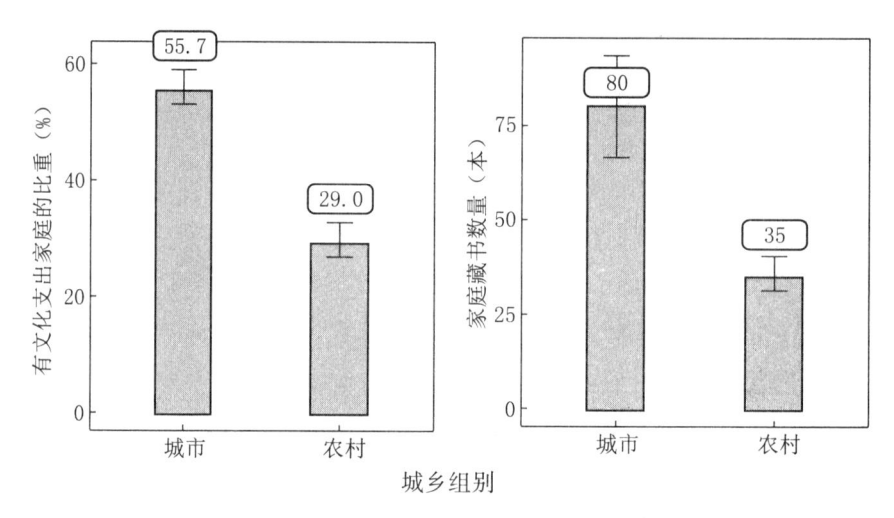

图 2-16　文化支出和家庭藏书的城乡差异

资料来源:2018年中国家庭追踪调查数据。

地区间的文化资本差异相对较小。与文化资本在城乡之间、不同收入水平以及教育程度群体之间的差异相比,文化资本在不同地区之间的差异相对较小。如图2-17所示,在家庭藏书数量上,中部地区家庭平均藏书60本,而这一数字在东部和西部地区家庭中分别为53本和46本。西部地区家庭的藏书量接近中部地区的八成。在文化活动的消费上,有文化消费的家庭比例呈现东部、中部和西部地区的逐级下降的趋势。其中东部地区有48.1%的家庭有文化消费,而西部地区有34.7%的家庭有文化消费。总体而言,地区之间在长期积累的藏书上的差异较小,并且与经济资源差异的模式并不一致。在文化消费上,家庭支付能力、偏好以及文化设施可达性上的差异导致的差异仍然存在,东部和中部地区较西部地区存在优势。

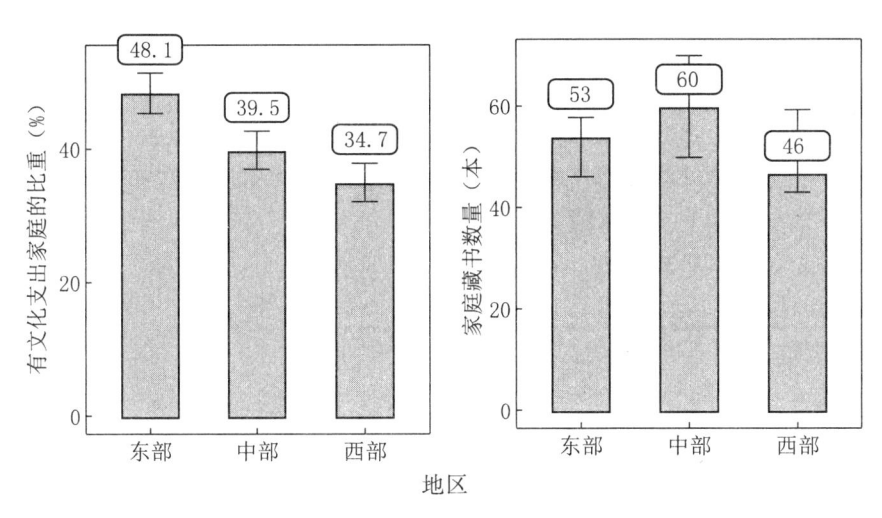

图 2-17 文化支出和家庭藏书的地区差异

资料来源:2018 年中国家庭追踪调查数据。

三 课外补习参与行为

课外补习指的是在学校上学之外,孩子参加的以提高学业考试成绩为目的的活动,既包括辅导班,也包括一对一的私教辅导等。从全球范围来看,课外补习是一个比较普遍的现象,并且呈现逐年增多的趋势。[1]如上所述,目前这部分支出已经成为家庭教育支出的重要组成部分,给家庭带来了较大的经济负担。一个值得注意的现象是,2018 年中国家庭追踪调查数据显示,只有约四分之一的家庭参与到课外补习中。换而言之,辅导补习上的投入尽管总量较大,但是这部分投入是由这四分之一家庭所产生的。从跨国比较的角度来看,我国的课外补习参与行为水平处于较高水平。东亚地区的课外补习参与率在全世界属于较高的水平,而我国内地的课外补习参与率高于日本,但是低于韩国和中国香港地区。[2]

家庭收入是影响课外补习参与行为的重要因素。如图 2-18 所示,46.5%的高收入家庭参与课外补习,然而只有 11.5%的低收入家庭参与课外补习。这一比例对于中低收入和中高收入的家庭而言分别是 17.5%和 30%。课外补

---

[1] Park H, Buchmann C, Choi J, et al. Learning beyond the school walls: trends and implications[J]. Annual review of sociology, 2016, 42:231—252.

[2] 数据来源:Park H, Buchmann C, Choi J, et al. Learning beyond the school walls: trends and implications[J]. Annual review of sociology, 2016, 42:231—252.本报告使用的数据与跨国比较数据的年份、样本均有区别。我国内地的数据采用的是 2018 年初中和小学生样本,而其他国家和地区的数据采用的是 2012 年 PISA 对于 15 岁青少年的调查。

习的参与既受家庭参与意愿的影响,也受参与能力的制约。我国家庭普遍对孩子有较高的教育期待,而参与补习已经成为部分家长认为实现教育期待的一个有效途径。在分析中,高收入家庭样本提供了在支付能力约束较小的情况下家庭参与课外补习的意愿情况。尽管不同收入水平家庭在没有支付能力约束下的参与课外补习意愿不一定相同,但是基本上可以认为家庭参与课外补习的总体意愿是较高的。

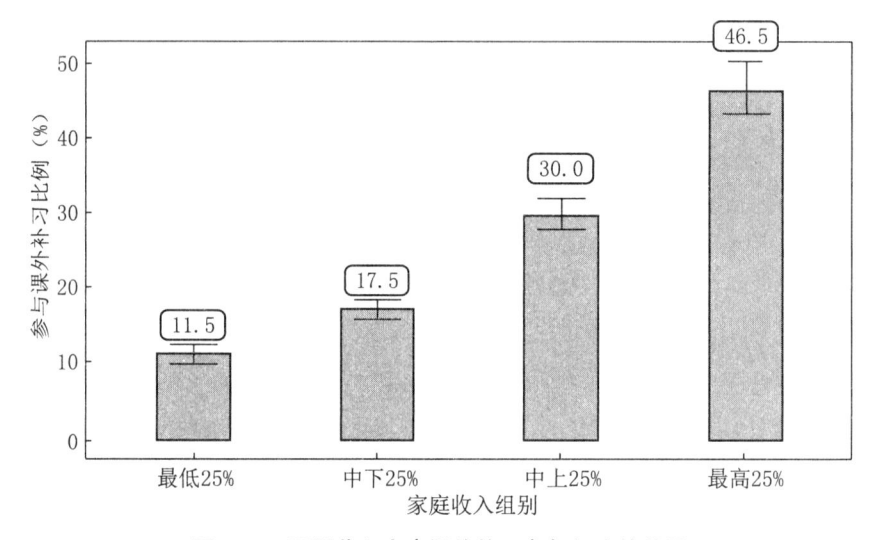

图 2-18 不同收入家庭课外补习参与行为的差异

资料来源:2018 年中国家庭追踪调查数据。

城市家庭比农村家庭更多地参与到课外补习中。图 2-19 显示,有 31.9%的城市家庭参与课外补习,而这一数字在农村家庭中只有约 13.5%。在课外补习的参与率上,城市家庭是农村家庭的两倍有余。与城乡在教育支出结构上的差异相似,城乡在课外补习参与行为上的差异很可能来源于两组家庭在支付市场化的教育资源能力上的差异以及课外补习市场丰富程度的不同。以往对于参与课外补习的成本分析主要考虑到家庭所花费的经济投入,但课外补习市场发展水平的差异也会使城乡家庭参与课外补习所需要的时间成本产生差异。在课外补习热从城市蔓延到农村之后,一部分农村的孩子为了获取优质的补习资源,每天需要花大量时间从村里到城里上补习班,而这样耗费的家庭经济和时间资源并非很多农村家庭所能承受的。[1]

---

[1] 新华网.农村娃进城补课,教育焦虑蔓延到村[EB/OL]. (2019-09-02). http://m.xinhuanet.com/gd/2019-09/02/c_1124951927.htm.

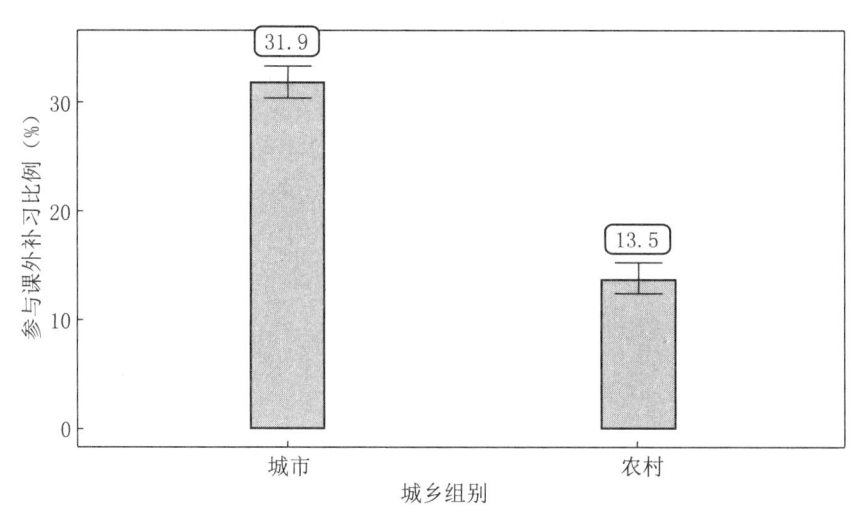

图 2-19 课外补习参与行为的城乡差异

资料来源：2018 年中国家庭追踪调查数据。

不同地区家庭的课外补习参与率存在一定差异。图 2-20 显示，27.9%的东部地区家庭参与课外补习活动，而这一比例在中西部地区分别为 21.7% 和 15.2%。总体而言，课外补习市场的发展在不同地区仍然存在差异。东部地区有一定的优势，西部地区相较于东部和中部地区差距相对较大。与城乡地区课外参与活动差异背后的原因类似，不同地区家庭的课外补习参与率也受到了家庭支付能力以及区域教育市场发展水平差异的影响。除此以外，不同地区的课外补习参与行为差异还可能来源于地区内的教育竞争激烈程度以及家庭间对课外补习参与行为的效仿效应。由于教育竞争一般而言是区域性的（例如，中考、高考录取都是区域性的），因此来源于同一地区家庭之间的教育活动参与是具有传递性的。举例而言，当某个地区的部分家庭参与课外补习后，其他家庭由于担忧孩子在教育竞争中落后，也会因效仿而参与课外补习。

从本节的分析中可以看出，市场化的校外补习占据了家庭教育支出中的一大部分，可能会给一些家庭带来沉重的经济负担。同时，教育资源的资本化运作可能导致不同家庭由于经济资源的差异、地区市场化程度的差异，无法平等地获取教育资源。教育资源获取水平在不同群体间如果形成鸿沟，将会背离教育作为一种公共产品的属性，也会违背教育的初衷。虽然参与课外辅导补习的差异并不一定会带来教育结果上的差异。例如，有研究发现参与课外辅

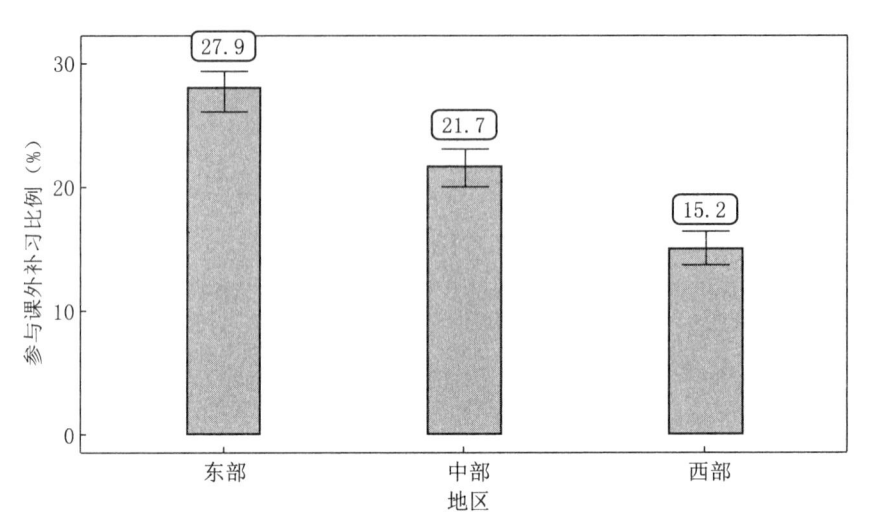

图 2-20　课外补习参与行为的地区差异

资料来源:2018年中国家庭追踪调查数据。

导补习对提升学业成绩的作用有限,只局限在特定的群体。[1]但是,家庭由于教育竞争的焦虑而盲目将大量经济资源投入回报水平不高的辅导补习中,也是一种资源的错配以及浪费。[2]

为了回应这一社会热点和痛点,在2021年7月24日,中共中央办公厅、国务院办公厅印发了《关于进一步减轻义务教育阶段学生作业负担和校外培训负担的意见》("双减"政策)。"双减"政策明确了现有学科类培训机构统一登记为非营利性机构,学科类培训机构一律不得上市融资,严禁资本化运作,不得占用国家法定节假日、休息日及寒暑假期组织学科类培训。"双减"政策在政策设计上意图限制课外辅导补习的市场化运作,也为课外辅导补习快速膨胀的市场踩了刹车。"双减"政策从制度设计上希望能够作用于家庭教育经济资源投入的相对均等化和合理配置。然而,考虑到现实中教育焦虑的盛行以及家长参与课外补习的强烈意愿,政策的实施落地过程以及最终如何作用于一系列的后果仍有待后续研究进行探索。

---

[1] 李昂然.中国教育资源市场化与个体选择:初中课外补习效应异质性探究[J].社会,2022,42(2):94—125.

[2] Park H, Buchmann C, Choi J, et al. Learning beyond the school walls: trends and implications[J]. Annual review of sociology, 2016, 42:231—252.

第四节 小 结

在本章中,我们从家庭在教育上的经济资源和非经济资源出发,主要探讨地区之间、城乡之间以及不同社会经济背景的家庭之间的教育资源差异。尽管经济资源和非经济资源所包括的内容各异,但是不同组别在各种教育资源上的差异存在相似性。具体而言,从地区的角度来看,东部、中部和西部地区的家庭的教育资源丰富程度呈现梯度下降。并且,经济资源的地区差异要大于非经济资源的地区差异。东部地区在家庭经济资源投入上较中西部地区优势明显。而在文化资本上呈现的地区差异相对较小,甚至中部地区家庭在家庭藏书量上较东部地区家庭存在优势。从城乡差异的角度来看,城市家庭的各方面教育资源都要优于农村家庭,城市家庭经济投入水平更高,拥有的文化资源也更多。城乡之间的教育资源差异在一定程度上解释了城乡教育获得上的鸿沟。从家庭收入的角度来看,高收入家庭在各方面的家庭资源上也都会更有优势。高收入家庭不但能够将经济资源更多地投入下一代的教育上,还能通过家庭内部更为良性的互动、在家庭外部形成社会网络以及为家庭积累更丰富的文化资源影响下一代的教育获得。

除了教育的经济资源和非经济资源的差异,我们还对前者进行了进一步的分解以及分析。我们发现,校外的教育资源投入差异,尤其是校外补习辅导参与上的差异,是解释教育经济资源投入在地区间、城乡间以及不同收入家庭间差异的重要因素。校内的支出相对而言更为基础性,受到更多的规范与监管,因此在各组别之间差异相对较小。然而校外的补习辅导投入在地区间、城乡间以及家庭收入组别间存在巨大的差异。校外的补习辅导主要受到了市场分配机制的影响,处于优势地位的家庭更能将经济资源转换为市场上资源获取的优势。同时,市场发展水平的差异也深刻影响了地区、城乡间校外教育可达性的差异。

家庭教育资源对于孩子的发展起着关键性作用。如果家庭教育资源上的鸿沟持续存在,会导致来自落后地区和低收入家庭的孩子在发展上受到结构性的阻碍,影响他们长期的学业表现,不利于教育平等目标的实现。我们对家庭教育资源的分析为家庭教育资源均等化提供一定的参考。一方面,我们呼吁增加公共投入以缩小家庭教育资源的差距。公共投入不止包括教育上的投入,也包括文化设施上的投入。教育公共投入可以起到方向上的引导作用,引导不同背景的家庭进行有效率的教育投资,而非激化教育竞争,导致部分家庭被排斥在教育资源竞争的过程之外。而文化设施作为影响家庭文化资本培育的重要场所,目前并没有实现资源可达性上的均等。未来的政策需要资源配置充分考虑不同背景家庭的文化产品供给均等性,向文化资本不占优势的家庭组别进行倾斜。与此同时,我们呼吁开展更多科学严谨的研究以评估现有教育政策的效果。例如,2021年出台的"双减"政策限制了课外的补习辅导市场极大地影响了家庭的经济资源在教育上的分配策略。一方面,"双减"政策能够一定程度上弥合地区、城乡和不同收入家庭间教育经济投入上的差异。但另一方面,受到整体高教育期待的影响,"双减"政策也可能给家庭带来更多教育竞争上的忧虑。拥有资源优势的家庭会否将校外辅导补习的支出转移到其他形式的校外支出也是未来有待回答的问题。

第三章 家庭教育分工

父母是孩子的第一任老师。儿童时期的家庭教育对孩子的人格形成有着重要作用,对孩子的日后发展也具有深远的影响。很多实证研究都表明,孩子在幼年时期所受到的家庭教育对其成人之后的行为习惯、心理状态和社会成就等都有重要影响。家庭发挥着"生、养、教化"等诸类功能。早在狩猎采集时期,人类便形成了父母双方共同抚养子女直至其长大成人的家庭模式。这种较为稳定的家庭模式在当时极大地提升了人类繁衍和存活的可能性。虽然几千年间,人类由狩猎采集阶段逐步过渡到工业社会,物质条件及卫生条件不断完善,存活率大幅提升,家庭的功能也随之发生了巨大转变,但是这种基本的家庭单元一直延续至今。

自1978年以来,中国实施了改革开放政策。几十年间,我国社会经济飞速发展,人口政策与人口结构也经历了巨大的变化,不仅影响了家庭的结构组成、生活方式、家庭环境,也对家庭教育的分工模式造成了深远的影响。本章基于2000—2020年中国人口普查年鉴数据、2012—2018年中国家庭追踪调查数据以及上海市3—12岁儿童家庭教育现状与需求调查数据,展示近20年来我国家庭结构变迁的主要特征,家庭成员角色分工的变化,父亲参与育儿的情况,以及隔代养育的变化趋势和对儿童的影响。

第一节 中国家庭结构变迁

家庭关系是具有血缘、姻缘和收养关系成员之间所形成的关系。目前学界对当代中国社会家庭关系变化的一个重要判断为:家庭内的亲密关系由以夫妻为主轴向强调亲子关系转变,家庭资源、生活重心、情感关注等"恩向下流",随之而来的是每个家庭都卷入了围绕孩子成长而展开的育儿浪潮。了解家庭结构的变迁与家庭教育的整体面貌十分重要。本节基于 2000—2020 年中国人口普查年鉴数据以及 2012—2018 年中国家庭追踪调查数据,展示近 20 年以来我国家庭结构变迁的主要特征。

一 儿童人口规模总体呈下降趋势

2000—2020 年,我国儿童人口规模以及其占总人口比重总体呈下降趋势。如图 3-1 所示,与 2000 年相比,2020 年儿童人口规模下降了 3 735 万人,占总人口的比例下降了 5 个百分点。2000 年至 2010 年,儿童人口规模持续下跌,并在往后四年中持续低迷。直到 2015 年,儿童人口规模以及其占总人口比重才开始上升。

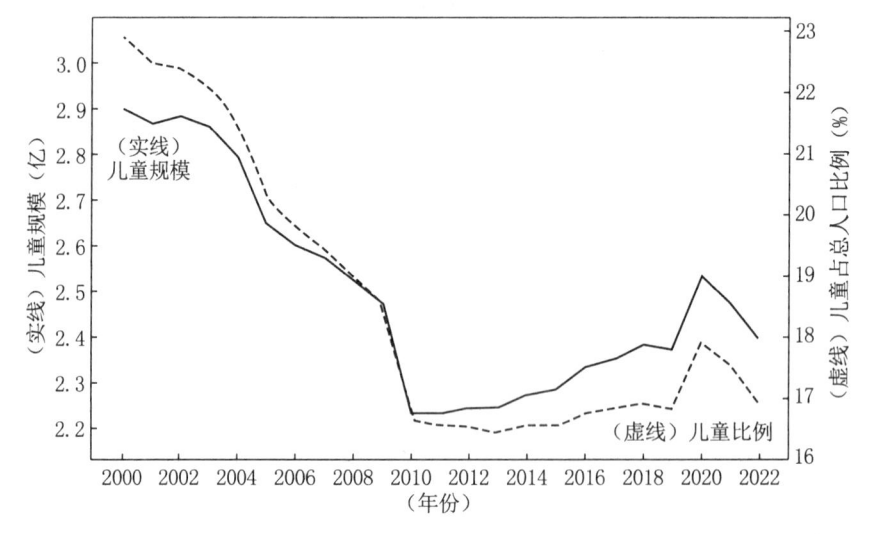

图 3-1 中国儿童人口变迁

资料来源:2000—2020 年中国人口普查数据。

2000 年至 2010 年间,儿童人口规模下降了 6 753 万人,儿童占总人口比例下降了 6.3 个百分点。这一时期儿童人口规模快速下降可能由于 20 世纪 70 年代和 80 年代生育率下降的持续影响。20 世纪 70 年代始,我国在全国范围内大规模地提倡计划生育,每年的出生人口规模总体呈下降趋势。2000 年出生人口规模低于 1 800 万,2000—2010 年每年的出生规模同样保持在相对较低的水平,大部分年份的出生人口规模低于 1 600 万。

2015年以来,我国儿童规模基本保持稳定,并在2019年出现了小幅回升,此前持续大规模下降的趋势不再继续。2010—2020年儿童规模增加了约3018万人,占比上升了1.3个百分点。儿童人口规模快速下降趋势得以遏制并逐渐稳定上升,可能与"单独二孩""全面二孩"等政策有关。随着生育政策的调整,2014年出生人口数在2013年基础上增加了47万人;2016年出现了更大幅度的上升,在2015年基础上增加了131万人,达到1786万人,成为2000年以来出生人口规模最高的年份。此前的2006—2010年,出生人口规模一直处于低谷,2011—2020年各年出生人口数都高于此前的五年,并且均在1600万人以上。

然而,这一上升趋势在2020年之后又出现了逆转,这主要是出生人口下降导致的。2021年全年出生人口为1062万人,2022年降至956万人,我国经历了近61年来首次人口负增长[①],反映出我国生育意愿下降、婚育时间推迟、育龄妇女人口减少等现实。出生人口减少带来的社会和经济影响再度引发公众的热议。

二　家庭结构趋于小型化

根据家庭结构的定义,按照婚姻关系、代际关系、血缘关系等划分为不同结构类型的家庭户可作为家庭结构的测量变量。为体现清晰的代际层次,本章采用单一的代数划分。家庭户是指以家庭成员关系为主,居住一处共同生活的人组成的户。家庭户规模是反映家庭结构特征的重要指标。第七次全国人口普查数据显示,2020年我国平均每个家庭户的人口为2.62人,比2000年的3.44人减少0.82人,平均户规模缩减至3人以内。回顾我国历年人口统计情况,从家庭户规模的总体变化趋势来看,基本呈缩减趋势。2000—2010年,我国平均家庭户规模缩减了9.88个百分点,而2010—2020年缩减超过15个百分点。总体来说,我国平均家庭户规模从2000年3.44人缩减至2020年的2.62人,总体趋势呈减小趋势,且减小的速率不断加快。

家庭内部的代际分布变化是家庭结构变迁的重要反映。如图3-2所示,从整体发展趋势上看,2005—2020年我国一代户比例逐渐上升,二代户比例下降,三代户与四代户基本保持稳定趋势,多代户比例很小。一代户与二代户是

---

① 中华人民共和国国家卫生健康委员会.2022年卫生健康事业发展统计公报发布[EB/OL].(2023-10-22). http://www.nhc.gov.cn/cms-search/xxgk/getManuscriptXxgk.htm?id=5d9a6423f2b74587ac9ca41ab0a75f66.

图 3-2 中国家庭结构变迁

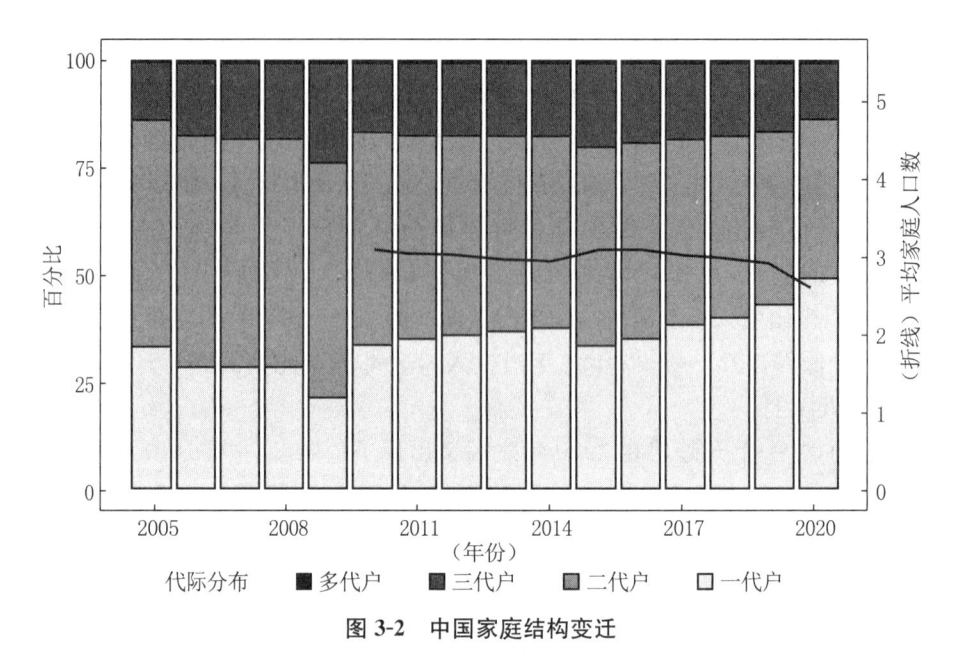

资料来源:2005—2020 年中国人口普查数据。

家庭内部主要的代际分布类型,两者比例占到 86% 以上。三代户次之,是第三大代际分布类型。近十年,一代户的比例增速快速,从 2010 年的 33.65% 增长到 2020 年的 49.50%;二代户从 2010 年的 49.64% 下降到 2020 年的 36.72%。三代户的占比在 13% 左右浮动。总体而言,我国家庭户的结构正进一步趋于小型化,二代户比重持续降低,一代户比重大幅提升,但传统直系家庭(三代户与多代户)仍保有一定比例。

三 儿童与父代同住为主要的居住安排模式,但祖辈参与越来越常见

2012—2018 年中国家庭追踪调查数据显示(图 3-3),儿童与父代同住是我国家庭最主要的居住安排模式。儿童与父母同住的比例虽然从 2010 年的 71.84% 下降至 2018 年的 66.60%,但仍占约三分之二比重。

与此同时,儿童与祖辈同住的现象越来越常见,尤其在儿童的小学与初中阶段。2018 年的中国家庭追踪数据显示(图 3-4),儿童与祖辈同住(包括三代同住与隔代同住)的比例约为三分之一。2010—2018 年,儿童与祖辈同住的比例上升了约 5%;其中,只与祖辈同住的隔代同住比例小幅上升约 2%。在 2010—2018 年的中国家庭追踪数据中可以看到,三代同住的类型中,0—6 岁

的幼儿阶段儿童占比最多。并且在 7—12 岁儿童家庭中，2010—2018 年三代同住的比例有上升趋势。

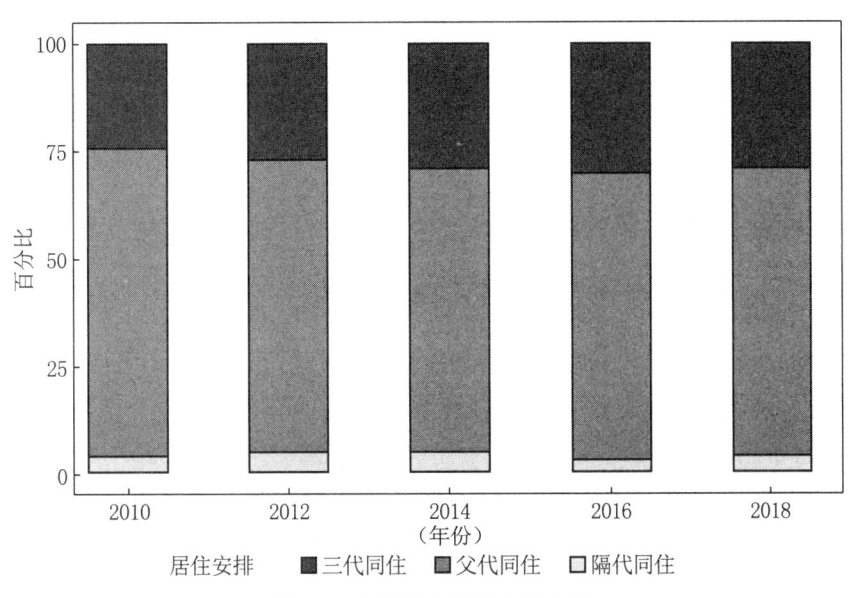

图 3-3　中国儿童居住安排变迁

资料来源：2012—2018 年中国家庭追踪调查数据。

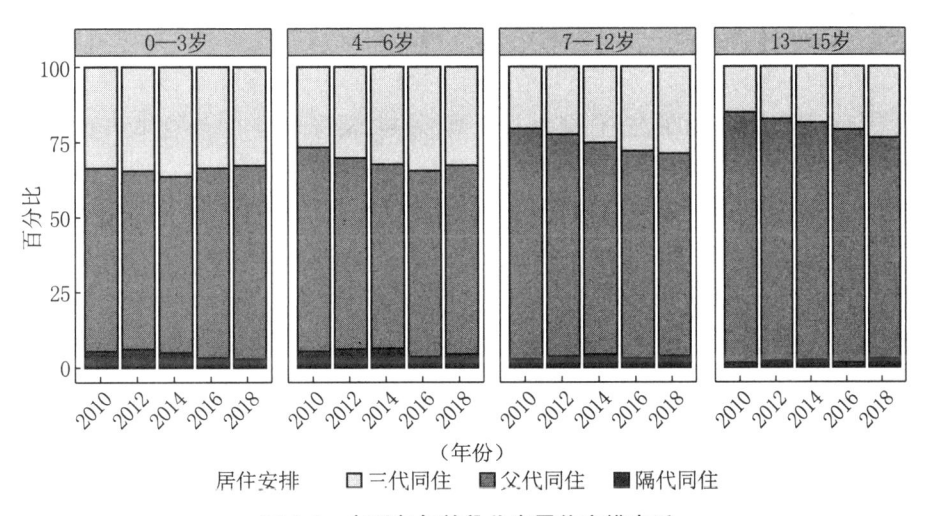

图 3-4　中国各年龄段儿童居住安排变迁

资料来源：2012—2018 年中国家庭追踪调查数据。

第二节　家庭成员角色分工

本节基于中国家庭追踪调查数据,探讨我国家庭中照料儿童的工作如何在家庭成员之间进行分配,以及不同家庭在家庭分工方面的差异。通常来说,母亲指的是教养子女长大的女性群体,既包括具有血缘关系的亲生母亲,又包含继母和养母。因此,本节中针对"母亲"的讨论,均包含孩子的亲生母亲、继母和养母。同理,针对"父亲"的讨论,除了亲生父亲之外,也包括了养父及继父。

一　父母照管责任分工差异巨大,母亲为主要照管人

全国范围内 0—14 岁儿童日间和夜晚的照管情况,如图 3-5 所示。从白天的情况看,近半数的儿童是由母亲照管的,(外)祖父母承担了照管任务的 29%,两者相加比例超过七成。另外有 24% 的儿童由除父母及(外)祖父母之外的人主要照管,而仅有 4% 的儿童其白天的主要照管人为父亲,排在四类照管人的末端。到了晚上,许多父母下班后接过了照管孩子的接力棒,从而一定程度上减轻了(外)祖父母的照管压力,但仍然有 25% 的儿童晚上由(外)祖父母进行照管。父亲的夜间照管比例仍然保持在较低的水平(5%),其他照管人(如学校或"自己照顾自己")的比例也降至 13%,而主要的照管任务则转移给了孩子的母亲(57%)。可见无论昼夜,父母照管责任的分工都有巨大的差异,绝大部分的孩子照管任务都集中在母亲的身上。另外,聚焦于孩子的上学接送责任,近八成儿童的接送任务由母亲及(外)祖父母承担,另外有 12% 的儿童由其他人接送,而父亲作为主要接送人的比例仅有 7%,仍然排在四类照管人的末端。

"上海市 3—12 岁儿童家庭教育现状与需求调查"也显示父母在幼儿照料方面的巨大差异。对幼儿园阶段的父母来说,母亲工作之余最常做的事是照料孩子、做家务,其次才是享受自己在家休息的时间。而父亲的回答则为"自己在家独处",其次是"照料孩子",而排名第三的则为和朋友外出消遣。当孩子进入小学阶段后,父亲投入在孩子照管上面的时间有所增加,但是其投入程度依然没有母亲高。值得注意的是,即使同在孩子身边,父母陪伴的质量也呈现出明显差别。在调查中,约四分之一的母亲称自己是一心一意陪伴孩子,不受任何外界干扰,在父亲中这一数据仅为 5%。相当高比例的父亲称自己虽在孩子身边,但是只是在看手机等电子设备(41%)、处理工作(28%)或者自己看书(16%)。

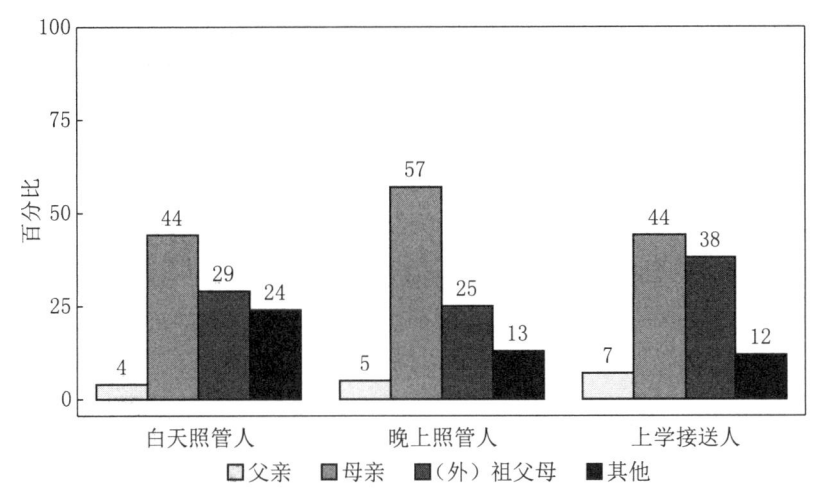

图 3-5　儿童主要照管人的全国总体情况

资料来源：2012—2020 年中国家庭追踪调查数据。

二　(外)祖父母为重要的照管人，上海地区隔代养育比例高于全国

0—6 岁儿童主要照管人的城乡对比，如图 3-6 所示。在孩子的照料模式上并未发现明显的城乡差异，无论是在农村、城市地区还是上海市，孩子父亲为主要照管人在全天的比例均远远小于母亲及(外)祖父母，这反映出中国社会中父亲的长期缺位问题普遍存在。母亲作为白天儿童主要照料者的比例在农村地区及城市地区均占比超过三成，分别为 40% 与 39%，而上海市该数值则远远低于全国其他地区的平均水平，仅为 21%。同时，上海市有接近半数（42%）的学龄前儿童主要由(外)祖父母照管，显著高于同期农村地区（29%）与其他城市地区（28%）的水平。

这一统计结果强调了现代女性所面临的职场—家庭双重压力，以及祖辈在家庭育儿支持中不可或缺的重要角色。依据《中华人民共和国劳动法》的规定，我国职业女性的产假不得少于 98 天。虽然各地的政策略有不同，但大部分省份规定生育后的女性需要在孩子约五六个月龄时重新回到工作岗位。而从上述数据来看，无论是农村地区还是城市地区，半数 0—14 岁的儿童仍然主要依靠母亲照管，意味着女性在结束产假重新回到工作岗位后，一方面要面临巨大的工作压力，另一方面又要继续负责孩子的日常照管。由此，子女照管已经成为我国一些女性在事业发展中不得不面对的阻碍。除此之外，上述数据还反映出(外)祖父母是解决儿童照管问题的重要力量。尤其对于发展水平及经济条件均较为优越的上海市来说，(外)祖父母承担了大部分的白天儿童照管任务。这一现象从侧面说明，我国的一线大城市，譬如上海市的女性可能面

临着更为严重的家庭—工作冲突,女性在家照顾孩子需要放弃现有的经济收入以及未来的职业发展机会,不仅会造成巨大的经济压力,而且具有较高的机会成本,因此(外)祖父母的支持对于大城市的家庭而言更有必要性。

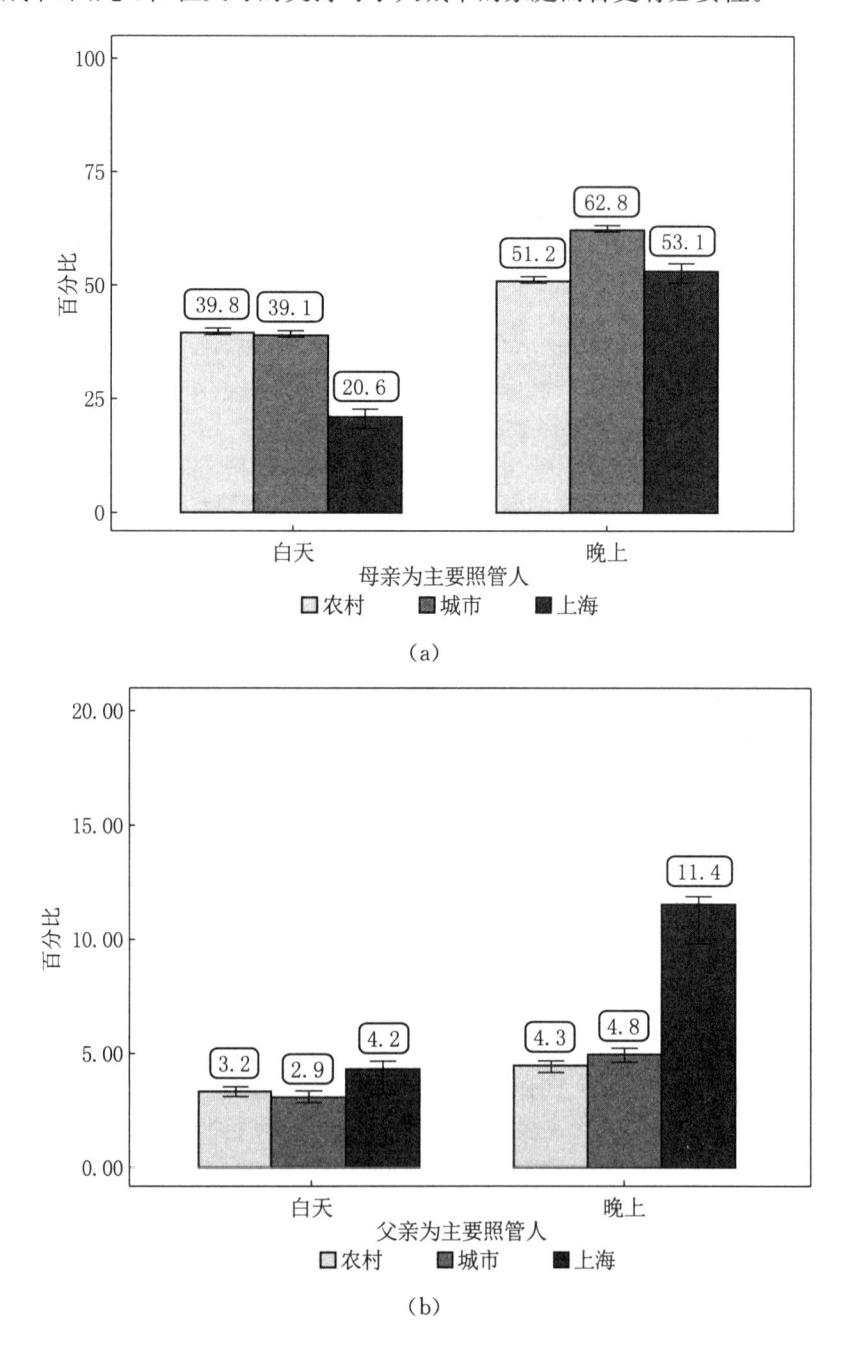

(a) 母亲为主要照管人

	白天	晚上
农村	39.8	51.2
城市	39.1	62.8
上海	20.6	53.1

(b) 父亲为主要照管人

	白天	晚上
农村	3.2	4.3
城市	2.9	4.8
上海	4.2	11.4

(c)

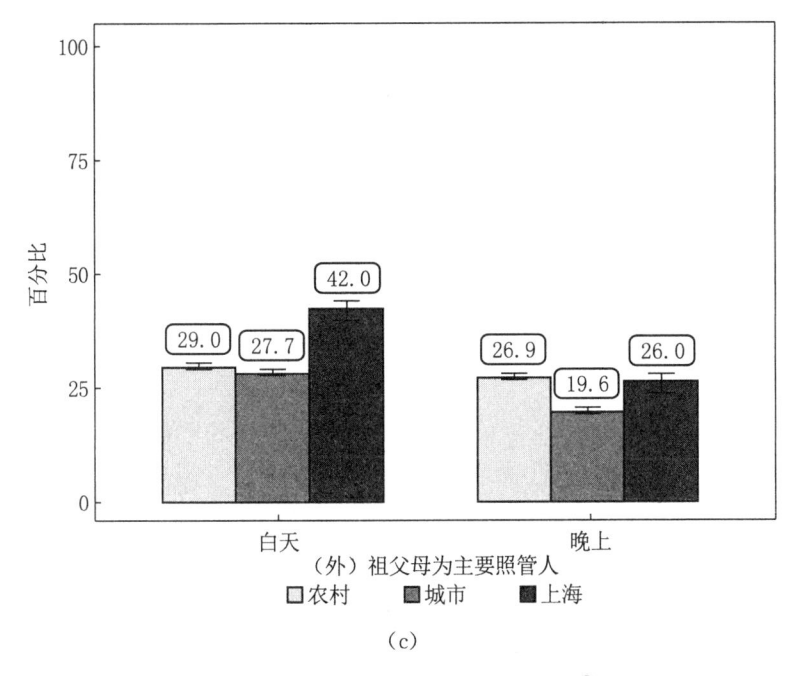

图 3-6 儿童主要照管人的城乡对比①

资料来源:2012—2020 年中国家庭追踪调查数据。

三 家庭照管分工城乡差异整体减小:母亲仍为主力,父亲比例近年来有所上升

从 2012—2020 年儿童主要照管人比例的变化趋势(图 3-7)来看,我国儿童照料任务家庭分工模式并未有明显变化,但城乡差异整体减小。2012—2020 年,孩子的母亲仍然是儿童照管的绝对主力。尽管女性作为 0—6 岁儿童日间照料人的比例未有显著变化,仍保持在 50%左右的水平,但 2018—2020 年,农村地区由母亲作为白天主要照管人的儿童比例有所上升,说明近年来农村女性的儿童照护压力不降反增。上海市的白天母亲照管比例持续显著低于全国其他地区,但从图 3-7(a)中可以看出,上海女性的夜间照管压力显著增加,在 2020 年时已经与我国农村地区的母亲夜间照管比例不相上下。无论是农村还是城市地区,父亲为主要照管人的比例八年来均显著低于母亲及(外)祖父母的参与水平。

---

① "城市"指代全国范围内除去上海以外的城市地区。

但值得注意的是,2018—2020 年,越来越多的儿童主要由父亲进行照管[图 3-7(b)],说明近两年来年轻一代的男性逐渐提高了对孩子照管责任承担的意识。尤其对于上海市来说,父亲为夜间主要照管人的比例在两年间上升超过 5 个百分点,且持续性地高于全国水平。这一方面可能因为相对于全国其他地方来说,上海市女性的收入、学历及社会地位相对较高。依据新家庭经济学的理论,男性相对于女性的优势在减小,因此男性愿意将更多的时间投入家务劳动,包括子女照管中来。另一方面,上海市是我国的经济发展中心,其社会文化较为开放和包容,使得更多男性愿意承担起更多的子女照管责任与义务。

如上文所述,(外)祖父母扮演了现代中国家庭中儿童照管人的重要角色。2018 年以前,农村地区的(外)祖父母作为儿童主要照管人的比例一直高于城市地区,然而在 2018 年以后,城市地区(外)祖父母作为儿童主要照管人的比例超过了同期农村地区的水平[图 3-7(c)]。与此同时,该比例在上海市呈现出逐年上升的趋势。这一趋势反映出由于工作压力及育儿成本的不断上升,面对孩子日渐无人照料的危机,越来越多的城市家庭选择了代际互助抚养儿童作为主要的照管模式。但从 2018 年开始,(外)祖父母为夜晚孩子主要照管人的比例则在农村和城市地区均稍有下降,可见年轻夫妇逐渐意识到隔代教育中可能出现的不利因素,进而在工作结束后更愿意承担起子女照管的任务。

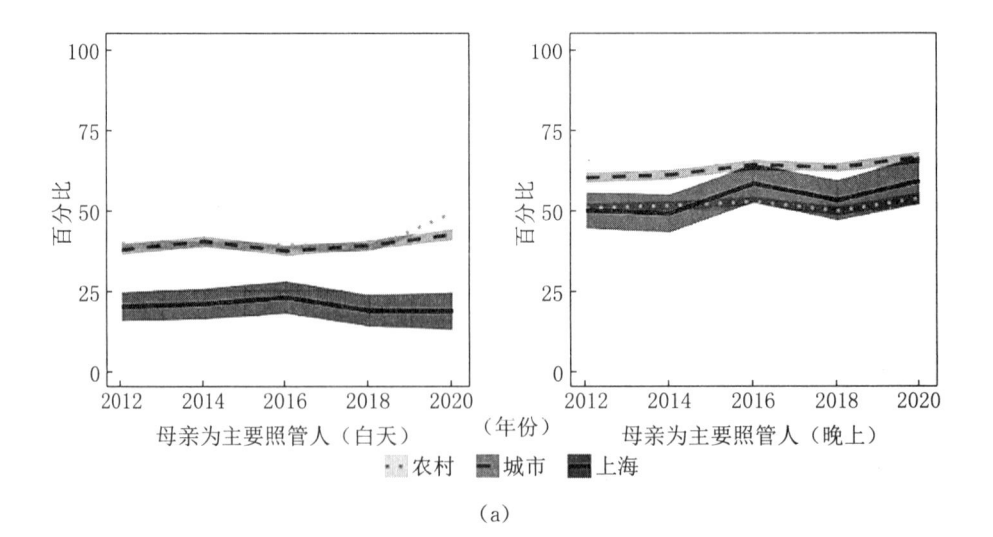

母亲为主要照管人(白天) (年份) 母亲为主要照管人(晚上)

······ 农村 ─── 城市 ━━━ 上海

(a)

(b)

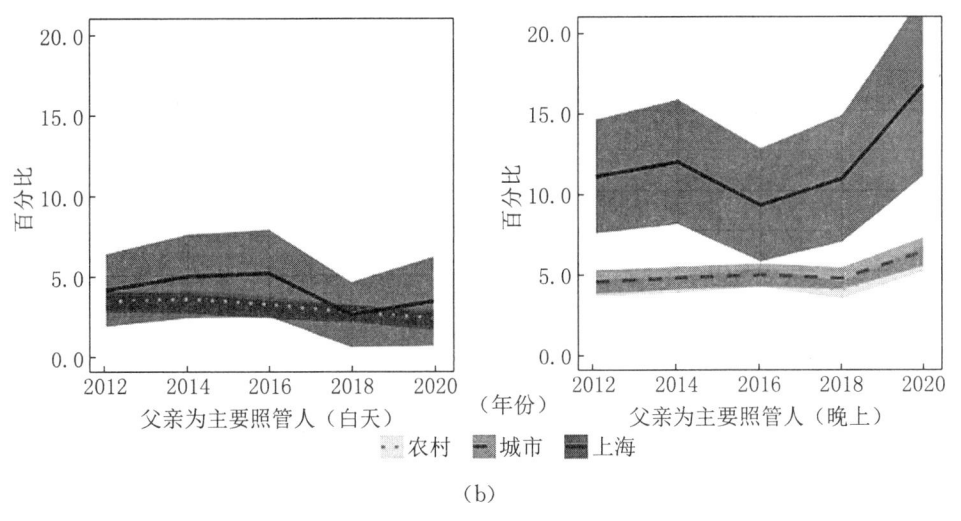

注:农村与城市数据趋势近乎重合。

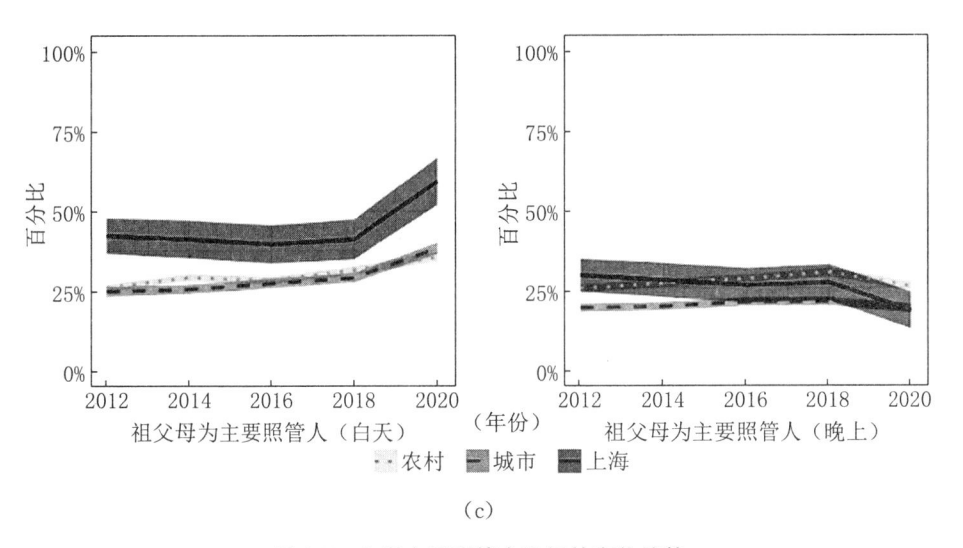

(c)

图 3-7 儿童主要照管人比例的变化趋势

资料来源:2012—2020 年中国家庭追踪调查数据。

第三节 父亲参与情况与结果

父母在孩子成长过程中扮演着不同的角色,父亲和母亲的教育参与对孩子的成长有着不同的影响。"父亲参与"既包括父亲在家庭中积极地对孩子做出教养行为，又包括亲身参与孩子成长与教育的各项活动，比如日常生活的照管、制订孩子的发展计划、提供经济支持、给孩子提供友好的家庭情感氛围、关注孩子的情绪。① 根据 Lamb 对父亲参与情境的描述，家庭教育中父亲的参与可以从三个层面来进行分析，分别是（1）投入互动性，即父亲在照管子女的过程中与其产生的各类互动活动，如玩耍、喂养等；（2）可接近性，即在子女有需要时父亲可以第一时间给予帮助的机会；（3）责任感，即父亲对子女在情感及生理需求的感知与满足，及对孩子抚养责任的承担。②

诸多研究表明，父亲对于孩子的成长有着不可替代、独一无二的重要作用。费孝通先生在《生育制度》中提到，中国家庭子女养育分工为"慈父严母"模式，即母亲主要负责孩子的衣食住行和生活起居，而父亲则在孩子的成长教育及道德观念养成方面肩负重任。③ 父亲在子女幼儿期参与家庭教育的程度将对子女未来的学术表现与成就获取造成重要的影响。④ 一方面，父亲的陪伴促进孩子在安全感和自尊感方面的提升，会有更多亲社会行为，与他人相处更为融洽，因此能够迅速融入集体，有助于提升孩子在学校的表现。⑤ 另一方面，父亲的家庭教育参与有助培养儿童健全的性格。由于婴儿一出生就天然地与母亲建立了依恋关系，因此在子女的成长过程中，父亲的教育参与可以帮助子女建立更加独立的人格，减少对母亲的过度依赖，更加客观与理智地分析问题。性别角色方面，弗洛伊德认为父亲的角色在儿童的成长过程中具有榜样作用，子女会认同及模仿父亲的行为，并最终在各个方面与其父亲趋同。有研究指出，父亲对于幼儿的性别角色定位、社会交往及将来的婚姻家庭观念都具有深刻的影响。⑥

---

① 宋博凤.台湾地区父职角色研究之面貌[J].幼儿教育,2005(5):10—11.
② Lamb M E, Pleck J H, Levine J A. The role of the father in child development: the effects of increased paternal involvement[M]//Lahey BB, Kazdin A E. Advances in clinical child psychology: volume 8. New York: Plenum Press, 1985:229—266.
③ 费孝通.生育制度[M].天津:天津人民出版社,1981.
④ McBride B A, Dyer W J, Liu Y, et al. The differential impact of early father and mother involvement on later student achievement[J]. Journal of educational psychology, 2009, 101(2):498.
⑤ Rider F, Martinez K, Sawyer J, et al. A guide for father involvement in systems of care[R]. Washington, DC: Technical assistance partnership for child & family mental health, 2013.
⑥ 杨洁,余婧.父亲角色对3～6岁幼儿社会性发展的影响研究[J].早期教育(教科研版),2016(1):39—42.

"男主外,女主内"是我国传统的家庭观念。在这种观念的影响下,男性被期望专注工作与事业,为家庭提供主要的经济来源,而女性则要承担照管家庭、抚育子女的责任。然而,随着时代的进步与女性地位的提升,越来越多的女性选择外出就业,走入职场。男性已经不再是家里的唯一经济提供者。但是,即便在倡导男女平等的现代社会,家庭教育中父亲的缺席,仍然是我国社会的普遍现象。

一 父职缺失现象普遍,高学历并未提高父亲育儿参与

通过对2018年中国家庭追踪调查数据的分析,图3-8展示了不同教育水平的母亲及父亲在家庭教育的参与情况。由图3-8(b)可以看出,父亲的教育程度不同,其家庭教育的参与程度并未呈现出显著的差异。数据显示,无论是白天还是夜晚,不同学历的父亲在作为孩子主要照管人的比例上并未存在明显的变化。与之相比,母亲的家庭教育参与则显然受到了教育程度的影响。其中,中等教育水平的母亲相对于低学历及较高学历的女性明显更有可能作为子女的白天主要照管人。而母亲为孩子夜晚主要照管人的比例则随着母亲学历的提高而增加。造成这一现象的原因可能有二个,一是,随着我国社会经济的不断发展,女性的受教育水平也越来越高,对于子女教育的重视程度以及投入意愿也随之升高。因此拥有中高学历的女性在结束白天的工作之后,会更多地在夜间参与到儿童的照管与教育中来。二是,正如上文所述,由于女性大多经历着工作与家庭之间的矛盾,因此对于白天的儿童照管任务,母亲为儿童白天主要照管人的比例随教育水平的变化趋势呈现出"中间多,两头少"的模式。由于高学历的女性面临更大的工作压力与更密集的工作任务,因此白天可能拥有更少的时间来与孩子进行互动。

由以上数据分析结果可以看出,教育水平对于母亲的育儿参与意愿有着显著的正向促进作用,而拥有较高学历的父亲并未呈现出较高的主要照管人比例。因此,父亲育儿参与的限制因素并非缺乏科学的育儿知识体系,而可能有更深层的影响因素,如个体、心理、文化和社会制度等。相较于父亲,母亲为子女主要照管人的比例则显著受到了教育程度的影响。其中,母亲的学历与白天育儿参与呈现出倒U形的关系,初高中学历的女性作为主要照管人的比例明显高于小学及以下学历和高学历的女性群体。而到了晚上,母亲的受教育

(a) 母亲为主要照管人

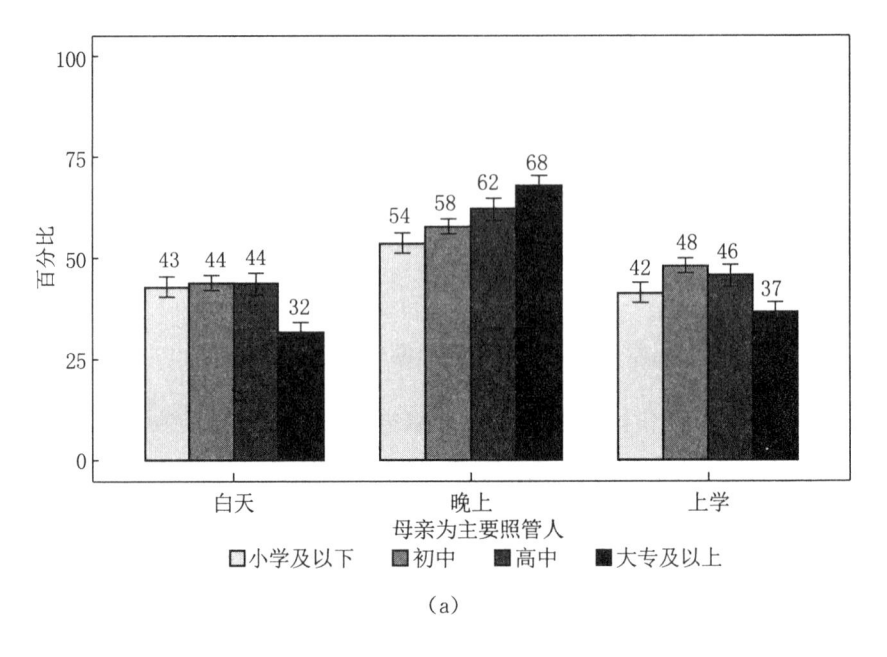

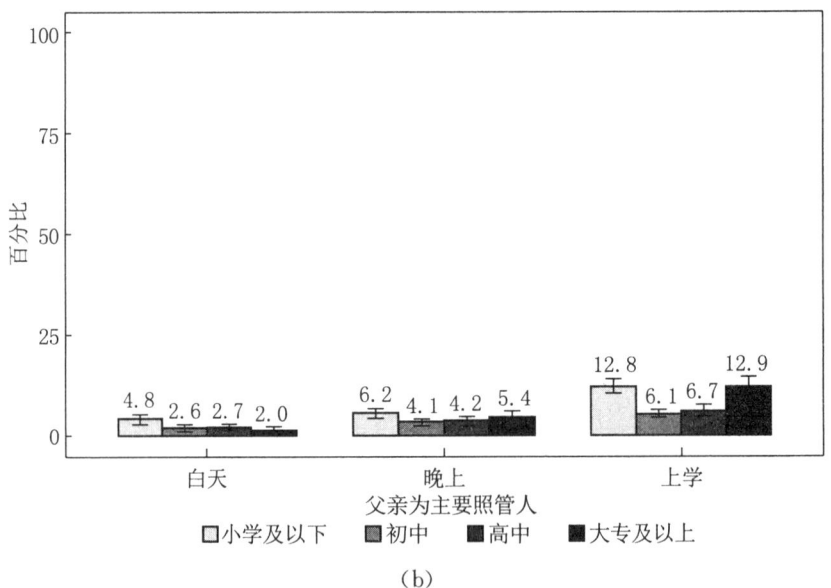

	白天	晚上	上学
小学及以下	43	54	42
初中	44	58	48
高中	44	62	46
大专及以上	32	68	37

(b) 父亲为主要照管人

	白天	晚上	上学
小学及以下	4.8	6.2	12.8
初中	2.6	4.1	6.1
高中	2.7	4.2	6.7
大专及以上	2.0	5.4	12.9

图 3-8 不同教育水平的家庭教育参与

资料来源：2018年中国家庭追踪调查数据。

程度则与育儿参与呈现正相关的关系，即母亲学历越高，其作为孩子夜间主要照管人的可能性越高。此结果再次印证了上文中对于现代女性面临着巨大的工作与家庭之间时间及精力分配矛盾的阐述：高知女性所从事的行业通常面临更大的工作压力和工作时长，因此白天无暇顾及孩子；高学历的母亲通常具备科学的育儿知识体系，更加注重儿童的早期教育，因此晚上下班以后乐于更多地参与到子女照管中来。该结果与刘文基于中国教育追踪调查（China Education Panel Survey, CEPS）数据库的发现一致。[①]

为了探究儿童的自理能力与认知能力随着年龄增长而不断完善之后，不同教育程度的父亲是否对于子女教育表现出不同的态度，对不同学历父亲的育儿参与随儿童年龄的变化情况进行了进一步分析。图3-9表明，0—6岁学龄前儿童家庭中不同学历父亲的育儿参与情况与学龄儿童（6—14岁）家庭并未呈现出显著的差异。相比中低学历（小学及以下、初中学历）的父亲来说，高学历的父亲（高中、大学及以上）并未因孩子的年龄增长而承担起更多的育儿责任。即便是对于拥有一定自理能力的学龄儿童（6岁以上）来说，高学历的父亲也并未更多地参与到孩子的教育之中。此结果也进一步说明了，家庭育儿分工中父亲的缺失现象可能受到多重机制的影响，其背后的复杂原因需要进一步进行分析。

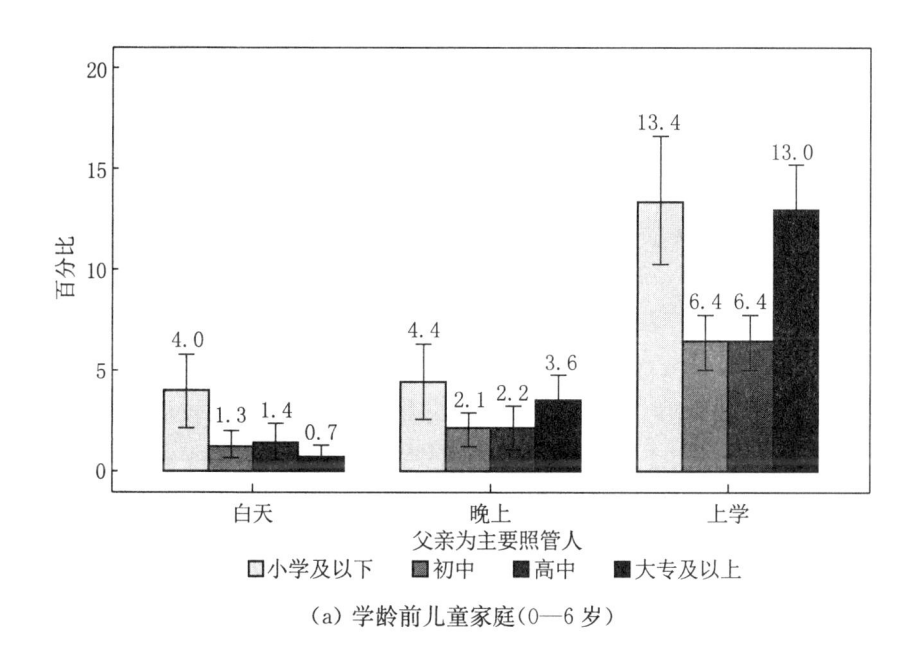

(a) 学龄前儿童家庭（0—6岁）

[①] 刘文.教育"拼妈"？——父母参与子代教育的程度差异及其影响[J].当代教育论坛,2019(3)：74—82.

[图表数据：父亲为主要照管人]

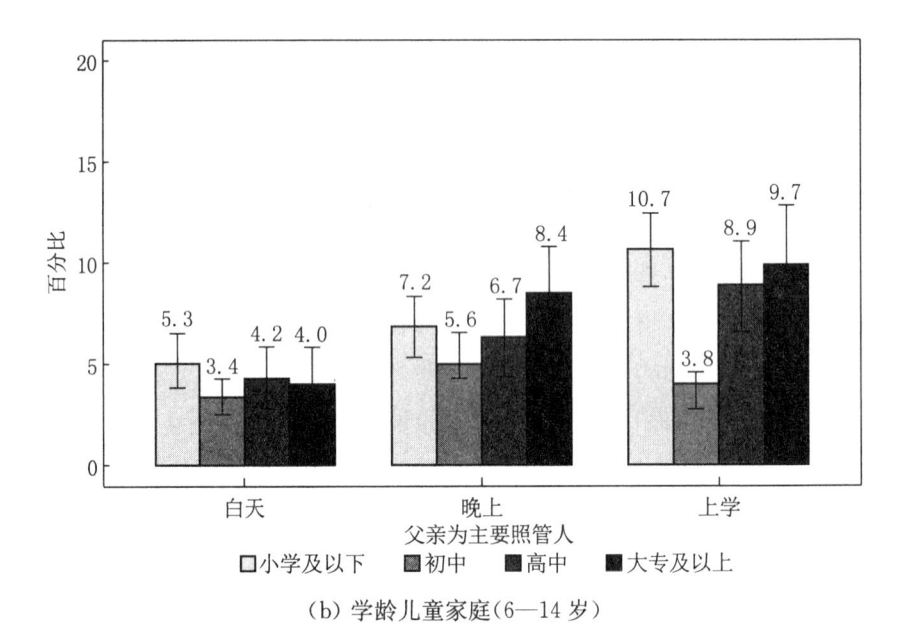

白天：小学及以下 5.3；初中 3.4；高中 4.2；大专及以上 4.0
晚上：小学及以下 7.2；初中 5.6；高中 6.7；大专及以上 8.4
上学：小学及以下 10.7；初中 3.8；高中 8.9；大专及以上 9.7

(b) 学龄儿童家庭(6—14岁)

图 3-9　不同教育水平父亲育儿参与随儿童年龄的变化

资料来源：2018年中国家庭追踪调查数据。

二　各收入水平家庭的父亲均对子女照管鲜有参与

对不同收入水平的家庭教育参与[图 3-10(a)]的分析显示,无论是高收入家庭,还是普通或者低收入家庭,父亲作为子女白天主要照管人的比例均只有2%—3%,远远小于母亲作为主要照管人的比例。而夜间的情况也不容乐观,各收入阶层的家庭中,父亲为主要照管人的比例也并未发现明显差异,均为3%—5%左右。由此可见,家庭经济条件并非父职参与的重要影响因素。相比之下,各收入阶层家庭中母亲的育儿参与情况[图 3-10(b)]与上文中各教育水平分组下母亲的育儿参与情况呈现出相同的趋势。白天,较低收入家庭的女性普遍担任更多的育儿任务,而较高收入家庭的女性由于平时工作占据生活中更多的时间,因此对于子女的照管也受到了诸多限制,其育儿责任则更多由孩子的(外)祖父母或者保姆承担。母亲作为孩子夜间的主要照管人的比例则随着家庭收入的增加而逐渐提高,侧面反映了高收入家庭中的母亲可能更注重子女的教育和亲子感情的建立。

由此可以看出,家庭经济收入对家庭育儿分工的影响不大,在各个收入阶层的家庭中,父亲缺席子女照管的行为均普遍存在。在高收入家庭中女性所表现出来的更强的对于子女教育的重视也并未在同等收入阶层家庭的父亲中发现,因此父亲在子女教育中的缺席可能与更深层次的性别文化、男性的价值观念与自我定位有关。

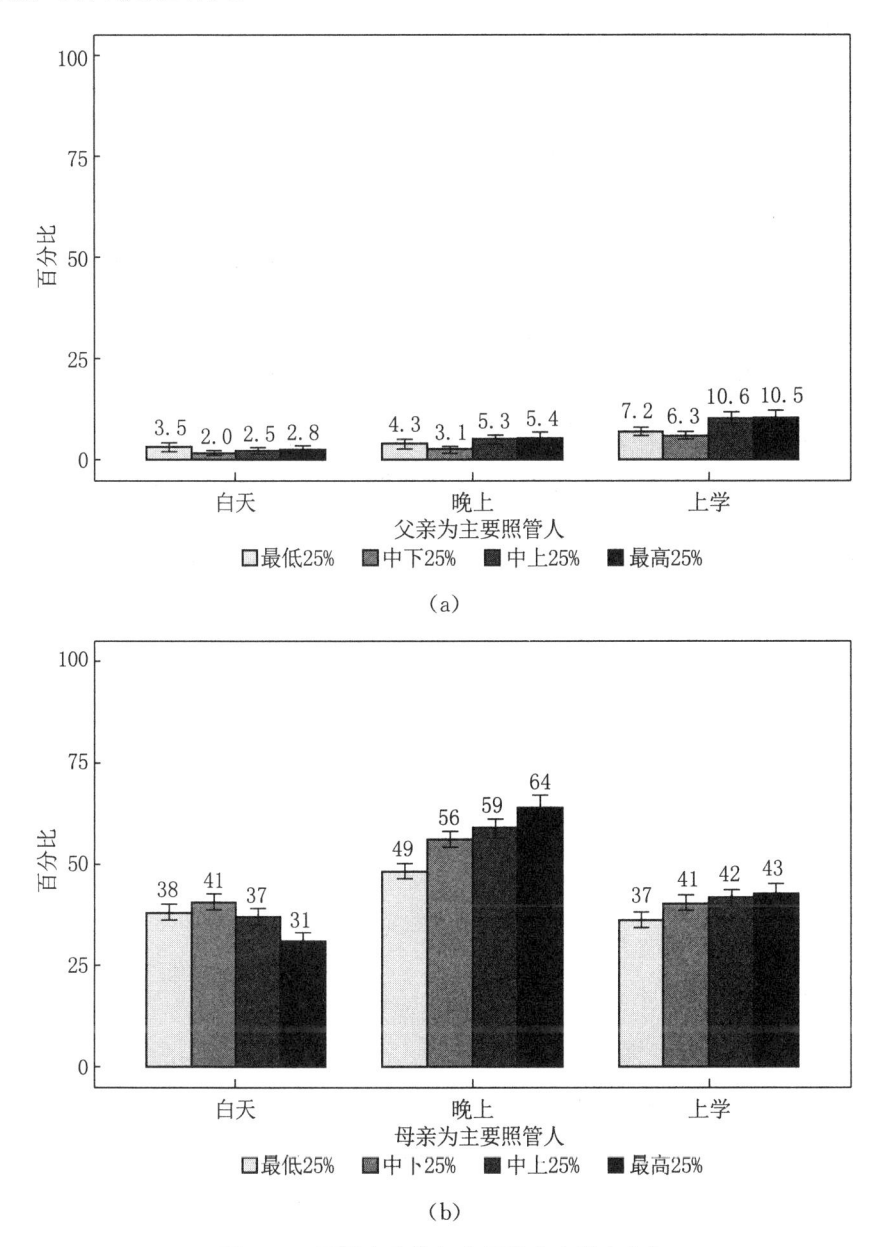

(a)

(b)

图 3-10 不同家庭收入水平的家庭教育参与

资料来源:2018 年中国家庭追踪调查数据。

三 夫妻双方的收入差距对家庭育儿分工的影响有限

上文分析发现,家庭经济收入对家庭育儿分工的影响不大,那么父母之间的收入差异是否会影响育儿分工？下面对男女双方收入的相对差距对于家庭教育分工的影响进行了进一步的分析。图3-11展示了不同夫妻收入差距的家庭的教育参与情况。结果发现,如果父亲的收入高于母亲,或者夫妻双方收入相近,那么这个家庭的育儿分工模式多为"父亲负责赚钱,母亲负责带娃";然而当母亲收入高于父亲时,家庭育儿模式的分工却仍然是"母亲为孩子白天主要照管人"的比例(27%)远远大于"父亲为孩子白天主要照管人"的比例(5%)。虽然相比于"父亲收入高一些"和"父亲收入高很多"这两类家庭中父亲为孩子白天主要照管人的比例(分别为2%与1%)略有提升,但仍然与母亲的育儿参与情况相差甚远,"女主外,男主内"的模式极少出现。同时,夫妻收入不同差距下孩子夜间主要照管人的比例也呈现出了近似的趋势,即若父亲的收入高很多,那么夜间的儿童照管人为孩子母亲的可能性将被大大提高(70%),但是即使母亲的收入高于父亲,则夜间儿童主要照管人为父亲的比例则只有6%,与"父母双方收入相近"的家庭中的数值相同。

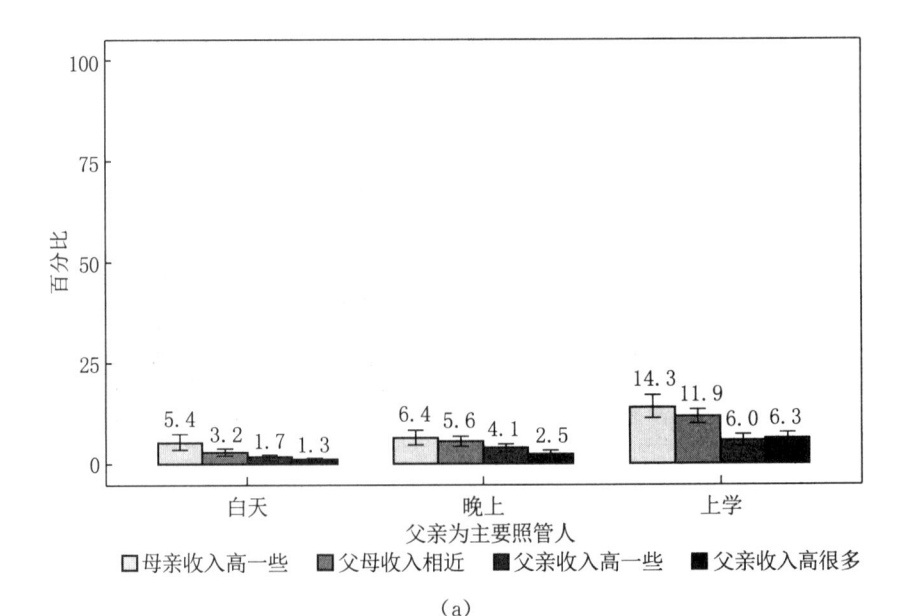

(a)

(b)

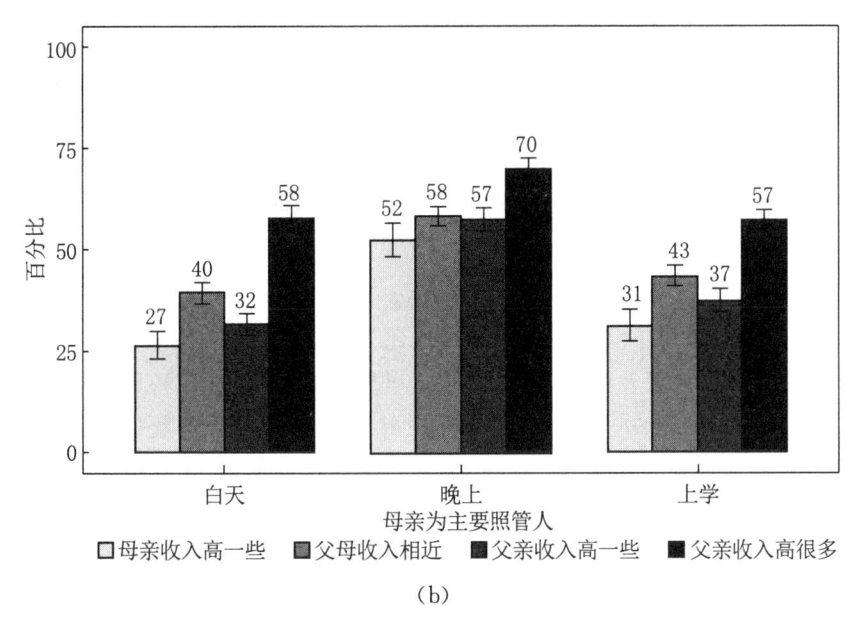

图 3-11 不同夫妻收入差距的家庭教育参与

资料来源：2018 年中国家庭追踪调查数据。

正如著名社会学家阿莉·拉塞尔·霍克希尔德（Arlie Russell Hochschild）在《职场妈妈不下班——第二轮班与未完成的家庭革命》中所述：无论女性在外面挣多挣少，是副总裁还是灵活办公，她们都承担了更多的家务。甚至有一些女性需要做平衡——她们工作越成功，优于老公，反而要在家里做更多的第二轮班。分析结果也指向了这个趋势：虽然随着社会的不断发展，我国男性对儿童教育的重视程度有一定程度上的提高，但"男主外，女主内"的传统观念似乎并未彻底改变。如何提高父亲在家庭子女教育中的参与程度仍然是一个任重而道远的命题。

四 子女教育中父亲长期缺失的原因

以上分析全面反映出，我国家庭教育中父职长期缺失是一个需要引起重视且亟待解决的问题。综合来看，有多种原因可能导致了男性对于子女照管参与较少的情况。第一，从家庭经济学的角度来看，家庭中的每位成员在家庭决策的过程中依据经济能力拥有不同的议价能力，进而根据不同的议价能力，以提高家庭总收益为目标进行协商谈判并做出决策。因此，收入较高的家庭成员在家庭内部子女教育责任分配中具有更大的选择优势。[①]在就业市场中，生育大多数情况下会对女性职业发展产生负面影响。"生育惩罚"使得女性在家庭决策中的议价能力被削弱，让女性更容易成为"处于经济劣势、在家庭内部事务分工上更没有话语权"的一方，从而被迫承担更多教育子女的任务。第二，社会的文化规范不断强化了家务劳动在性别上的分工模式。传统性别分工观念仍然对人们的思想及行为产生影响，社会价值取向不断强调母亲在儿童教育中所具有的重要意义及主导地位，一定程度上降低了父亲参与家庭教育的意愿，同时强化了女性的身份范式。比如，大多数关于儿童教育产品的广告角色设置均为孩子及母亲，某知名儿童早教机构的广告语"妈妈再也不用担心我的学习了"广为流传。这些社会文化环境因素都在潜移默化地传达母亲应该是家庭教育的主要承担者，而并未对父亲应该承担的教育责任做出说明。社会舆论环境也可能会影响到男性的价值取向：事业上的成就是一个男人成功与否最重要的评价标准，父亲的责任就是为家庭提供物质保障。甚至有些男性认为，由于育儿参与而耽误事业是"没出息的、没能力的"。因此许多男性会选择让另一半承担更多的育儿责任，而自己去追求更高的收入和更大的事业成就。另外，还有部分持生理决定论观点的人认为，相比于男性来说，女性天然地具有抚育儿童的优势，因此理所应当要更多地承担照管家庭、教育子女的角色。

另外，我国现行的社会政策与福利制度也不利于父亲参与到育儿工作中来。例如，我国女性产假（98天至190天）与男性陪产假（7天至30天）天数存在非常大的差异，使得男性在面临育儿工作时会存在"有心无力"的情况。虽然有的省份推行了针对家里有低龄幼儿的夫妻双方的"育儿假"（如北京市、天津市、湖北省、湖南省等），但通常只有每年5—10天，不足以解决工作与育儿的时间冲突问题。此外，也有观点认为，隔代养育对于父职参与的替代作用，也是造成此现象的重要原因之一。在许多中国家庭中，（外）祖父母由于需要帮忙照看孙辈，因此常常与年轻夫妻同住。在此种情况下，男性的家庭角色既是幼儿的父亲，同时又仍然是长辈的儿子，甚至同时享有长辈的照料，继而减少或者根本没有对于父职的责任意识。

---

① Bethmann D, Rudolf R. Happily ever after? Intrahousehold bargaining and the distribution of utility within marriage [J]. Review of economics of the household, 2008, 16: 347—376.

第四节 隔代抚育参与情况与结果

隔代抚育,即在三代家庭或隔代家庭中(外)祖父母对(外)孙子女的抚养和教育。隔代抚育现象在当今中国社会十分普遍,已经成为城乡家庭抚育的一种重要模式。随着中国近年来社会经济的迅速发展,以及城市化的不断推进,越来越多的年轻夫妇为了获得更好的职业发展和经济收入,选择夫妻双方均从事全职工作,而其子女的抚育工作则由夫妻双方的父母来完全承担或者部分承担。中国家庭动态调查的数据显示,2012—2018 年,(外)祖父母成为儿童主要照管人的比例逐年增加,在 16 岁以下儿童的家庭中,隔代抚育成为近 40%的家庭中最主要的家庭育儿模式。而中国福利会发展研究中心(宋庆龄儿童发展中心、中国福利会教师教育发展中心)于 2016/2017 年开展的"上海市 3—12 岁儿童家庭教育现状与需求调查"也显示,在孩子上幼儿园阶段,有 76%的祖辈参与了孩子照料。在孩子进入小学阶段,这一比例仍然高达 69%。

一 隔代抚育缓解了高学历家庭的育儿压力

表 3-1 展示了中国家庭动态调查中(外)祖父母为孩子主要照管人的家庭特征。数据显示,对于非隔代抚育的家庭来说,由(外)祖父母担任孩子主要照管人的家庭,孩子的父母相对拥有较高的受教育程度。依据上文的分析,(外)祖父母是中国家庭子女照管中不可或缺的角色。在面对家庭与工作之间的冲突时,隔代抚养成为亲职抚育的主要的补充或者替代方式。拥有较高学历的年轻夫妻通常面临着更繁重的工作压力,更有可能面临没有时间和精力进行亲职抚育的困境。同时,对于该群体来说,由于抚育子女而放弃事业的成本相对较大,因此更迫切地需要祖辈对于家庭育儿的支持。一项针对中国家庭抚育模式的研究发现,祖辈在育儿方面提供的支持可以显著减少年轻父母,尤其是母亲在育儿时间上的投入,进而使得他们拥有更多的时间投入工作事业中去。[①]因此,面对事业和家庭难以两全的情况下,年轻的高知高薪家庭往往会选择由长辈来抚育子女或者和长辈一起共同抚育子女。

另外,我们发现,低龄儿童的家庭更有可能选择隔代抚育的模式。在非隔代

---

① Chen F, Short S E, Entwisle B. The impact of grandparental proximity on maternal childcare in China[J]. Population research and policy review, 2000, 19:571—590.

抚育的家庭中,孩子的平均年龄为 7.79 岁,而完全隔代抚育和部分隔代抚育的家庭中孩子的平均年龄分别为 7.09 和 5.78 岁。在中国,大多数孩子进入小学的年龄是 7 周岁,因此在孩子进入小学前的这段时间,祖辈所提供的育儿帮助就尤其重要,许多家庭会选择以部分隔代抚育的方式对孩子进行日常照管。而孩子进入小学后,学校教育则可以一定程度地缓解家庭育儿压力。此现象也从侧面反映出我国现行的制度对于学龄前儿童抚育的支持还有所欠缺,亟须改善。

表 3-1 (外)祖父母为(白天或晚上)孩子主要照管人的特征

	非隔代抚育 (N=5 391)	完全隔代抚育 (N=1 296)	部分隔代抚育 (N=1 753)
孩子年龄(岁)	7.79	7.09	5.78
男孩(是=1)	0.53	0.56	0.53
家庭中孩子数量	2.07	1.89	1.83
父亲受教育年限	9.02	9.35	10.34
母亲受教育年限	8.18	8.62	10.14
教育支出(元)	4 932.30	2 861.49	4 756.26
家庭总支出(元)	94 218.49	72 824.96	105 306.3
家庭人均年收入(元)	19 510.37	14 039.24	26 531.03
教育支出占比	0.07	0.07	0.07
辅导作业时长(小时)	3.32	2.14	3.21
课外补习时长(小时)	1.37	0.88	1.34
自评班内相对排名	4.45	4.62	4.41
孩子身体质量指数(BMI)正常	0.895	0.811	0.86
孩子身高达标比例	7.79%	7.09%	5.78%

注:完全隔代抚育指孩子与父亲及母亲同住六个月及以下,且主要照管人为其(外)祖父母;部分隔代抚育指孩子与父亲或母亲中至少一人同住七个月及以上。
资料来源:2018 年中国家庭追踪调查数据。

二 隔代抚育的特殊形式:留守儿童

"留守儿童"通常指由于父母外出打工而被留在家乡的孩子。20 世纪 80 年代初至 90 年代初,随着《国务院关于农民进入集镇落户问题的通知》(1984 年)的发布,国家放宽了农村劳动力和农村人口进入中小城镇务工和生活的要求,促进了农村人口向城镇的转移。与此同时,伴随着我国快速的社会转型和城市化,流动人口的规模不断增加:1982 年的"三普"表明,当时我国仅有 670 万流动人口,占全国人口的 0.6%;而 2020 年的"七普"数据表明,流动人口增加到了

37 582万，占全国人口的26.0%。其中，青壮年劳动力占全部流动人口的70%左右。由此，在很多流出人口比较集中的地区，普遍出现了"留守儿童"问题。

在实际研究中如何界定"留守儿童"，不同学者给出了不同的界定标准。周福林给出了三个界定的要素：外出父母数量、父母外出时间以及儿童年龄。[①]母亲是儿童家庭教育最重要的主体，因此，对于外出父母数量这一界定要素，这里将父母双方外出或者仅有母亲外出的孩子定义为留守儿童。由于数据限制，暂不能处理父母外出时长要素。对于留守儿童的年龄这一界定要素，认定15岁及以下为留守儿童年龄。基于近十年的中国家庭追踪数据，分析发现，中国留守儿童在人口学特征以及其居住安排上呈现出五个方面特征。

第一，留守儿童在儿童总规模中占比稳定，男性留守儿童略多（图3-12）。在2010—2018年的中国家庭追踪数据中可以看到，留守儿童在儿童总规模中占比稳定，为8%—11%。2010年，中国家庭追踪调查覆盖到的留守儿童数量为1 156人，年龄在15岁及以下的儿童总规模为13 316人，留守儿童占8.68%。2018年，调查数据捕捉到的留守儿童数量为1 274人，年龄在15岁及以下的儿童总规模为3 585人，留守儿童占9.38%。

另外，和女性留守儿童规模相比，男性儿童略多。在2010—2018年的中国家庭追踪数据中，男性儿童的占比维持在57%—59%，性别比在132.56—143.90。与非留守儿童相比较，性别比差别较大（非留守儿童性别比约为116.39）。可以看出，流动父母携子女外出的行为存在较强的"男孩偏好"。儿童随流动父母一起流动，既能得到父母更好的照顾，还能在更发达的地区接受比家乡更好的教育。这种情况下，儿子比女儿更有机会与父母一起流动。

第二，幼儿阶段的留守儿童比例逐渐降低。如图3-13所示，2010年，留守儿童主要集中于学龄前阶段；2014年后，留守儿童主要为小学阶段儿童。2010—2012年，0—3岁的留守儿童规模占比最大超过30%，是13—15岁留守儿童数量的三倍。但2014—2018年，7—12岁的儿童规模超过0—3岁的儿童规模，占比不断逼近40%，13—15岁的留守儿童仍然是占比最少的年龄群体。

---

① 周福林，段成荣.留守儿童研究综述[J].人口学刊，2006(3)：60—65.

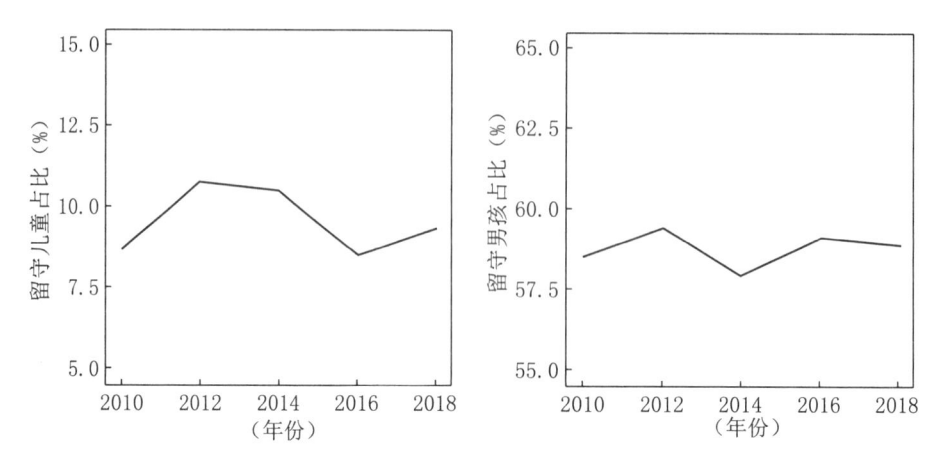

图 3-12 中国留守儿童的规模占比与性别分布

资料来源:2010—2018 年中国家庭追踪调查数据。

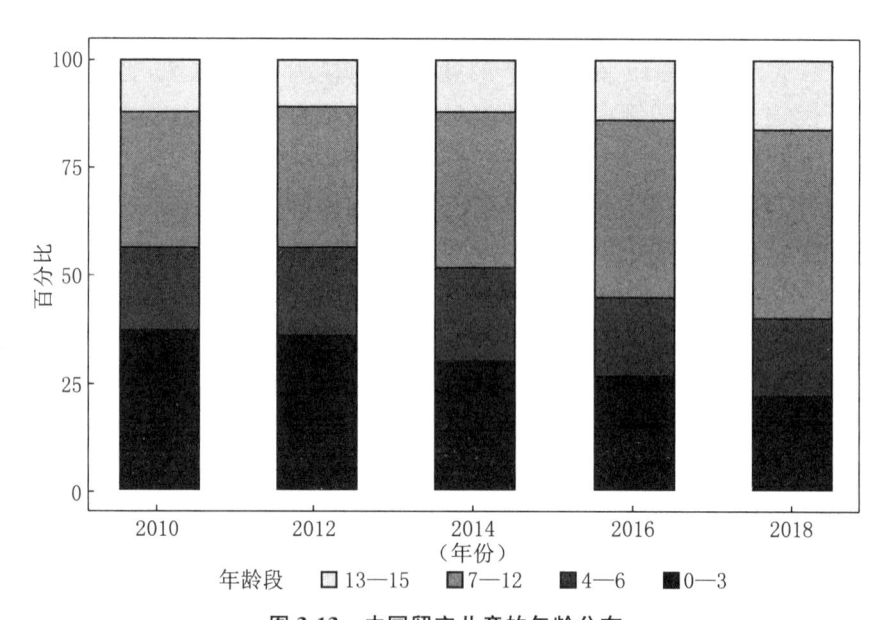

图 3-13 中国留守儿童的年龄分布

资料来源:2012—2018 年中国家庭追踪调查数据。

第三,(外)祖父母是留守儿童特别是低龄留守儿童的主要照料者。2012—2018 年中国家庭追踪调查数据显示,约 56.3% 的留守儿童仅由(外)祖父母隔代照料,另外有 36.3% 的儿童仅与父亲或与父亲及(外)祖父母一起生活。隔代照料的(外)祖父母平均年龄 60 岁,超过八成身体健康,但是他们的受教育程度普遍较低,半数以上只有小学文化程度,使得儿童校外的学习辅导和监督途径减少。一半以上的(外)祖父母在照料孙子女的同时还参与劳动,肩负生活重担,也可能影响他们给留守儿童提供周全的照料。有研究发现,虽然父母的外出提供了更好的物质条件,但留守儿童的学习时间少了,他们要花费更多的时间在干农活、做饭等事情上。另外一项关于照料经济的研究表明,单从儿童被照料的时间来看,相较于父母为照料人,(外)祖父母为照料人时,0—6 岁儿童得到照料的时间每周少 10 小时。①

三 隔代抚育对儿童的影响:一币两面

对于隔代抚育对儿童成长的利弊,学者们有不同的看法。一方面,由于(外)祖父母大多退休在家,因而拥有更多的时间和精力来照管孙辈的饮食起居,可以在一定程度上减轻年轻父母的育儿压力,弥补在育儿时间上的不足,在某些方面会对孩子带来积极的影响,如降低幼儿的死亡率、减少孩子受到意外伤害的可能性、提高孩子的安全感、提升其心理健康水平等。②③④另一方面,由于老人常常受到传统思想影响较大,对于新事物和新技术的接受能力较慢,一定程度上会影响孩子的创新及个性的形成。⑤同时,(外)祖父母的受教育程度通常不如年轻父母,对儿童教育的重视程度可能不足,教育观念相对陈旧,此外,祖辈也可能面临儿童教育上"有心无力"的状况。

从表 3-1 的数据来看,隔代抚育的家庭中"辅导孩子作业时长"这一项明显小于非隔代抚育的家庭。其中,完全隔代抚育的家庭为 2.14 小时,部分隔代抚育的家庭为 3.21 小时,而非隔代抚育的家庭为 3.32 小时。"课外补习时长"一项也呈现出了相同的规律,即非隔代养育家庭中孩子的课外补习时长最长,其次是部分隔代养育家庭,而完全隔代养育家庭的孩子参与课外补习的时长明显少于其余两个抚育模式家庭中的孩子。

---

① 段成荣,吕利丹,郭静等.我国农村留守儿童生存和发展基本状况——基于第六次人口普查数据的分析[J].人口学刊,2013,35(3):37—49.

② Dong H, Matteo M, Kurosu S, et al. Kin and birth order effects on male child mortality: three East Asian populations, 1716—1945[J]. Evolution and human behavior, 2017, 38(2):208—216.

③ Chan K L, Chen M, Chen Q, et al. Can family structure and social support reduce the impact of child victimization on health-related quality of life?[J]. Child abuse & neglect, 2017, 72:66—74.

④ 邢淑芬,梁熙,岳建宏等.祖辈共同养育背景下多重依恋关系及对幼儿社会——情绪性发展的影响[J].心理学报,2016,48(5):518—528.

⑤ 吴旭辉.隔代教育的利弊及其应对策略[J].重庆文理学院学报(社会科学版),2007(4):111—112.

"上海市 3—12 岁儿童家庭教育现状与需求调查"也显示（图 3-14），隔代抚育的内容呈现出单一化的特点，位列第一的内容都是"负责日常生活照料"。尤其值得注意的是，在幼儿园阶段，陪孩子"看电视"成为隔代照料位列第二的内容。孩子进入小学阶段后，"监督作业"和"管教错误行为"才取代了"看电视"，成为隔代教育的主要内容。这也反映了需要对隔代养育的家庭给予更多的教育观念和方法的帮助。

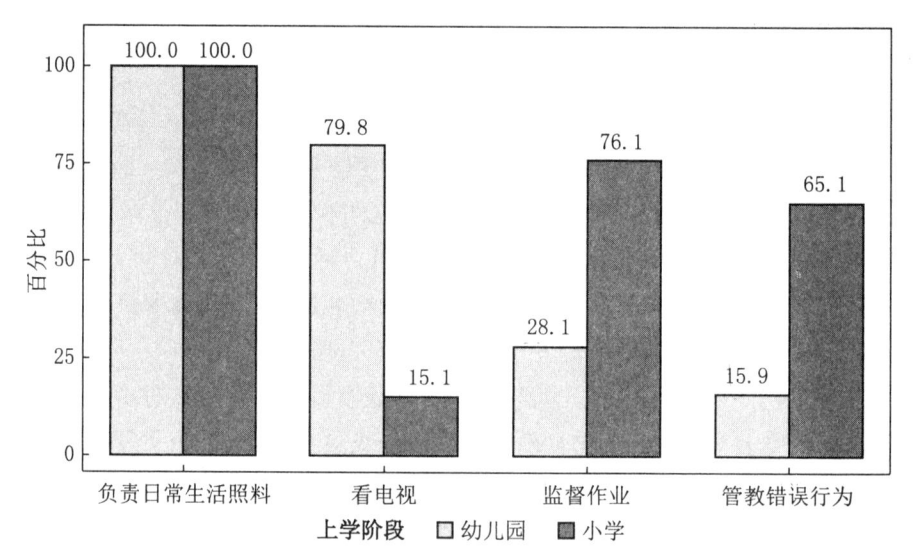

图 3-14 幼儿园家庭和小学生家庭中祖辈参与照料最常做的事情

资料来源：2016—2017 年上海市 3—12 岁儿童家庭教育现状与需求调查。

以往研究还发现，由于"隔代亲"现象的存在，在隔代抚养过程中，一些老人会毫无原则地满足孩子的要求，溺爱孙子女，甚至存在"过度保护"的现象，不利于孩子独立人格以及良好习惯的养成。还有研究发现，在隔代抚育过程中，（外）祖父母相比父母来说通常会希望孙子女吃更多，因为他们认为食物是一种教育的工具和情感的载体，且可能通过"威逼利诱"的方式进行强制性喂食，进一步增加儿童超重的风险。我们分析数据也印证这一研究结论：隔代抚育家庭中孩子的身体质量指数（Body Mass Index，BMI）正常以及身高达标的比例明显低于非隔代抚育家庭中的孩子。[1]

---

[1] Sadruddin A, Ponguta L A, Zonderman A L, et al. How do grandparents influence child health and development? A systematic review[J]. Social science & medicine, 2019, 239:112476.

四 隔代抚育对祖辈的影响：有得有失

费孝通先生在《生育制度》一书中指出，传统的中国社会中，父母与至少一个已婚子女共同居住组成联合家庭。① 这种多代同堂的方式既是为了满足小农社会的生产需要，又在一定程度上解决了养老问题，形成了我国"反馈模式"下的赡养义务。然而当今社会，人口的流动性大大增强，父母与子女同住的情况也逐渐减少。我国目前隔代抚育家庭中祖辈的居住地选择大致可以分为两种模式：投奔子女型及留守家乡型。投奔子女型隔代抚育指的是祖辈离开居住地迁移到城市当中照顾孙辈，留守家乡型隔代抚育指的是祖辈依然留在家乡居住地，而父母在其他地方工作，将子女完全交给家乡的（外）祖父母，即通常意义上的"留守儿童"家庭。

城市中的隔代抚育类型通常为前者，即祖辈来到子女所在的居住地，与其共同照料孩子。有研究指出，我国大部分的年轻父母都需要依靠长辈的支持来完成幼儿照料，三分之一左右的家庭的幼儿主要由（外）祖父母照管。② 现如今，在城市的公园、广场和其他公共空间中，推着婴儿车或者牵着幼儿的中老年人随处可见。随着现代社会的人口流动性增大，越来越多的年轻人远离家乡，在其他城市生活。这种方式的部分隔代抚育方式便造就了一大批"老漂族"：离开居住地，为了隔代照护孙辈而流动到异地的中老年父母。一方面，在我国传统孝道文化语境下，成年子女有义务对父母进行物质及精神上的"反哺"。而祖辈在为子女提供一定育儿辅助的同时，也可以享受到子女对自己的孝养，增进了家庭内部的情感维系。在我国的传统文化中，"儿孙绕膝""多子多福"是家族兴旺的代表，因此许多中老年人在照管孙辈的同时，也尽享天伦之乐，一定程度上提升了其生活幸福感。但是，另一方面，有专门针对"老漂族"的研究指出，来到陌生的城市后，生活环境的改变使得"老漂族"们心理上倍感孤独，经济上也可能面临困难。由于失去了之前的社交网络，子女工作繁忙，该类老年人容易出现紧张、寂寞和失望的负面情绪。③ 还有一些"老漂族"由于离开原来的城市，失去了既往的经济来源，面对大城市相对较高的生活压

---

① 费孝通.生育制度[M].天津：天津人民出版社，1981.
② 唐晓菁.城市"隔代抚育"——制度安排与独生子女一代年轻父母的角色、情感限制[J].社会科学文摘，2017(7)：59—61.
③ 刘亚娜.社区视角下老漂族社会融入困境及对策——基于北京社区"北漂老人"的质性研究[J].社会保障研究，2016(4)：10.

力,会感到无所适从。

"上海市3—12岁儿童家庭教育现状与需求调查"显示(图3-15):在上海的调查者中,祖辈参与照料第三代最主要原因是"儿女请求帮助"(49.2%),其次是"见儿女辛苦主动帮衬"(28.6%),"单纯喜欢孩子"而决定给予照料的祖辈仅仅占13.3%,而因退休后觉得无聊,出于"解闷"而主动照料第三代的祖辈占比不足一成。由此可见,在上海这样的一线城市,近八成的隔代抚育是出于祖辈为了减轻儿女的负担而帮忙,并非完全出于自己的主观需求。这样的隔代抚育给他们带来的影响值得社会的关注和进一步的研究。

留守儿童家庭则大多发生在我国的农村地区。由于父母常年外出打工,子女只能完全交由祖辈代为照管。该模式不仅会对孩子的身份认同、社会适应、心理及生理健康等方面造成不利影响,也同时会对照管孙辈的(外)祖父母造成生理和生活上的双重压力。通常而言,独自照管孩子,尤其是照管幼儿对体力的需求较高,照管人需要长时间地保持耐心和专注。而老年人的机体各项功能日渐衰退,这无疑为他们增加了沉重的负担。另外,孩子的日常花销也为留守家庭的(外)祖父母带来了额外的经济负担,也为老人原本应该轻松的晚年生活带来了物质方面的压力。

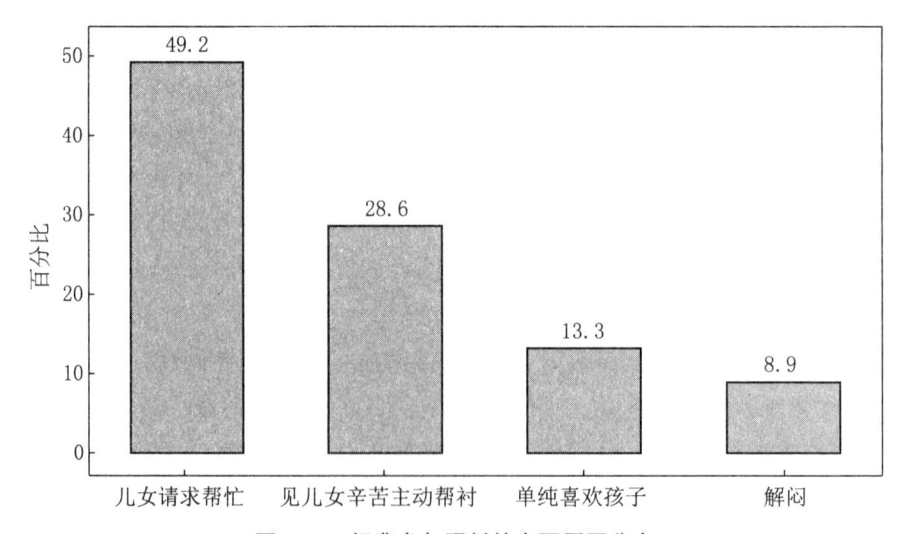

图3-15 祖辈参与照料的主要原因分布

资料来源:2016—2017年上海市3—12岁儿童家庭教育现状与需求调查。

五 隔代抚育:制度及文化的双重结果

通过上述分析可以看出,隔代抚育是我国普遍而又独特的一种家庭教育分工模式。虽然随着社会经济的不断发展,以及国民文化素质的不断提高,子女教育受到了越来越多年轻父母的重视,但是(外)祖父母仍然是除了母亲之外的第二大主要照管人。其中最重要的原因是年轻夫妻在面对快节奏和高强度的工作时,即便重视对子女的教育,也往往面对工作时间侵占了子女抚育时间的困境。并且,在激烈的竞争环境下,升职加薪和更高的经济社会地位也需要他们在工作中投入大量的时间和精力。而目前亲职抚育仍然缺乏政策层面上的支持与社会力量的关注。虽然一些地区出台了"育儿假",然而短短几天的假期并不足以满足亲职抚育的需求,并且各用人单位也鲜有相关的福利制度来支持职工的抚育需求。因此隔代抚育模式便成为此种情况下缓解年轻父母育儿压力的首选方案。

除了快节奏的职场生活以及社会竞争给年轻夫妻带来的育儿压力之外,基础配套育儿设施,如托儿所、幼儿园等机构的不完善也是造成中国的隔代抚育现象明显多于世界上其他国家的一个重要原因。[①]尤其是3岁以前,幼儿未达到入园年龄,针对婴幼儿的托育服务供给相对不足,而父母又不得不重新回到职场工作,此时(外)祖父母便需要给予育儿支持。即使孩子进入幼儿园以后,育儿与家庭的矛盾仍未消除。大多数全职夫妇每天有超过三分之一的时间都用在工作上,而现有的托儿机构根本无法满足需求,雇用照管孩子的保姆又会增加额外的育儿成本,因此向双方长辈寻求帮助便成为一个最好的选择。

另一方面,文化层面的原因也不容忽视。我国实施了三十余年的计划生育政策,80后、90后一代的年轻夫妻大多是独生子女,在成长过程中享受到较为优越的物质条件及父母的关注与呵护。成长环境和成长经历使得一些独生子女养成了以自我为中心的性格及对长辈的依赖,缺乏照管孩子的责任意识,于是将抚育子女的责任交给孩子的(外)祖父母便成为一个自然的选择。另外,中国的人口老龄化也是造成隔代抚育比例较高的重要因素之一。传统观念里,"传宗接代""儿女绕膝""天伦之乐"是家庭和睦、生活幸福的代表。在这种观念的影响下,一些老人便选择投奔子女,帮忙照管孙子孙女,一方面自身获得精神上的满足和愉悦,另一方面将此视作增进家庭情感维系的方式。也

---

① 王云娇."独二代"隔代抚养模式下的代际冲突研究[D].上海:华东理工大学,2014.

有研究指出,在一些隔代抚育的家庭之中,替子女照管孩子是老人获取生活照管、经济支持或者情感慰藉的一种妥协形式。[1]尤其是在现今人口流动频繁的社会背景下,许多年轻子女无法留在年迈的父母身边进行照管。因此"我替你带娃,你帮我养老"的模式便应运而生。

第五节 小 结

儿童时期的家庭教育为孩子的一生奠定了基础,其重要性不言而喻。在家庭教育分工中,不同的家庭成员扮演着不同的角色,无论是父亲、母亲还是(外)祖父母,都在孩子成长的过程中不可或缺。本章基于中国家庭追踪调查2012—2020年的数据和由中国福利会发展研究中心(宋庆龄儿童发展中心、中国福利会教师教育发展中心)提供的上海市3—12岁儿童家庭教育现状与需求调查数据,首先分析了中国近十年来家庭儿童教育分工的总体情况,接着进一步针对儿童抚育中的父亲参与情况以及隔代抚育家庭的情况进行了深入分析,并对其可能的原因和影响进行了阐述。分析结果表明,虽然随着我国社会经济不断发展,孩子的教育受到了越来越多的重视,但是"男主外,女主内"的传统观念仍对我国现代社会中的家庭教育分工模式影响深远。我们发现,约半数的儿童是由母亲照管的,而父亲为主要照管人的家庭只占样本总数的二十分之一,说明家庭教育中父职缺失的情况持续存在。另外有三分之一的家庭中,子女照管的主力军是孩子的(外)祖父母,隔代抚育是我国家庭教育的一个重要模式。尤其是上海这类大城市,女性通常面临着更大的家庭与工作之间的矛盾和冲突,因此对于祖辈的育儿支持有着更大与更急切的需求。从十年来子女照管分工的变化趋势来看,城乡之间的差异在逐渐变小,且近两三年来父亲参与的趋势也稍有上升,说明公众的儿童家庭教育意识普遍得到了加强。

具体到家庭儿童教育中父亲的参与情况,如上文所述,父职缺失是目前我国的社会普遍现象,在各教育水平群体及收入阶层群体中均存在。在针对夫妻双方育儿分工的影响因素分析中我们发现,夫妻双方的收入差距对家庭育儿分工的影响有限。如果男方收入高于女方或者相近,则育儿工作多由女性

---

[1] 杨恩艳,裴劲松,马光荣.中国农村老年人居住安排影响因素的实证分析[J].农业经济问题,2012(1):37—44+111.

承担；然而当女方收入高于男方时，"女主外，男主内"的模式却极少出现。这说明虽然近年来男性对儿童教育的重视程度有所提高，但"男主外，女主内"的传统思想似乎并未改变。促进父亲在家庭子女教育中的参与仍然任重而道远。

针对隔代抚育模式，进一步进行了深入的分析。我们发现，相对于非隔代抚育的家庭来说，隔代抚育模式的家庭中孩子的父母相对拥有较高的受教育程度，且低龄儿童的家庭更有可能选择隔代抚育的模式。该结果一方面反映出祖辈的育儿支持是高学历的年轻夫妻解决工作—家庭的时间冲突的一个重要途径；而另一方面，也反映了我国学前托育机构，尤其是低龄婴幼儿托育机构需求缺口。另外，我们发现，隔代抚育家庭中的儿童往往面临（外）祖父母教育观念陈旧和教育理念落后的双重困境，对其学业表现及心智发育可能造成不利影响，农村留守儿童和照顾他们的祖辈面临着更大的挑战。针对以上发现，我们提出如下建议，以帮助家庭更好地完成家庭教育的任务。

第一，在政策制度上，完善产假及育儿假制度，健全社会福利保障。

目前，我国大部分地区的女性享有三个月到半年的法定产假，而男性的陪产假大多为一周到一个月，时间上存在非常大的差异。针对低龄儿童（通常为三周岁以下）家庭，虽然一些地区出台了育儿假制度，但普遍来说夫妻双方每年只有短短十天的育儿假，面对繁重的育儿压力来说只是杯水车薪。男性陪产假和育儿假在促进性别平等、鼓励父职参与方面具有重要意义，也是改善女性"丧偶式育儿"困境的制度探索。在人口老龄化和少子化的大背景下，生育不仅关乎个人及家庭，也是社会发展的基本需求。"生育成本社会化"已经成为世界上许多国家降低生育成本，提高生育意愿的重要政策。比如，瑞典规定父母双方一共可享受480天带薪育儿假，其中的390天休假者可领取接近其休假前薪资的80%。为鼓励父母双方共同承担育儿责任，瑞典社会保障部门还设立了一项基金，父母双方休假时长越接近，得到的奖金越多。[①]

由此可见，虽然针对女性的产假在我国已经得到较好的落实，但陪产假和育儿假仍有较大的改善空间。现行的陪产假及育儿假制度并不能有效地起到缓解育儿困境的作用，因此，我国可以采取更加灵活多样的方式增加产假期限，比如提供无薪产假的可选项，让有需要的家庭自行选择，对生育后的职场

---

① 中国社会保障学会.北欧国家破解低生育率难题的思路与对策[EB/OL].（2023-04-17）.https://www.caoss.org.cn/news/html?id=13104.

母亲实行弹性工作时间制,为哺乳期母亲提供哺乳假等。同时,可以适当延长男性的陪产假及育儿假,从政策层面促进落实男性参与子女照管,并提供针对父职照管的相关公益培训,提高男性对子女家庭教育的责任意识及照管质量。国家应赋予有特殊需求的夫妻灵活的育儿假,以更好地满足更多家庭的育儿需求。

生育保障制度也是影响育龄夫妻的生育意愿的一个重要因素。尤其对于女性来说,常常面临生育和事业二选一的困境。因此,国家对于女性员工的职业保障及生育津贴制度也需要进一步完善,减少生育后的女性在劳动市场上面临的就业歧视,减少女性因为生育而承担的事业上的障碍。同时,针对低龄儿童家庭,国家可以适当借鉴西方国家的相关生育福利政策,如提供合理的家庭育儿津贴,减免税收,给予医疗和儿童教育上的经济支持等,分担幼儿照料带给家庭的风险和成本,形成国家与个人共担成本与责任的图景。

第二,提高公共服务建设,推广低龄托幼托育服务,提供多元化课后活动支持。

我们通过分析发现,隔代抚育在我国已经成为一种重要的儿童照管模式,在大城市尤其普遍。其中一个很重要的原因就是我国目前的儿童托育服务不能满足公众需求。我国目前的托育服务存在着机构数目不足,年龄结构失衡,质量良莠不齐,服务模式僵化等问题。[①]我国目前的幼儿园主要针对3岁及以上的学龄前儿童,相比之下,提供3岁以下婴幼儿的托育服务的机构还不多,尚不能够满足该年龄段幼童家庭的迫切照料需求。因此,在面临幼儿照管与工作的时间冲突时,年轻夫妻只能求助于双方父母或者聘请保姆、看护等。前者可能对年迈的(外)祖父母带来较大压力,后者则可能会带来额外的经济负担。因此,我国应进一步完善托幼托育服务,尤其增加对低龄托育服务的支持力度,将托幼托育纳入公共服务体系。除了增加托幼托育机构的数量,也需要提供更加多样化、灵活的托幼托育服务,例如日托、夜托、临时托等,尽可能地满足各类家庭的托育托幼需求。

对于6—14岁的学龄儿童,也应提供多元化的课后活动支持,为儿童统一提供更多可选择的有益身心成长的课外活动。这样一方面可以避免低质量课外培训机构的不利影响,另一方面也可以一定程度上解决"孩子已经放学,而家长仍未下班"的矛盾冲突。另外,政府可以统筹多个部门联动,与学校相互

---

① 杨菊华,杜声红.部分国家生育支持政策及其对中国的启示[J].探索,2017(2):10.

配合,在暑假、寒假等假期为儿童提供一系列高质量、寓教于乐的假期活动,如游学、体验、参观、兴趣班等,并对相关设施、师资人员、安全保护等条件提出明确要求并进行监管,解决孩子放假之后,家长无暇照管的难题。

第三,改良传统家庭教育观念,开设相关培训讲座,提升科学育儿知识技能。

目前我国的家庭教育观念主要存在两点不足:一是,虽然改革开放以来,越来越多的女性参与到劳动中来,女性的社会地位也在不断提高,但"男主外,女主内"的传统观念仍然对我国的家庭儿童教育分工影响深远,绝大多数家庭中的儿童仍是由母亲来主要进行照管,而父亲在家庭教育中则处于长期缺失的状态。二是,鉴于我国的实际情况,由(外)祖父母担任孩子主要照管人的隔代抚育家庭占到了一定比例,而一些祖辈的育儿知识相对陈旧,育儿技能相对匮乏,不能满足现代科学育儿的要求。鉴于此,幼儿园、学校及社区可以开设相关讲座和培训,为有孩子的男性宣传普及先进的家庭教育观念、让父亲们明确其对于子女成长的意义,提升父亲对子女照管的责任意识。与此同时,针对需要照管孙辈的老年人,也应有针对性地进行科学育儿方式的相关宣传工作,如电子设备及智能手机的使用,食物营养、儿童心理学等相关知识等。通过专家座谈、育儿工作坊等方式,丰富老年人的科学育儿知识,优化改善其育儿方式,为隔代抚育提供科学育儿方法和技能上的帮助,减少家庭教育中因为教育理念及方式不一致而产生的代际分歧。

第四章　教育期望与家庭养育

正如同半个多世纪前在美国引起轩然大波的《科尔曼报告》所述,家庭在儿童发展中扮演的角色至关重要。[1]家庭教育有其物质资源基础差异,而抚育孩子的家庭分工也有着不同的模式,但在物质基础与抚育分工之前,则是各类家庭不同的养育理念。家庭养育理念与具体养育行为的关系,就如同大脑与身体四肢。持有不同养育理念的家庭,会形成不同的家庭养育分工模式,也会对既存的家庭资源使用形成不同的偏好。养育理念和实践不同的家庭,培养出来的孩子也有所区别。因此,本章将主要分析家庭的养育模式,承接上文关于家庭教育的综述,进入具体养育实践的讨论,并为后文关于家庭分工、家庭资源和儿童发展影响的分析阐述建立养育理念上的基础。

本章首先介绍反映家庭对教育重视程度的教育期望、与培养孩子的原则相关的养育观念,其后讨论作为抽象类型的养育分类与作为具体实践的亲子互动和父母参与。本章将利用中国家庭追踪调查的数据,综合对比全国教育期望的地区和群体差异,并使用上海丰富独特的数据,以上海为例分析不同类型家庭在家庭养育上的差异。关于家庭教育对儿童发展影响的具体分析可参见本书第五章。

第一节　教育期望

教育期望是指对孩子受教育程度的期望,这一概念在社会学尤其是教育

---

[1]　Coleman J S. Equality of educational opportunity[J]. Integrated education, 1968, 6(5):19—28.

社会学中得到了非常广泛的应用。大量研究都发现,教育期望是家庭背景与孩子成就之间的重要桥梁,高教育期望的家庭更重视教育,也往往愿意为儿童发展投入更多的时间、精力和资源,因此生活在高教育期望家庭中的孩子容易取得更高的成就。

20世纪50年代,美国威斯康星大学开展了一项针对州内各类高中的学生的追踪调查项目,基于长达数十年的追踪,项目组发现了教育期望不但对于短期的高等教育获得有积极的影响,对青少年长大后的长期成就也有显著影响。[1][2]在这项长期研究中,Sewell等学者发现,教育期望往往并非故事的起点或终点,而是连接家庭背景与孩子成就的重要桥梁。社会经济地位较高的家庭中,父母往往对孩子有着较高的教育期望;而因为较高的教育期望,他们也更愿意为孩子投入资源,两相结合,有着较高教育期望的儿童,往往更容易取得优质高等教育的资源,从而为长期职业发展打下扎实的根基。这一经典的"家庭背景—教育期望—后代地位"的模型就是著名的"威斯康星地位获得心理模型",教育期望的重要影响也在后续不同的研究中不断地得到证实。

王甫勤与时怡雯对于上海的研究也发现,家庭社会经济地位更高、父母接受过高等教育的家庭对儿童的教育期望更高,并且这种较高的教育期望,也带来了这批孩子相对更高的大学入学比例。[3]对于教育期望的来源,刘保中、张月云、李建新使用中国家庭追踪调查的数据发现,家庭背景与父母教育对儿童教育期望有积极的影响。而这一调查包括的儿童在当时大部分还没有成长到上大学的年纪,因此在全国范围而言,教育期望对于教育获得乃至人生发展的积极影响还有待长期的观察。[4]

然而,正如同家庭的物质性资源是有限的,教育期望作为一种家庭的精神性资源,同样存在家庭内部分配不均。上述刘保中等学者还发现,多孩家庭中的女儿往往教育期望要低于独生家庭中的女儿,这种教育期望上的不公难免带来实际资源分配的不公,限制了多孩家庭中女孩的长远发展。

---

[1] Sewell W H, Haller A O, Ohlendorf G W. The educational and early occupational status attainment process: replication and revision[J]. American sociological review, 1970, 35(6):1014—1027.
[2] Sewell W H, Hauser R M, Springer K W, et al. As we age: a review of the Wisconsin Longitudinal Study, 1957—2001[J]. Research in social stratification and mobility, 2003, 20:3—111.
[3] 王甫勤,时怡雯.家庭背景、教育期望与大学教育获得——基于上海市调查数据的实证研究[J].社会,2014,34(1):175—195.
[4] 刘保中,张月云,李建新.社会经济地位、文化观念与家庭教育期望[J].青年研究,2014,6:46—55.

在本节中,我们将使用中国家庭追踪调查的数据,对比不同地区教育期望的差异,关注教育期望中性别不平等近年来的变化趋势。我们还将分别讨论不同收入水平和教育程度的家长是否持有不同的教育期望。

一 超三分之二家长希望孩子完成本科学历,家长教育期望随地区经济水平的提高而提高

中国各区域的教育期望呈现一定的相似模式:期望孩子最高学历达到本科的家庭占了最大比例,各地区从66%到70%不等,而期望孩子上大专的家庭则最少,均不到10%。然而,这一期望与当前我国采用的教育分流体制存在一定的差距。当前,我国大力鼓励职业教育加速发展,在中考进行普高、职高五五分流,并希望在后续教育阶段中进一步加大职业教育的比重。然而,当前从社会期望来看,家长对孩子上本科的期望仍远远大于上大专,这一教育期望与教育体制的差异需要更多的关注。一方面,教育部门还需要不断提高职业教育的水平;另一方面,在社会层面也要做好职业教育制度的宣传工作,这样双管齐下才能破除长期以来对职业教育的偏见,引导家庭建立对职业教育的认可度。

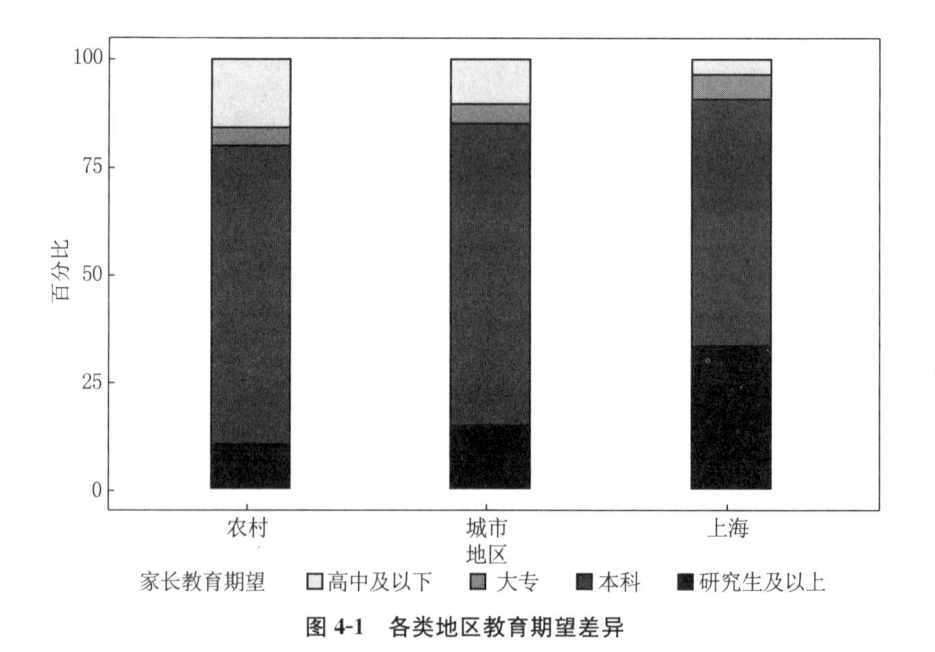

图 4-1 各类地区教育期望差异

资料来源:2018年中国家庭追踪调查数据。

此外，地区间的差异主要体现在最低（高中）和最高（研究生）的教育期望上。如图4-1所示，农村地区的家庭，期望孩子上研究生的比例约10%，而认为完成高中就行的比例则超过15%。发达地区（本节均以上海为例）的家长有着更高的教育期望，逾30%的家庭期望孩子能拥有研究生以上的学历，而满足于高中学历的则只有不到5%。包括上海在内的总的城市区域则处于两者之间。这说明地区发展与教育期望直接相关，发达地区的家庭生活在平均教育水平更高的环境，日常面临着平均教育水平更高的劳动力市场，更了解大城市中教育水平对于就业和各方面的重要性，因此通常有着更高的教育期望。然而，从社会公平和流动的角度来看，农村或者欠发达地区的孩子长大后，也很有可能来到大城市和发达地区工作，此时他们面对的劳动力市场并非其家庭所在地区的环境，而往往有着更高的竞争程度。因此，及早提高家庭的教育期望对于儿童成长后的生活境况有着重要意义，对于减少地区间的发展不平衡也非常关键。尽管地区上存在一定差异，但总体而言，中国仍是一个重视教育的社会，即便在农村地区，希望孩子能有本科或以上学历的家庭比例也超过了75%。

二 家长对男孩女孩的教育期望没有明显差异

与传统认为的重男轻女不同，我们发现，无论在农村、城市或是发达地区，对于男孩女孩的教育期望并没有显示出明显的差异，这与刘保中等学者在2014年的发现有所不同（图4-2）。在各项期望中，我们仅发现在各个地区期望男孩能完成研究生或以上教育的比例都略高于女孩，这可能一定程度上受到了中国传统性别观念的影响，即男性更需要取得事业上的成功，因此需要更高的人力资本。基于最新数据的发现一定程度上体现了近十年来性别平等意识的上升，这使得父母对于女儿的教育期望也产生了向上的移动。但除此以外，我们也要留意到在调查的时间点（2018年）上，中国仍是一孩家庭占据多数的社会。但近五年来，随着生育政策的开放，中国的二孩比例不断升高，在未来，我们需要重新关注多孩家庭中女孩的教育期望，并在多孩政策的背景下加大对于性别平等的宣传。

三 家长收入和受教育程度越高，对子女的教育期望也越高

2018年中国家庭追踪调查数据显示，高收入的家庭有着更高的教育期望，且这一发现在各个城乡地区都是成立的（图4-3）。我们根据家庭收入在当地

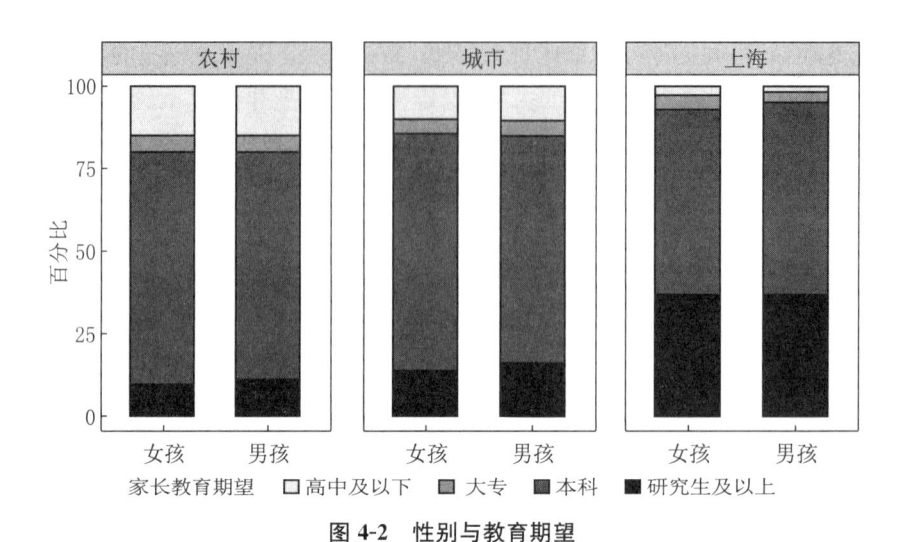

图 4-2　性别与教育期望

资料来源:2018年中国家庭追踪调查数据。

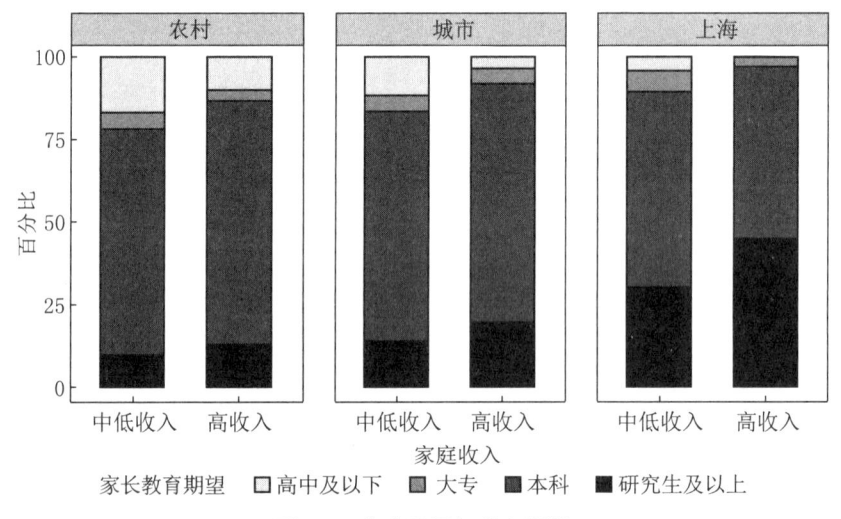

图 4-3　家庭阶层与教育期望

资料来源:2018年中国家庭追踪调查数据。

的百分比位置,把各地区的家庭划分为中低收入与高收入两组,其中高收入组为家庭收入在前25%的家庭,其余为中低收入组。结果显示,教育期望随着收入改变的模式在各地区都比较一致,即高收入家庭期望孩子能获得研究生或以上学历。这一差距在上海尤其明显,上海有接近一半的高收入家庭期望孩子能获得研究生或以上学历。教育期望并不只是一种主观想法,而会切实地影响家庭的资源投入和培养方式,进而对儿童发展产生影响。对劣势家庭而言,家庭资源与教育期望形成了双重的劣势,高收入家庭本身资源更多,因为其对孩子的教育期望更高,往往用于家庭教育的投入也更多,这与物质条件和教育期望均处于劣势的家庭拉开了较大差距。

除了家庭收入,家庭的文化资本也与教育期望正向相关,父母的受教育程度越高,对子女的教育期望也越高。这一差异在城乡区域都是非常明显的,并且城市区域的家庭呈现了更高的相关性。在当前社会,学历是群体划分的重要因素,不同学历之间容易形成"回音室",即日常所见均是与自己学历相仿的群体,因此,需要特别关注父母教育程度较低的家庭,向这部分群体强调教育的重要性,提高其对孩子的教育期望。

值得关注的是,在中国家庭追踪调查的上海样本家庭中,即便家长没有接受过高等教育,往往也对孩子有着较高的教育期望。以研究生及以上学历为例,上海没接受过高等教育的家长中认为孩子应该达到研究生以上教育程度的比例也比其他城市中接受过高等教育的家长的比例要高。这一定程度上反映出了宏观社会环境对家庭教育期望的影响。

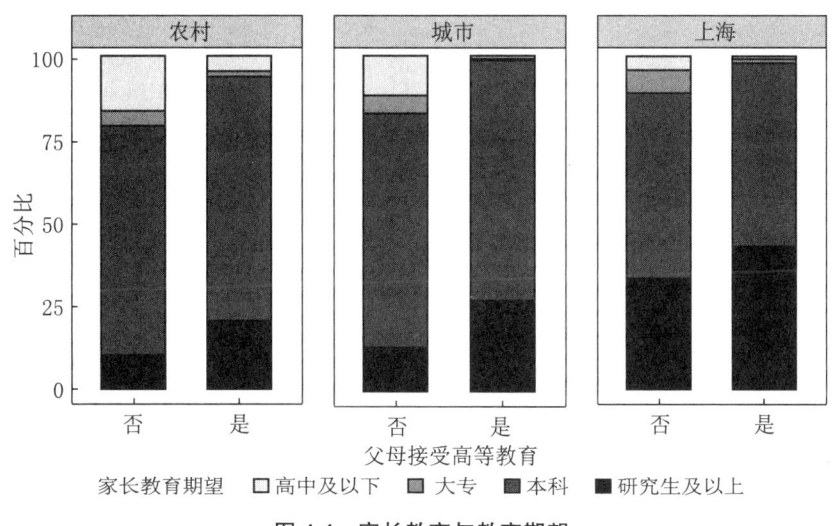

图 4-4 家长教育与教育期望

综上,本节介绍了教育期望这一连接家庭背景与孩子成长的概念。中西方的研究都发现教育期望能对儿童发展产生积极影响。基于全国的研究发现,我国城市的教育期望较农村要高,上海作为中国特大都市的代表,也显示了比其他城市更高的教育期望水平。由于性别平等观念的普及和家庭规模的缩小,父母对男孩和女孩的教育期望并未显示出明显区别。但随着多孩家庭的出现,我们应该对多孩家庭中的女孩平等保有资源投入更多的注意。

除了孩子性别外,家庭的经济背景和家长的受教育程度与对孩子的教育期望正向相关,相对富裕和父母受教育程度良好的家庭会对孩子有着更高的教育期望。宏观环境对于教育期望也有影响。经济发达地区的父母对孩子的教育期望更高。在上海,没有完成高等教育的家庭也展现出了对孩子很高的教育期望。

教育期望不只是一种观念,还对孩子发展有着切实的影响,成长于教育期望较高家庭的孩子,有着更高的学习能力。因此,我们需要重视社会对于教育重要性的宣传,建设教育型社会,提高家庭对于孩子教育的重视程度和教育期望。除了广泛宣传外,政府与社会对于相对弱势的家庭还应投以更多的关注,向欠发达地区和经济收入较少、教育程度较低的家庭强调教育的重要性。正如同经典的口号,"教育改变命运",只有重视教育,才能促进我国的全面富裕和均衡发展。

第二节 养育观念

养育观念是指生育后将儿女抚养、教育成人的过程中父母所采取的观念。子女的成长与发展始于家庭,子女的人格塑造、角色培育和优秀品格的形成都会受到父母潜移默化的浸染。父母的养育观念是子女人格形成的基础,对孩子是否顺利完成社会化有着直接的影响,在子女的生长中起着重要的作用。近年来,关于子女养育观的研究受到越来越多的关注。本节使用中国家庭追踪调查数据,主要探索了父母养育观念的两个维度:父母的责任感及父母对孩子未来成就归因。

一 投资孩子的教育被认为是父母最大的责任

中国家庭追踪调查数据对 16 岁以下部分年龄段儿童的父母,设有 7 个有关子女养育观念的问题。本节使用该数据中"父母对子女负多大责任的看法"系列问题测量父母的教养观念。对父母责任感的测量选取了以下 6 个变量:

"应节衣缩食支付教育费用""孩子成绩好坏父母有责""孩子经济自立父母有责""孩子家庭和睦父母有责""孩子感情幸福父母有责""孩子遭遇车祸父母有责"等变量。受访父母被问到他们在多大程度上同意这些说法。1分表示"十分不同意",2分表示"不同意",3分表示"既不同意也不反对",4分表示"同意",5分表示"十分同意"。如图4-5所示,受访者认为竭尽所能投资孩子的教育是父母最大的责任,其次是帮助孩子取得好的学习成绩。2010—2020年,越来越多的家长认为帮助孩子取得学业成就、实现经济独立和获得感情幸福是父母的责任。

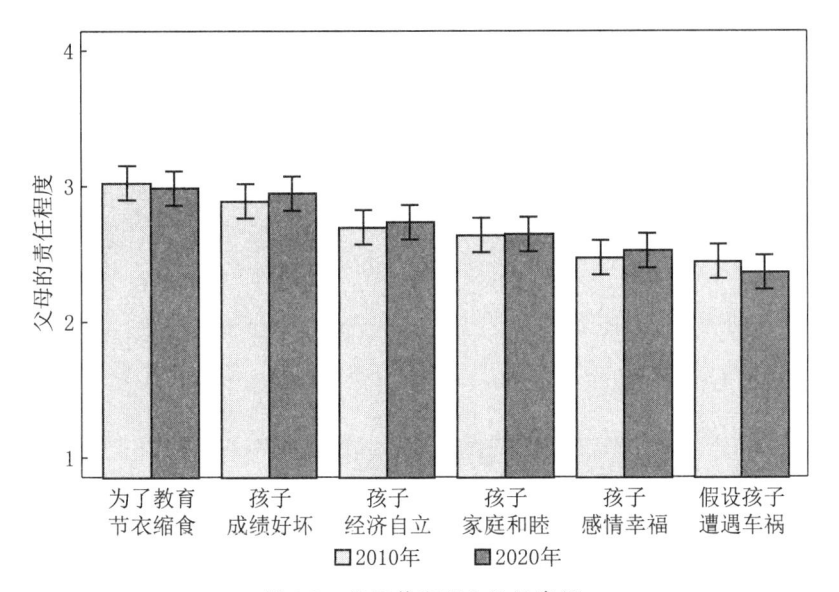

图 4-5 父母养育观之父母责任

资料来源:2010—2020年中国家庭追踪调查数据。

二 受教育程度与努力程度是最主要的成就归因

对于孩子未来成就归因的测量,主要来源于2012—2020年中国追踪调查数据的以下题目:家长被问及在多大程度上同意以下说法,包括"社会地位高的家庭,孩子未来的成就也会大,社会地位低的家庭,孩子未来的成就也会小""富人家的孩子,未来的成就也会大;穷人家的孩子,未来的成就也会小""孩子受教育程度越高,未来获得很大的成就的可能性就越大""影响孩子未来成就大小最重要的因素是孩子的天赋""影响孩子未来成就大小最重要的因素是孩子的努力程度""影响孩子未来成就大小最重要的因素是孩子的运气""影响孩子未来成就大小最重要的因素是孩子家里有关系"。以上题目的取值范围为 0—10 分,其中 0 分表示最不重要,10 分表示最重要。

图 4-6 报告了各项归因均值与总体均值的差值,以呈现父母对孩子未来成就各项归因的横向差异和时期变化。受教育程度与努力程度一直以来都是家长对儿童未来是否能获得成长的主导归因因素。从 2012—2020 年的数据结果上看,父母对于孩子成就归因的看法基本保持稳定。父母认为孩子受教育程度与努力程度对孩子未来成就的影响最大,而家庭社会关系、家庭社会地位与家庭经济条件对孩子未来成就的影响较小,孩子的运气与天赋对孩子未来成就的影响最小。相较于 2012 年,2020 年父母认为孩子的努力比孩子的受教育程度对孩子未来成就的影响更大。而相较于 2012 年,父母认为孩子的天赋对孩子未来成就的影响变大,家庭社会关系、家庭社会地位与家庭经济条件对孩子未来成就的影响变小了。

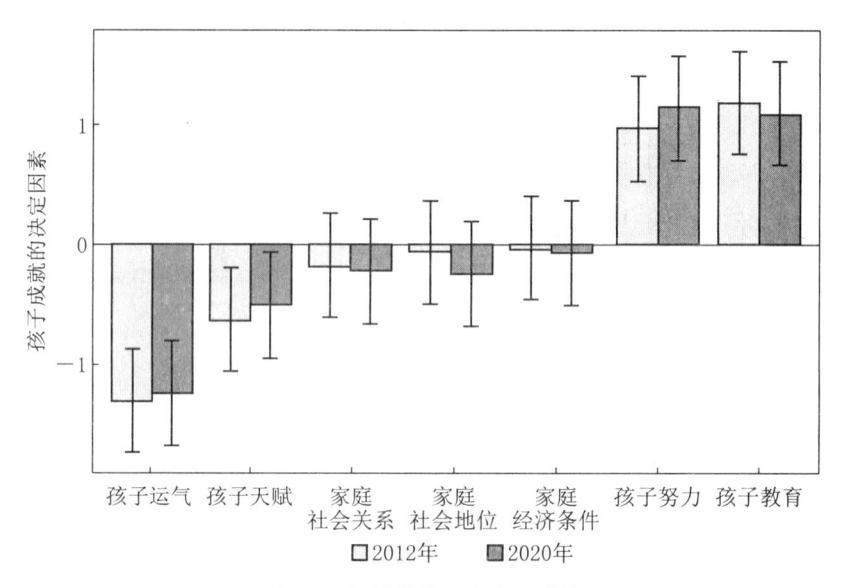

图 4-6 父母养育观之孩子成就

资料来源:2012—2020 年中国家庭追踪调查数据。

综上,本节介绍了父母在将子女抚养成人的过程中通常采取的养育观念。数据显示,父母认为对于子女的教育进行投资是最大的责任,其次,父母认为有必要帮助孩子取得好的学习成绩。可见,孩子的受教育情况是父母在子女成长历程中投入最多关注以及责任感的部分。相较 2010 年,2020 年的统计数据显示更多的父母开始看重孩子的经济独立和感情幸福,孩子在教育之外的需求逐渐被重视。与父母认为对子女的教育进行投资是最大的责任相对应,父母会把子女的受教育程度和努力程度作为其取得成功的重要因素,并有更多的父母开始关注孩子的天赋对于获得成就的影响。

子女教育是父母养育观念中最被看重的部分,子女的教育成效对于其日后所获得的成就具有重要影响。因此,政府应当加强对于父母养育观念的正确引导,全社会需要培育科学养育的氛围,帮助父母塑造合适合理的养育观念,进一步有效指导对孩子的教育。

第三节 养育模式

如果说上文讨论的教育期望和养育观念可以视作家庭教育的动机,那家庭养育就是家庭教育的具体实践了。家庭养育可以分为两个层面,一个层面是理念,即养育模式(parenting style,也有人翻译为教养方式);另一个层面是实践,包括的元素有很多,在本节中我们主要关注父母的参与(parental involvement)。

一 养育模式与儿童发展

养育模式指的是家庭教养儿童的总体风格与策略偏好,一般讨论养育模式的时候,主要讨论的是父母亲的养育模式。心理学、教育学、社会学等学科对养育模式已经进行了数十年的探索。早在1966年,心理学家鲍姆林德便把养育模式分为专制型(authoritarian)、权威型(authoritative)和宽容型(permissive,也有人翻译为放任型)三种,其后又有学者把父母在养育中无所作为加入,也就是忽视型(neglectful)的养育模式。[1]这些养育模式可以通过管理与回应两个维度进行界定:专制型家长在管理上通过命令与惩罚的方式养育孩子,而在回应上表现不足,不重视孩子的想法。权威型家长在管理上强调规则但非全依据父母偏好而为,且在回应的维度上也尊重孩子的个人意愿。宽容型家长在管理上更为自由,与孩子相处中较少强调规则,在回应的维度上表现较高,较多回应孩子的想法。忽视型家长既不重视规则,也不重视回应,

---

[1] Baumrind D. Effects of authoritative parental control on child behavior[J]. Child development, 1966, 37(4):887—907.

对孩子关心较少。斯坦伯格在一项包括6 400个美国青少年样本的研究中发现,权威型养育模式能带来最好的学业表现,这是因为权威型家长注重管理,因此他们会重视孩子在学校的表现。而又因为他们重视孩子的想法,因此倾向于更多地参与到学校事务之中而非专断地命令孩子。因此,在斯坦伯格的研究中,他指出权威型养育模式的优势作用机制是家长往往更积极地参与家校互动。①

养育模式往往深受家庭背景影响。美国著名社会学家拉鲁在其著作《不平等的童年》中细致对比十余个不同背景的家庭不同的养育模式,并把工人阶层和贫困阶层家庭的养育模式总结为"成就自然成长(accomplishment of natural growth)",而把中产阶层的养育模式总结为"协作培养(concerned cultivation)"。前者指的是父母养育孩子时更多使用命令的方式,但并不积极参与孩子的培养,后者则指的是亲子相处间有更多的尊重与协商。②成长于两种不同养育模式下的孩子,会形成差异极大的两种思维与行为模式。成长于命令式养育模式的孩子,面对组织与规则的时候,会天然地感到自身被约束,认为自己只是被规则所管辖的客体,并因此限制了自己的行为和发挥。而成长于协商式养育模式的孩子,则更具有权利意识,认为自己对于规则是可以有所反馈的,能够适应规则,并与他人通过协商解决问题。这种儿童行为的差异来源于他们在家庭内部相处模式的区别:命令式的环境只能固化孩子的服从,而协商式的环境则能充分调动孩子的自我意识,并教会他们如何与他人平等相处。更值得我们深思的是,在大部分实践中,两种养育模式并不涉及家庭资源的使用,因此相对弱势的家庭也同样有机会使用协作培养的模式。真正限制了劣势家庭的并不是客观资源,而是父母在养育理念上的差异。

中国学者也对养育模式做出了众多探索,发现中国家庭已经从过去的不同背景家庭之间养育模式差异甚小,转变为优势阶层与弱势阶层差异明显存在。这种转变可能来源于现代教育理念的不断普及、家长观念的转变等,而收入较高的、受教育程度更好的父母更有机会接触到更现代、更科学

---

① Steinberg L, Lamborn S D, Dornbusch S M, et al. Impact of parenting practices on adolescent achievement: authoritative parenting, school involvement, and encouragement to succeed[J]. Child development, 1992, 63(5):1266—1281.

② Lareau A. Unequal childhoods: class, race, and family life[M]. 2nd ed. Berkeley & Los Angeles: University of California Press, 2011.

的教育理念。①②这种社会群体间养育模式的分异广泛存在,使得在不同养育模式下成长的儿童的长期发展出现差异。黄超使用中国教育追踪调查的数据发现,中国的养育模式存在明显的差异,优势家庭更偏好权威型与宽容型养育模式,虽然家长对于如何管理孩子存在分异,但都积极尊重和回应孩子的意愿;或许受限于家庭资源的不充足,劣势家庭则主要是专制型与忽视型,其共同特点都是对于孩子个人意愿的重视较少。对比不同养育模式的结果后,他发现权威型与宽容型养育模式对于孩子发展的效果要更好,成长于这两类家庭的孩子往往有着更高的非认知能力。③

二 养育模式在不同家庭间的差异:来自上海的经验

在下文的分析中,我们将使用上海都市社区调查 2017 年的数据来分析养育模式在不同家庭、不同孩子之间的差异。我们使用上海的数据对这一主题进行分析,一方面是因为全国性的调查中有关养育模式的数据不足,而我们在上海的调查前瞻性地收集了这部分宝贵的数据;另一方面则是因为上海的家庭教育理念在全国而言比较先进,对其他地区有一定的参考价值。我们将首先呈现养育模式在不同收入的家庭中的区别,对比不同受教育程度的家长的家庭养育理念。由于中国长久以来存在一定的重男轻女观念,并且对不同发育阶段孩子养育的方式可能也有所差异,我们还将对比不同性别与年龄的孩子所属家庭的养育模式的异同。

在上海都市社区调查中,我们对各个家庭的养育模式进行了测量(参见表 4-1),并探索性地覆盖更符合中国语境下养育模式的三个维度:惩罚型、鼓励型和民主型。尽管这一分类并未完全与学界的经典分类重合,但同样为我们提供了宝贵的关于中国养育模式的经验材料。在我们的测量中,惩罚型指的是当孩子犯错时,父母会否倾向于给予孩子较强的负反馈;鼓励型指的是当孩子做得好时,父母会否倾向于给予孩子较强的正反馈;民主型指的是父母会否倾向于让孩子对他自己的事情做决定。

---

① 洪岩璧,赵延东.从资本到惯习:中国城市家庭教育模式的阶层分化[J].社会学研究,2014,4:73—93.

② Liu A, Xie Y. Influences of monetary and non-monetary family resources on children's development in verbal ability in China[J]. Research in social stratification and mobility, 2015, 40:59—70.

③ 黄超.家长教养方式的阶层差异及其对子女非认知能力的影响[J].社会,2018,38(6):216—240.

表 4-1　上海都市社区调查中养育模式的测量

请您根据平常对小孩的教养情况回答以下各题	从来不会	很少会	有时会	经常会
1　当他表现不好或犯错时,您会不会严厉地责骂或处罚他?	1	2	3	4
2　当他的表现不好或犯错时,您会不会告诉他不要伤父母的心或做让父母丢脸的事?	1	2	3	4
3　当他的学业表现不错或有进步时,您会不会称赞或奖励他?	1	2	3	4
4　当他有好的行为表现时,您会不会称赞或奖励他?	1	2	3	4
5　与他有关的事,您会不会让他自己决定?	1	2	3	4

在下文展示的分析中,我们计算了第一、二道题目的平均分作为惩罚型养育得分,第三、四道题目平均分作为鼓励型养育得分,直接使用了第五道题的分数作为民主型养育得分。我们还进一步对三个维度的主导地位进行了综合,依照占据主导位置的养育模式维度将养育模式分为惩罚主导型、鼓励主导型、民主主导型以及混合模式,计算各类模式的比例。为了更详细说明养育模式的内涵和区别,在接下来的分析中,将使用三个独立的维度而非三个维度结合后的模式进行分析。我们将首先呈现养育模式的总体情况,然后分别对比父母的收入、教育水平和孩子的性别、年龄段对应的养育模式差异。

根据分析,我们可以看到中国大城市的养育模式中鼓励型维度得分最高,惩罚型维度得分最低,而民主型居中(图4-7)。从具体分数来解读,上海的父母对于孩子的养育中惩罚的使用主要处于"很少会"和"有时会"之间,而对孩子的夸奖和尊重孩子意愿则频率更高,介于"有时会"和"经常会"之间。这一发现在下文的主导模式比例图中也可以再一次得到印证。

但值得注意的是,养育模式常常呈现混合的形式,家长两个或三个维度得分相同的比例高达50.9%,即家长对于教育孩子,可能"恩威并施",多管齐下(图4-8)。几种养育模式中,惩罚型的养育模式接近于上文提及的专制型,但国内外的研究都发现,专制型的养育并不利于孩子的发展。令人感到乐观的是,上海呈现的数据告诉我们:在中国的特大城市里,养育模式呈现出更重视鼓励而更少使用惩罚的景象,这对孩子的身心健康和成长都有着积极的作用。那到底不同家庭会如何对不同养育模式做出不同的选择?在下文中我们将具体呈现不同家庭的养育模式偏好。

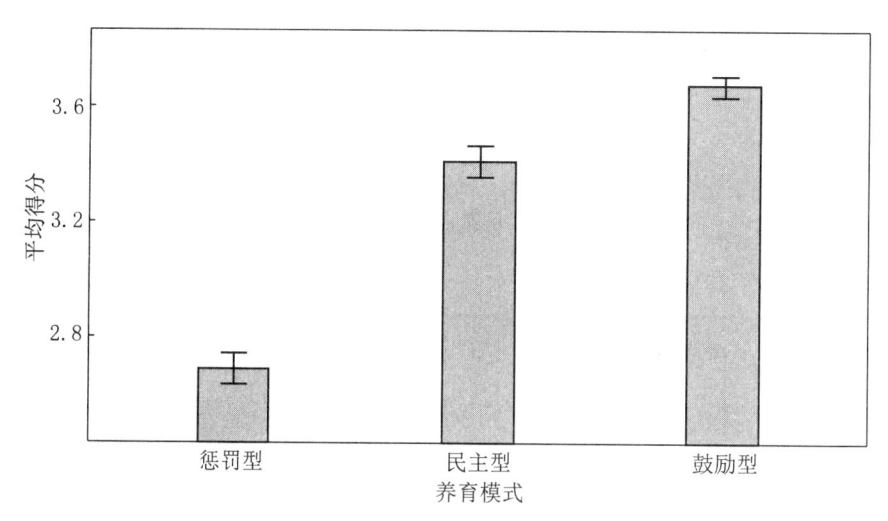

图 4-7 养育模式各维度得分

资料来源：2017年上海都市社区调查数据。

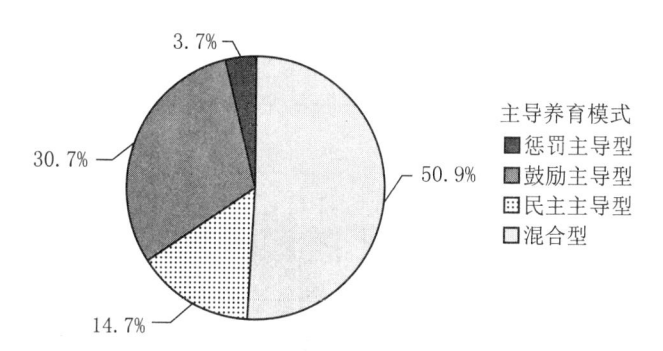

图 4-8 养育模式各主导类型比例

资料来源：2017年上海都市社区调查数据。

虽然养育模式总体呈现乐观态势，惩罚型养育模式占比较少，但在不同家庭之间各维度的高低存在差别。具体而言，如图 4-9 所示，高收入家庭比起中低收入家庭明显更多地采用鼓励型养育，而中收入和低收入家庭在这个维度上呈现出相似性，虽然也有着不低的鼓励型养育采用频率，但仍是一致地低于高收入家庭。民主型养育模式则随着家庭经济条件的改善而一致地增多，而惩罚型养育模式随着家庭经济条件的改善则一致地减少。

相较家庭收入而言，父母的教育程度影响则要更稳定和一致。受教育程度越高，惩罚型养育模式就越少被采用，而鼓励型和民主型养育模式就越得到偏爱，并且三类养育模式的变化大小也呈现了相似性（图 4-10）。我们可以看到

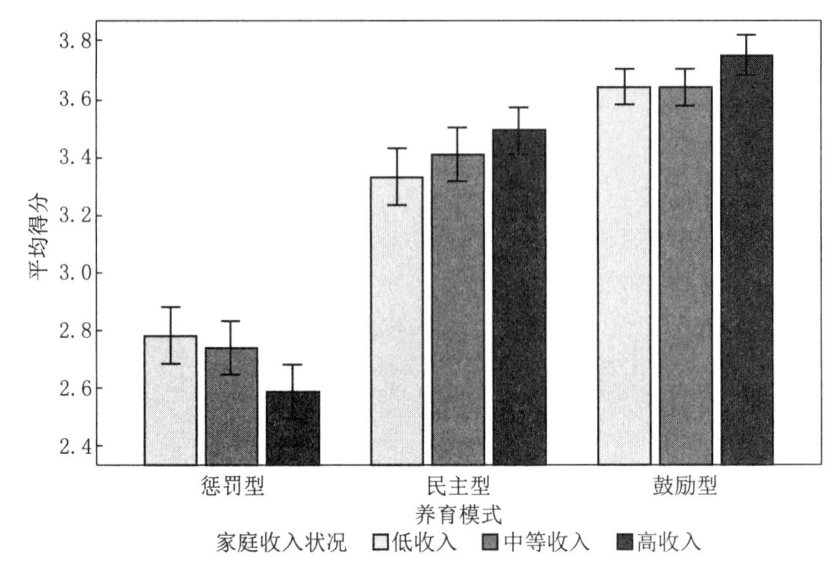

图 4-9　养育模式的家庭资源差异

资料来源：2017年上海都市社区调查数据。

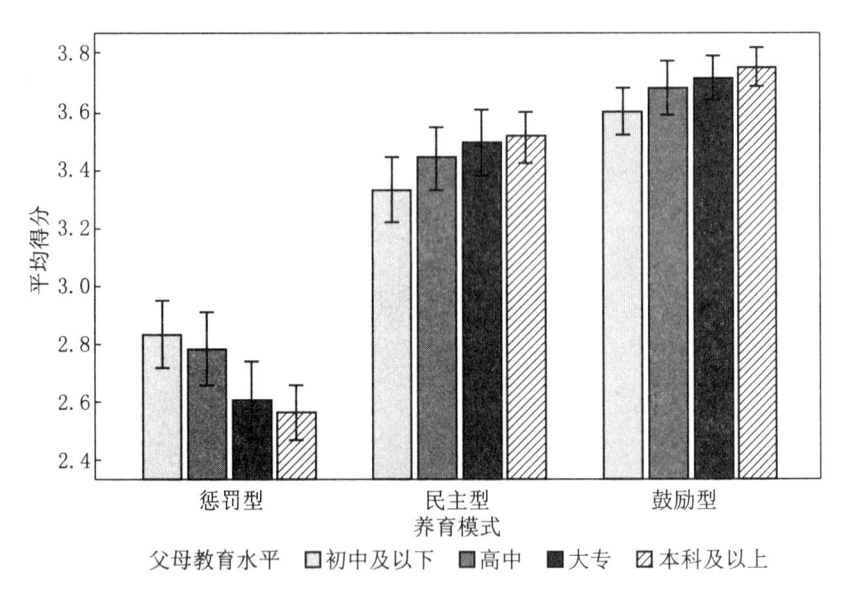

图 4-10　养育模式的父母教育差异

资料来源：2017年上海都市社区调查数据。

父母的教育程度对其养育模式的选用作用较大，凸显了针对性地宣传科学养育模式的重要性。

上述基于上海大规模社会调查的发现再一次印证了《不平等的童年》中的观点,在经济或教育上处在劣势的家庭的孩子不但受到贫乏的家庭资源的削弱,也同样面临着更不利于其发展的养育模式的负面影响,需要予以更多的关注。

除了因为家庭因素带来的差异,孩子自身的特征也同样左右着家长养育模式的使用。从上海的发现而言(图 4-11),比起男孩,家长对于女孩更少倾向于采用惩罚型养育模式;而对于民主型和鼓励型养育模式的采用,孩子的性别则影响不大。这一定程度上也与孩子自身性格特征有关,男孩比女孩更为调皮,因此家长对其也更有可能采用管控更多的养育模式。

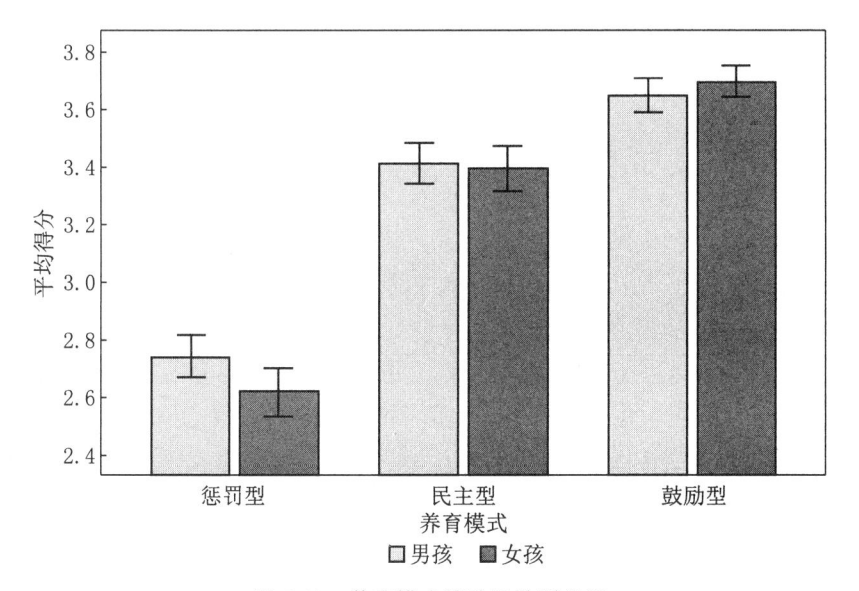

图 4-11 养育模式的孩子性别差异

资料来源:2017 年上海都市社区调查数据。

除了孩子的性别,孩子的年龄段同样影响着家长养育模式的采用。如图 4-12 所示,惩罚型养育的使用呈现倒 U 形的模式,相较小学低年级和初中的孩子,对于小学高年级的孩子,家长会更倾向于使用惩罚型的手段。此外,孩子越大,家长的夸奖越少,但对其自身意愿的采纳则越多,这一定程度上体现了家长对于孩子自主性的尊重。家长在家庭养育中奖惩的使用多少与孩子的自身表现有关,针对孩子淘气程度、学习表现、逆反心理等维度在不同性别和不同年龄阶段的表现,家长也会有不同的养育模式偏好。

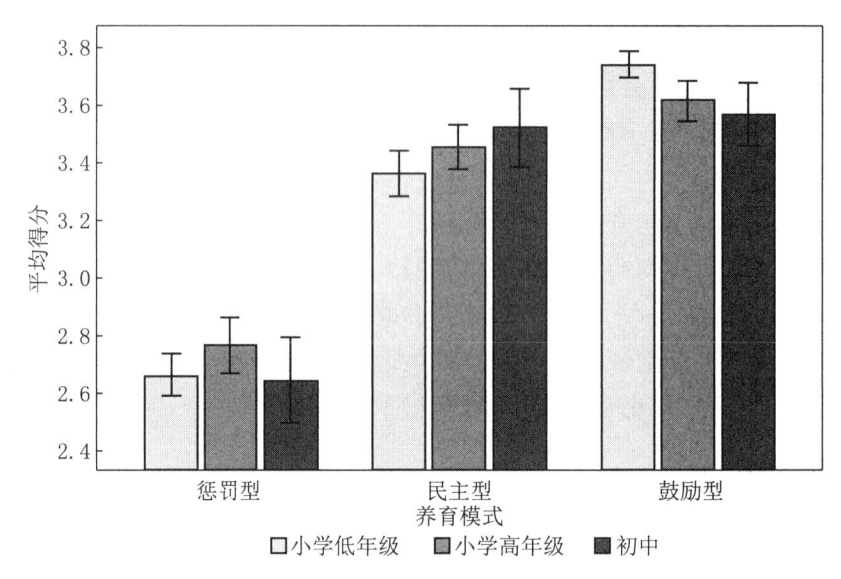

图 4-12 养育模式的孩子年龄段差异

资料来源：2017年上海都市社区调查数据。

综上，在本节中，我们使用鼓励、惩罚与民主三个维度分别衡量了上海养育模式的差异。基于上海都市社区调查的证据，我们发现上海家庭使用鼓励型养育最多，民主型次之，惩罚型养育最少。但区分家庭背景而言，我们发现经济或受教育程度处于弱势地位的家庭更偏爱惩罚型养育，而优渥家庭则更多采用鼓励型和民主型养育。同时，孩子的性别和年龄都会影响家长养育模式的采用：家长对于男孩会更多地使用惩罚型养育；而随着孩子长大，鼓励和惩罚都一定程度上减少，取而代之的是家长会更多地尊重孩子自己的意愿。此外，我们还发现，惩罚型养育模式对孩子学习能力和人格发展都具有负面影响，而民主型和鼓励型养育模式则能带来积极的效应。

因此，养育模式成为连接家庭背景与孩子发展的一道桥梁，来自劣势家庭的孩子会因为家长更多采用惩罚型养育而受到负面影响，而优渥家庭更为偏爱的鼓励型和民主型养育则更有利于孩子的发展。我们必须及时对养育模式予以重视，并向家长传递科学的养育观念，在养育理念上减少因为家庭资源不均衡对孩子带来的潜在负面影响。

第四节 亲子互动

亲子互动，指父母与子女在观念、情感和行为上的交流与沟通，是儿童早期生活中最重要的社会性活动,对婴幼儿的健康成长乃至整个人生的发展具有重要意义。心理学认为互动是人际间的交感互动关系,社会学则认为互动是人与人之间的心理交互作用或行为的相互影响,是一个人的行为引起另一个人的行为或改变其价值观的任何过程。在亲子互动的过程中,父母的贡献被描述为父母的直觉行为,即在姿势、模仿以及语言方面与婴儿暂时的需求相一致。[①]在良好的亲子互动中,亲子间有一定数量的共同兴趣和活动。这种良好的互动通常表现为亲子之间有较亲密的情感联系,能够平等、愉快地交流观念。糟糕的亲子互动则经常表现为亲子冲突或缺乏交流。在有限的交流中,亲子之间较多地表现出消极情绪或攻击性,双方通常持有不同甚至相反的观念,而双方又因较少交流而产生误解和矛盾。不良的亲子互动或缺乏互动将带来更多的亲子冲突,使亲子关系恶化,不利于家庭教育的开展。本小节使用中国家庭追踪调查数据,介绍了我国亲子互动的情况在 2012—2020 年的变化,并探索了亲子互动的频率与内容的城乡差别。

一 亲子互动越来越频繁

中国家庭追踪调查数据收集了关于家长的教育参与以及每月父母与孩子之间的亲子互动频率的详细信息。对于 7 岁以下的儿童,中国家庭追踪调查数据询问了家长在以下七个方面与孩子互动的频率:(1)讲故事;(2)买书;(3)出游;(4)识数;(5)识字;(6)辨认色彩;(7)辨认形状。其中对 0—3 岁的孩子询问了识数、辨认色彩和辨认形状这三个方面互动的频率,对 3—6 岁的孩子则询问了关于讲故事、买书、出游和识字这四个方面互动的频率。选项为 1—5 的定序变量,分别代表"一年几次或更少""每月一次""每月两三次""一周数次""每天"。分数越高,互动的频率越高。我们选取了这几项加总取均值作为亲子互动的频率进行分析。

对于 7—15 岁的儿童,中国家庭追踪调查数据询问了家长在以下四个方面与孩子互动的频率:(1)当孩子在学习时,您会经常放弃自己喜欢的电视节目吗?(2)自本学年开始以来,您经常和孩子讨论学校的事情吗?(3)您经常要求孩子完成家庭作业吗?(4)您经常检查孩子的家庭作业吗?选项为 1—5 的定序变量,分别表示"从不""很少""偶尔""经常""很经常"。我们将四道题

---

① 王艳,张军,范湘鸿.亲子互动对早产儿神经心理发育影响的研究进展[J].护理学杂志,2016,31(7):102—105.

的取值加总取均值进行分析。

结果显示,2012—2020年,我国家庭中,对不同阶段的儿童而言,亲子互动都越来越频繁(图4-13)。3岁以下儿童的亲子互动频率逐年增加,2020年平均每个家庭的亲子互动频率约为每个月10天。3—6岁儿童的亲子互动频率整体呈上升趋势,2020年平均每个家庭的亲子互动频率约为每个月12天。如图4-14所示,近年来,7—14岁儿童在具体的亲子互动,例如"讨论学校的事情""检查作业"方面愈加频繁;而"父母放弃看电视""阻止孩子看电视"两项互动从2018年开始呈下降趋势,与此同时,"限制孩子看电视类型"相应呈上升趋势。可见,随着数字化的发展以及疫情的影响,孩子减少了户外活动的时间,而增加了使用电子屏幕的时间,与此同时,父母也加强了对于孩子观看内容的把控。

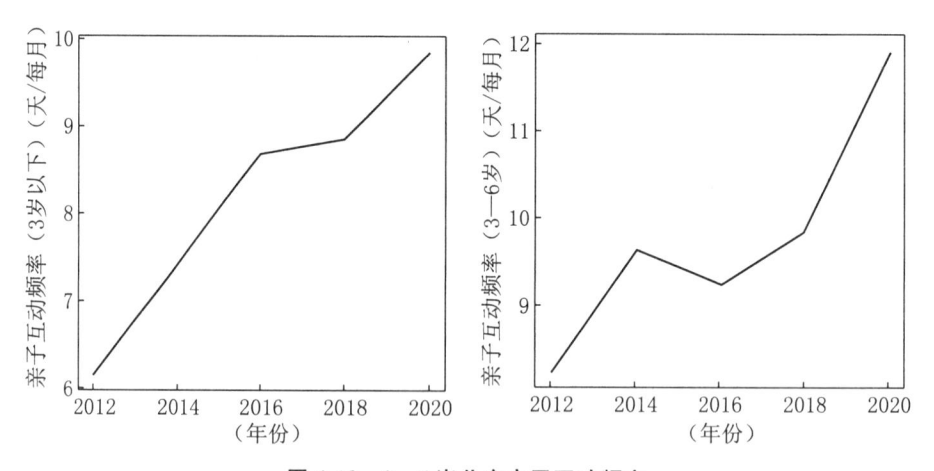

图4-13 0—6岁儿童亲子互动频率

资料来源:2012—2020年中国家庭追踪调查数据。

二 亲子互动城乡差异呈缩小趋势

如图4-15所示,对于0—6岁儿童,总体而言,城市地区家庭的亲子互动频率均高于农村地区。对3岁以下儿童而言,城乡差距在2012—2020年变化很小;但在3岁以上儿童的家庭中,亲子互动频率的城乡差距逐渐缩小。在知识经济时代,当前农村家庭养育子女数量较低,同时大部分农村家庭在经济上得到较大改善,农村家庭越来越关注子女的学习与发展,可能促使农村家庭教育对幼儿园阶段儿童的时间投入不断提升。但是,很多农村家长可能尚未认识到家长在儿童发展早期(0—3岁)的主要作用,也缺乏科学育儿知识与策略,在没有幼儿园资源帮助的情况下,对幼儿教育的时间投入仍然不足。

第四章　教育期望与家庭养育　97

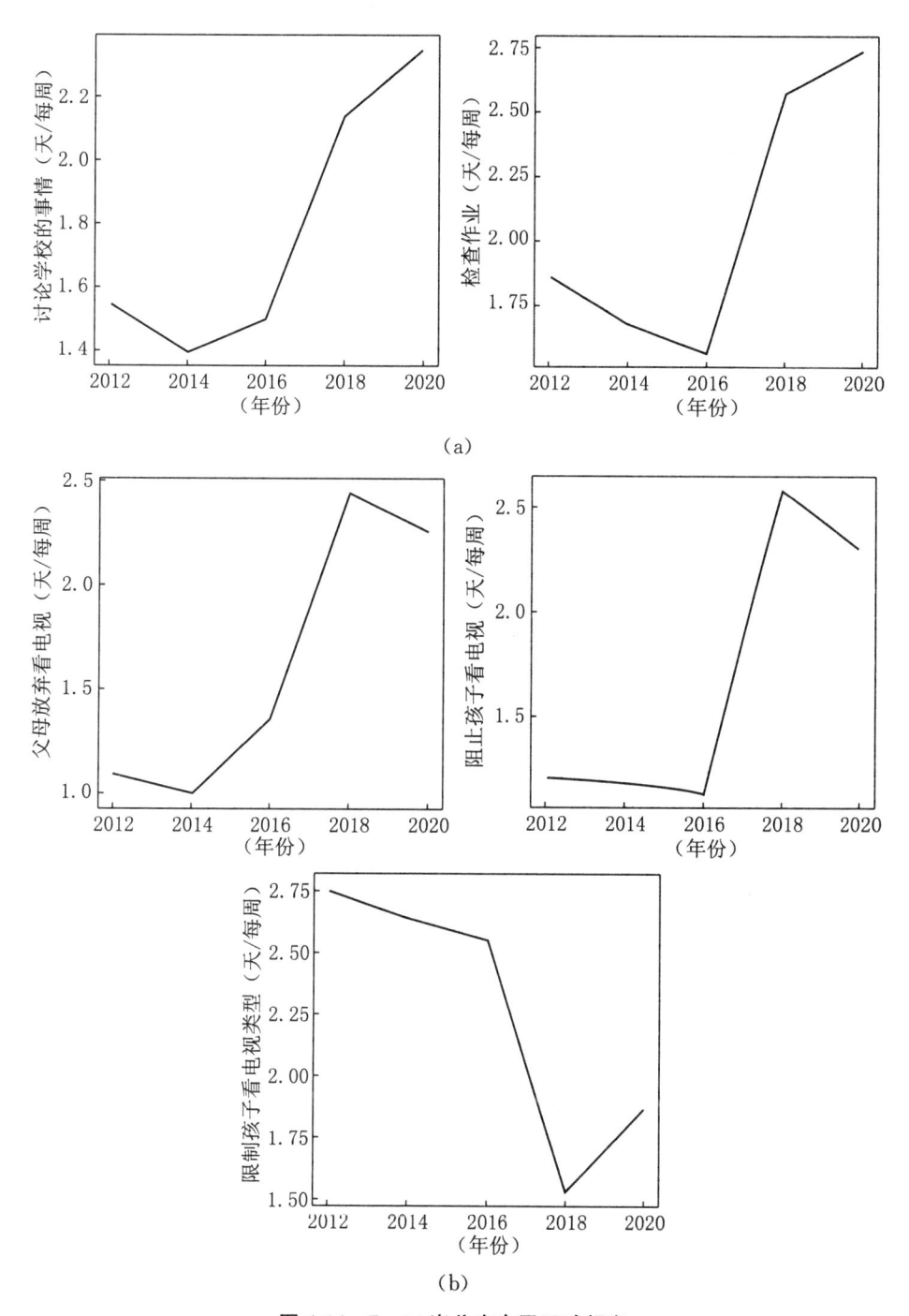

(a)

(b)

图 4-14　7—14 岁儿童亲子互动频率

资料来源：2012—2020 年中国家庭追踪调查数据。

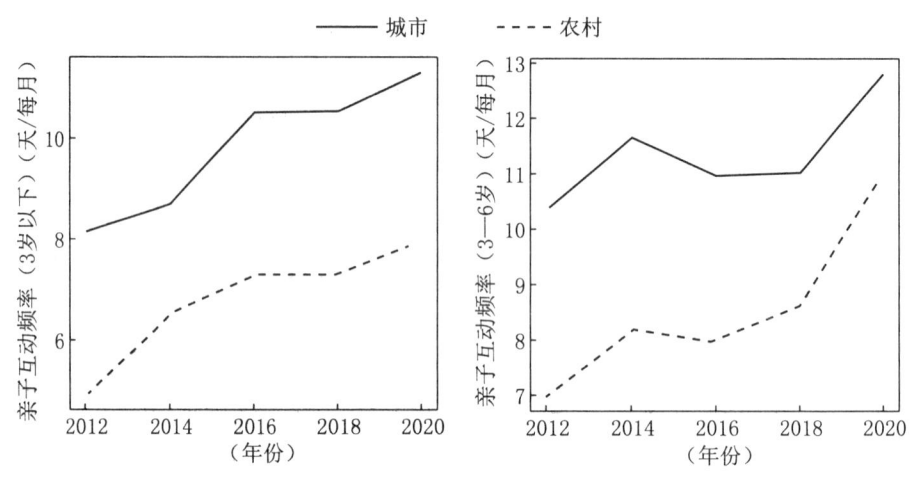

图 4-15　0—6 岁儿童亲子互动频率的城乡差异

资料来源：2012—2020 年中国家庭追踪调查数据。

如图 4-16(a)所示，在"谈论学校里的事"和"检查作业"方面，城市地区家庭的亲子互动频率均明显高于农村地区家庭。针对"谈论学校里的事"，城市地区家庭每周最多可以有 2.5 天进行亲子互动，农村地区的父母则由于工作性质和时长，无法留出足够时间与孩子进行谈话和讨论；然而 2016 年开始此种差距逐渐缩小，2020 年城市和农村地区之间的差异已缩小至每周 0.3 天。针对"检查作业"，2012—2020 年城乡家庭之间的差距整体呈缩小趋势，农村地区的父母逐渐意识到孩子教育的重要性，并愿意主动为孩子的学习提供帮助。如图 4-16(b)所示，在"阻止看电视"和"限制看的节目"方面，城市地区家庭和农村地区家庭之间的差异并不显著。同时我们可以发现，2018 年开始，城乡地区的父母对于孩子每周看电视时长的控制均有所下降，与此同时，对于孩子看的节目类型的限制相应提高。

综上，在本节中，我们呈现了 2012—2020 年中国 0—15 岁儿童的亲子互动情况，以及亲子互动频率的城乡差异。通过数据显示，我们能够发现在中国家庭中，0—6 岁和 7—14 岁年龄阶段儿童的不同形式的亲子互动频率均有所提升，父母愈加看重亲子互动给孩子带来的正面影响，愿意在工作之余花更多时间陪伴孩子，并在学习、生活、娱乐等方面对孩子进行引导。城乡在亲子互动频率上的差异也逐年缩小，农村地区的父母比以往更加注重家庭教育，除了在生活方面对孩子进行指引外，也开始在学习上为孩子提供指导。这种变化为缩减城乡孩子之间的成长差异发挥了积极的作用。

(a)

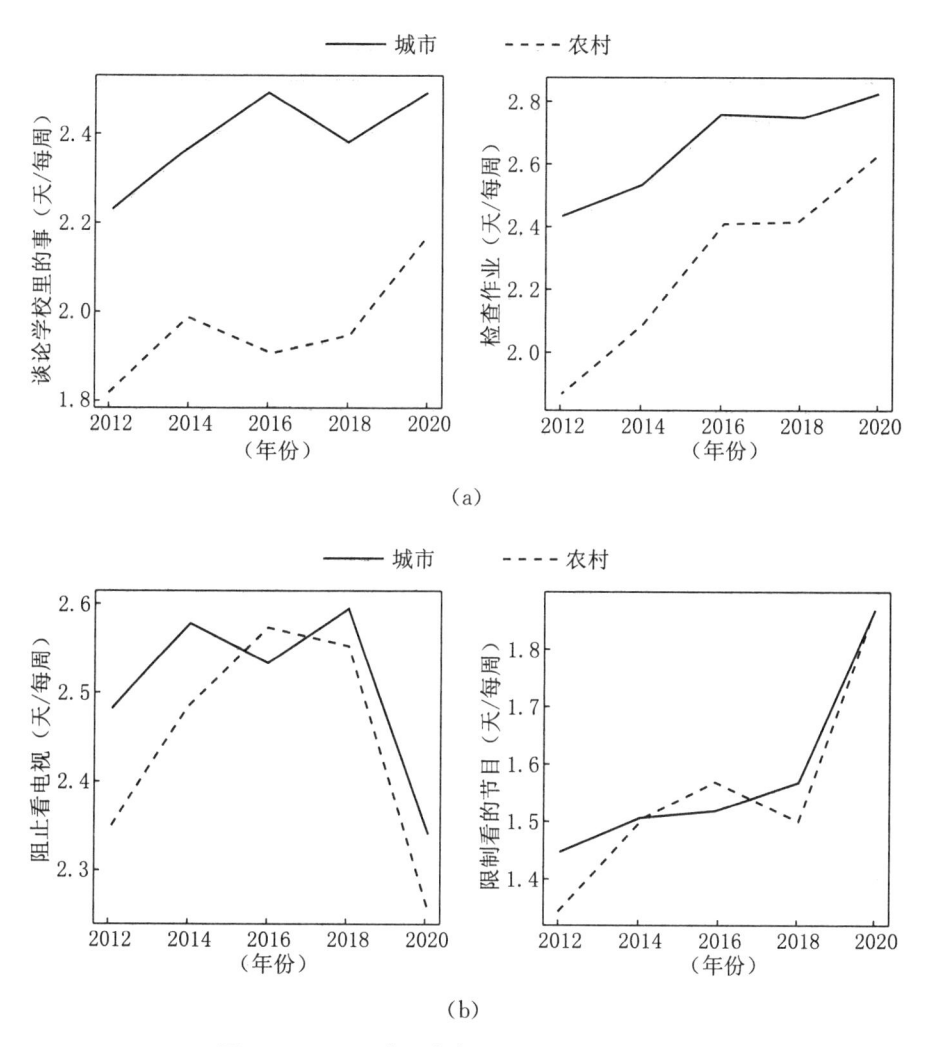

(b)

图 4-16　7—15 岁儿童亲子互动频率的城乡差异

资料来源：2012—2020 年中国家庭追踪调查数据。

第五节　父母参与

一　父母参与与儿童发展

父母参与（parental involvement，也有人翻译为父母卷入、家长参与）是家庭养育行为最直接的实践。本章开篇提到的撰写了《科尔曼报告》的詹姆斯·

科尔曼对于父母参与的界定最为人所接受,他将父母参与划分为内部和外部两种,内部指的是亲子间的互动,外部则指的是父母与老师、其他孩子的父母或其他机构人员互动。

父母参与的多少对于孩子的学习表现有着重要影响,基斯等学者在一项涉及2万多名中学生的调查中发现,父母参与越多,孩子的成绩就越高,平常作业完成的情况也越好。[1]并且这种影响是广泛存在于所有群体之中的,并不会因为父母的社会经济地位相对弱势,其参与就反而会对孩子造成负面的影响。

基于中国的研究也发现,父母参与能显著地积极影响孩子的心理健康和认知能力发展,这里指的父母参与并不局限在陪伴孩子进行一些门槛较高、较为复杂的活动,相反,只是日常的陪伴就能带来显著的积极影响,在后文的分析中,我们也将分日常陪伴、学业参与和文化活动三个维度来分析父母参与的模式。[2][3]

父母参与在中国的儿童中并不是均质性的,李晓晗和郑磊基于中国教育追踪调查的研究发现,高收入、高教育水平的父母有着更强的参与意识和更多的参与行为,而低收入和低教育水平的父母参与得更少。具体而言,劣势家庭的父母在前文提到的外部父母参与上表现较不如意,家校沟通频率不足。[4]

刘保中、张月云和李建新使用中国家庭追踪调查,发现父母参与和本章第一节所述的教育期望也同样息息相关。[5]家庭的资源虽然是客观存在的,但是否把这些资源用到孩子身上,不同家庭则各有差异。他们发现,父母的日常关怀是连接家庭资源与孩子自身教育期待的重要途径,也就是说,家庭资源相对丰富固然能给孩子带来更高的眼界、更好的培养,让其有着更高的教育期望;但同时,父母的陪伴与言传身教也非常重要。家庭资源需要通过父母参与这

---

[1] Keith T Z, Troutman G C, Trivette P S, et al. Does parental involvement affect eighth-grade student achievement? Structural analysis of national data[J]. School psychology review, 1993, 22(3): 474—496.

[2] 柳建坤,何晓斌,贺光烨等.父母参与、学校融入与农民工子女的心理健康——来自中国教育追踪调查的证据[J].中国青年研究,2020, 3:39—48.

[3] 梁文艳,叶晓梅,李涛.父母参与如何影响流动儿童认知能力——基于CEPS基线数据的实证研究[J].教育学报,2018, 14(1):80—94.

[4] 李晓晗,郑磊.家庭社会经济地位对父母参与的影响及作用机制——基于CEPS数据的研究[J].教育经济评论,2017, 2(1):86—104.

[5] 刘保中,张月云,李建新.家庭社会经济地位与青少年教育期望:父母参与的中介作用[J].北京大学教育评论,2015, 13(3):158—176.

一途径,才能更好发挥其给孩子可能带来的积极影响,而高教育期望的家庭则往往也有着更高的父母参与。

二 父母参与的情况:以上海为例

本节的分析焦点在于父母参与,分析的思路与上一节相仿。因为数据的独特性和上海的前沿性,本节仍然使用上海都市社区调查的数据,分析父母参与在父母收入水平与教育程度不同家庭的差异,然后探讨孩子的性别与年龄阶段对父母参与多少的影响。此外,本节将父母参与分为三个维度,分别显示日常、学业和文化三类不同的亲子互动形式区别。

我们采用了父母参与的量表的加总得分来测量父母参与,得分为 6—24 不等,得分越高,表示父母参与频率越高。①此外,我们还进一步把父母参与划分为日常、学业和文化三个维度,分别使用第三、四题的加总得分,第二、六题的加总得分和第一、五题的加总得分予以测量。

表 4-2 上海都市社区调查中父母参与的测量

您或您家人有多经常与您小孩从事以下活动?	几乎从不	一或两月一次	一或两周一次	几乎每天
1. 讨论书籍、电影或电视	1	2	3	4
2. 讨论他在学校的表现	1	2	3	4
3. 陪他一起吃晚饭	1	2	3	4
4. 花时间与他聊天	1	2	3	4
5. 与他一起去书店、图书馆或博物馆	1	2	3	4
6. 辅导他做功课	1	2	3	4

如图 4-17 所示,上海的父母参与得分呈现左偏分布,得分总体较高,亲子间互动比较充足。而区分维度而言,日常父母参与得分最高,学业次之,文化活动上的陪伴最少。日常陪伴平均达到了几乎每天的频率,学业陪伴的平均频率为一周多次,而文化活动上的陪伴较少,平均频率约为一周多次。

日常陪伴、学业陪伴和文化活动陪伴的差异性也同样依次增大。如图 4-18 所示,在日常陪伴上,上海家长呈现出高度一致的模式,文化活动频率高低在

---

① 包括讨论书籍或电影电视、讨论学校表现、一起吃晚饭、聊天、一起去书店图书馆或博物馆、辅导功课。

不同家庭之间差异较大,学业陪伴则居中。因此,我们尤其需要对上海父母参与中的学业与文化维度加以留意,分析不同类型家庭在这两个维度上的差异,辨别出在父母参与上相对劣势的家庭及其主要处于劣势的维度。

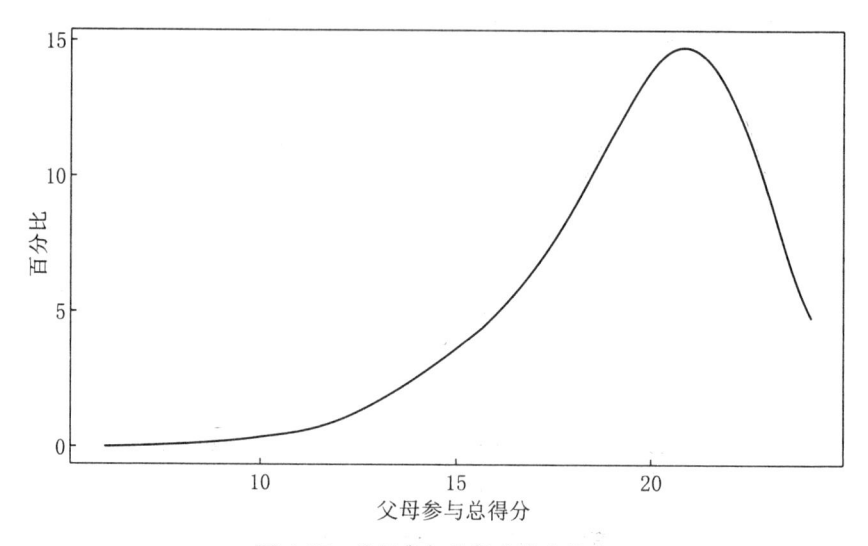

图 4-17　父母参与总得分分布示意

资料来源:2017年上海都市社区调查数据。

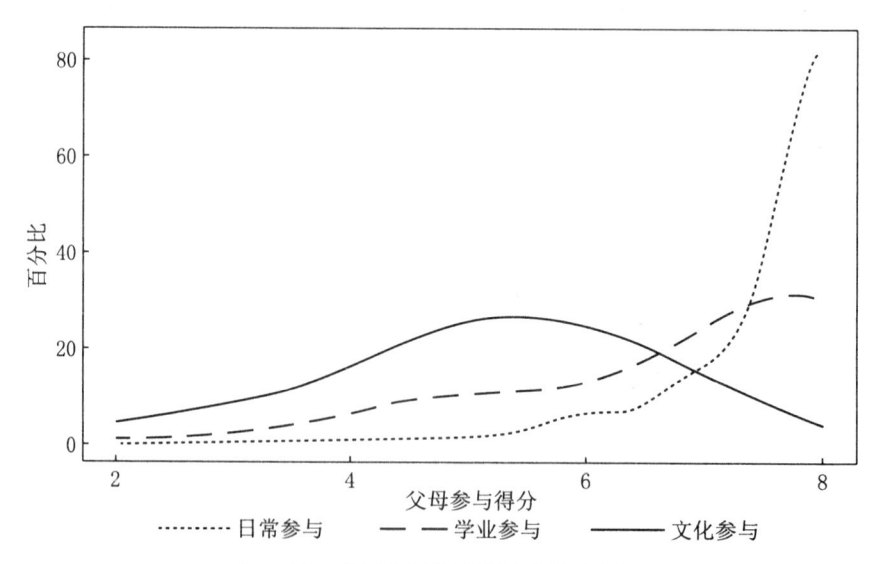

图 4-18　父母参与各维度得分分布示意

资料来源:2017年上海都市社区调查数据。

就父母参与的总体情况而言,相较中收入和低收入家庭,高收入家庭的父母参与要更为充足,并且罕见缺乏陪伴的家庭,呈现出明显的优势(图4-19)。而中收入与低收入的父母则呈现出几乎一致的模式,相较高收入家庭而言,中低收入家庭的父母参与均较为不足。如上文所述,无论家庭状况如何,父母参与都能给孩子带来积极影响,因此中低收入家庭父母参与不足使得这些家庭的孩子面临着相对劣势。

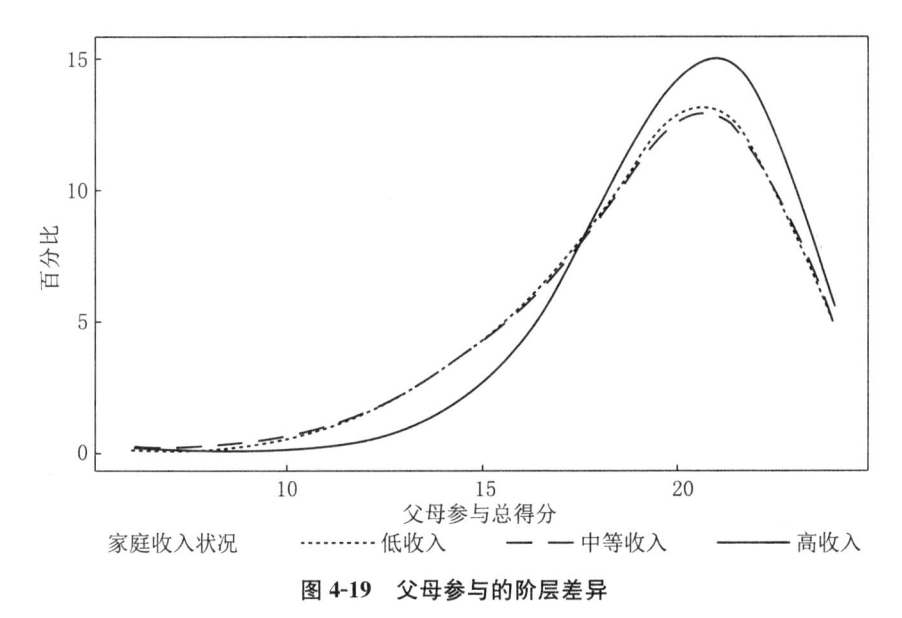

图 4-19　父母参与的阶层差异

资料来源:2017年上海都市社区调查数据。

当分维度比较父母参与在家庭背景上的差异时,我们可以发现父母参与的差异主要出现在学业和文化活动的陪伴与互动上(图4-20)。就日常陪伴而言,不同收入的家庭差异不大;在学业维度上,不同家庭背景显示出一定差异,高收入家庭的参与要更多。而在文化活动上,高收入家庭显示出非常明显的优势。如果说日常和学业维度的陪伴差异更多是"多少之分"的程度差异,文化维度上高收入家庭与中低收入家庭则更多是"有无之分"。高收入家庭中几乎没有家长不参与孩子的文化活动,而中低收入家庭则有着不少比例如此。一个维度的父母参与缺失会带来孩子发展的不平衡,因此社会需要为相对劣势家庭的孩子有针对性地提供更多文化发展的机会以弥补这一不足。

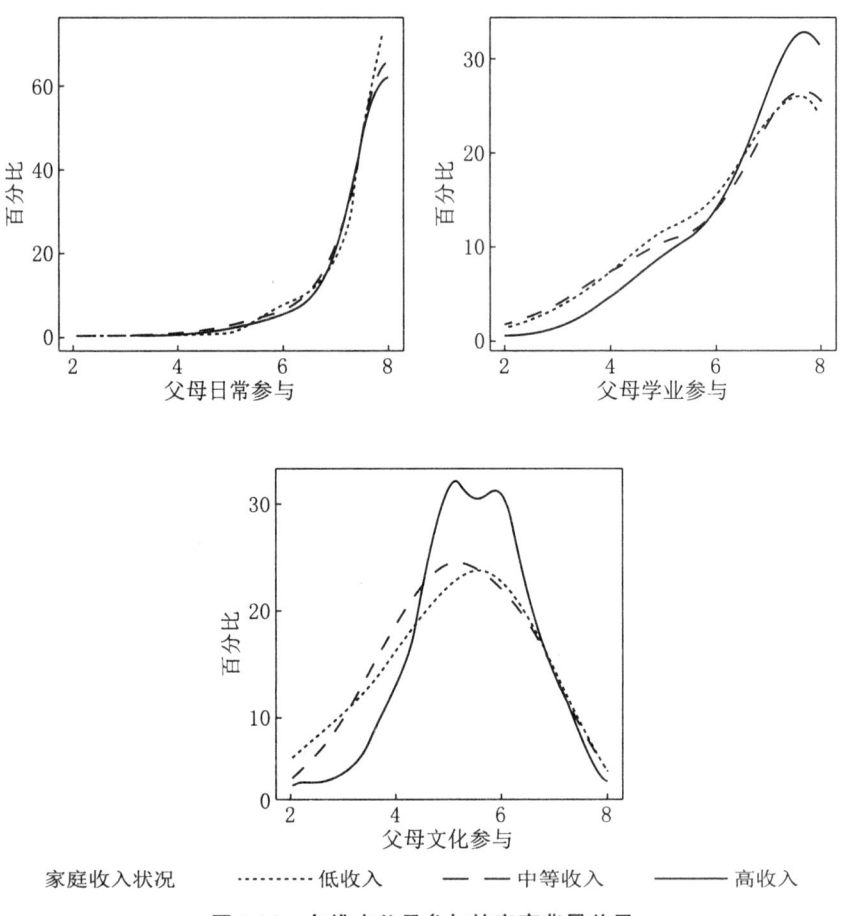

图 4-20 各维度父母参与的家庭背景差异

资料来源：2017 年上海都市社区调查数据。

父母受教育水平越高，他们也会更愿意陪伴孩子，如图 4-21 所示。不同于收入上的差别主要存在于高收入家庭和中低收入家庭之间，在教育维度，父母参与主要的差别出现在低教育水平父母与其他教育水平父母之间。低教育水平的父母对于孩子的陪伴明显更为不足，这体现出了教育具备的重要影响力。随着我国年轻人口受教育程度不断上升，我们对于父母参与应该持有乐观的态度。但与此同时，也要对于低教育程度家庭予以特别的关心，既需要通过宣传提高其陪伴意识，也要留意到客观条件的制约，为这部分缺乏陪伴的孩子提供社会力量的关怀。

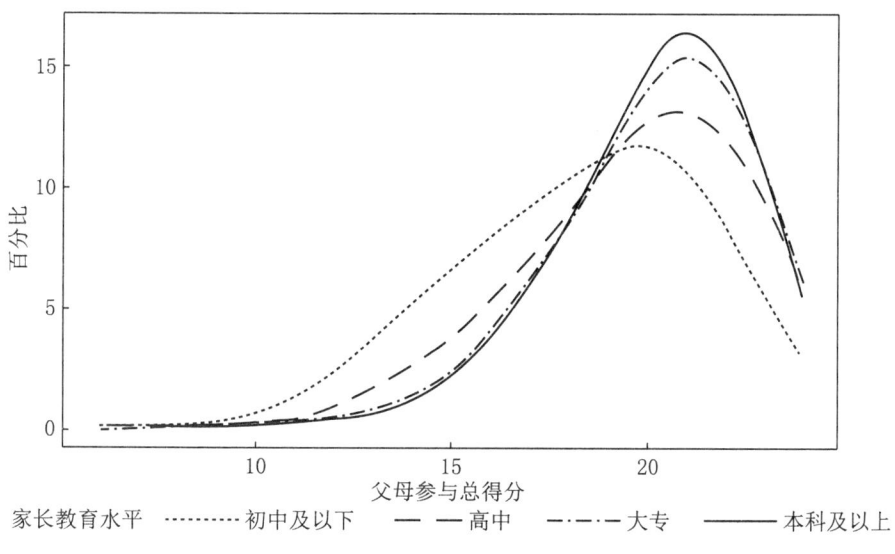

图 4-21　父母参与的教育差异

资料来源：2017年上海都市社区调查数据。

就区分维度而言，父母教育的影响也与家庭收入类似。如图 4-22 所示，在日常陪伴上，父母教育影响不大，普遍陪伴充分；在学业维度上随着父母教育程度提高陪伴频率也依次提高；文化活动陪伴也仍是高教育家庭占据优势。高教育程度的父母对孩子学业有更好的辅导能力，在文化资本上也表现更佳。就如同上文所述的教育期望、养育模式的双重不平等一样，在父母参与这一维度，这种双重不平等也再次出现，这提醒我们必须重视对劣势家庭孩子的公共支持。

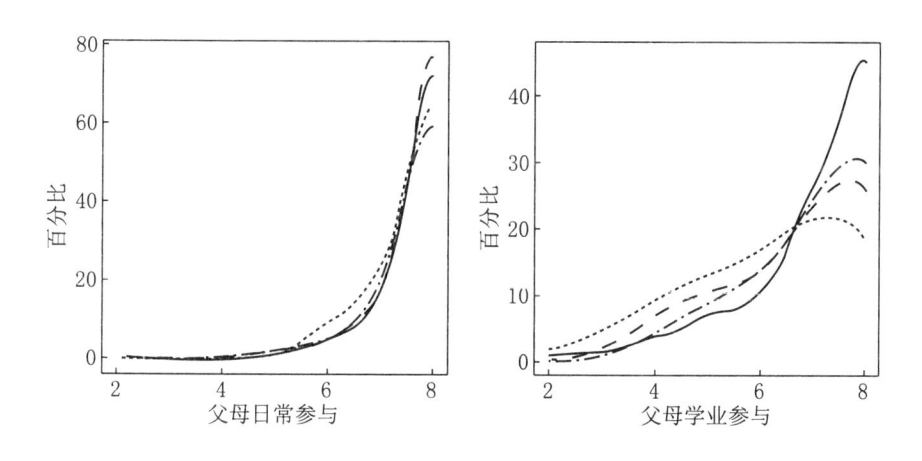

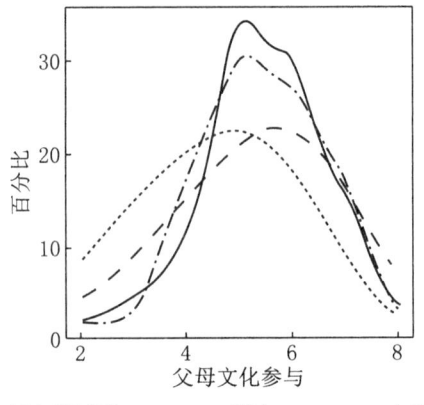

图 4-22　各维度父母参与的父母教育程度差异

资料来源:2017年上海都市社区调查数据。

图 4-23 和图 4-24 显示,在上海,无论父母参与的总体模式或是各维度表现,父母参与的频率并没有因为孩子性别的不同而有区别。这显示了至少在我国的大城市,儿童性别平等观念得到了较高的接受。

相较孩子性别,孩子的年龄阶段则对父母参与有着更明显的影响,随着孩子长大,父母参与逐步减少,如图 4-25 所示。父母对低龄孩子的陪伴总体而言要更多,随着孩子进入小学高年级及初中,父母的陪伴依次呈现出了明显的

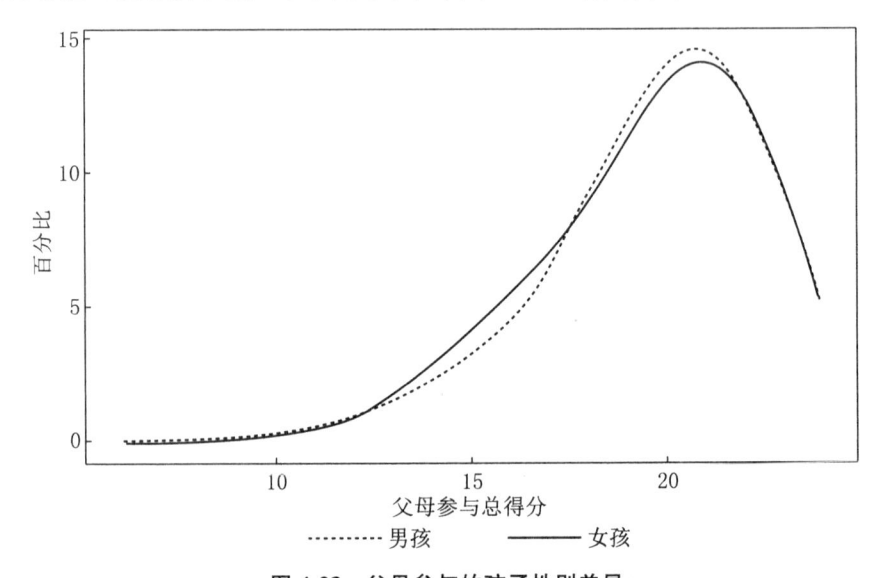

图 4-23　父母参与的孩子性别差异

资料来源:2017年上海都市社区调查数据。

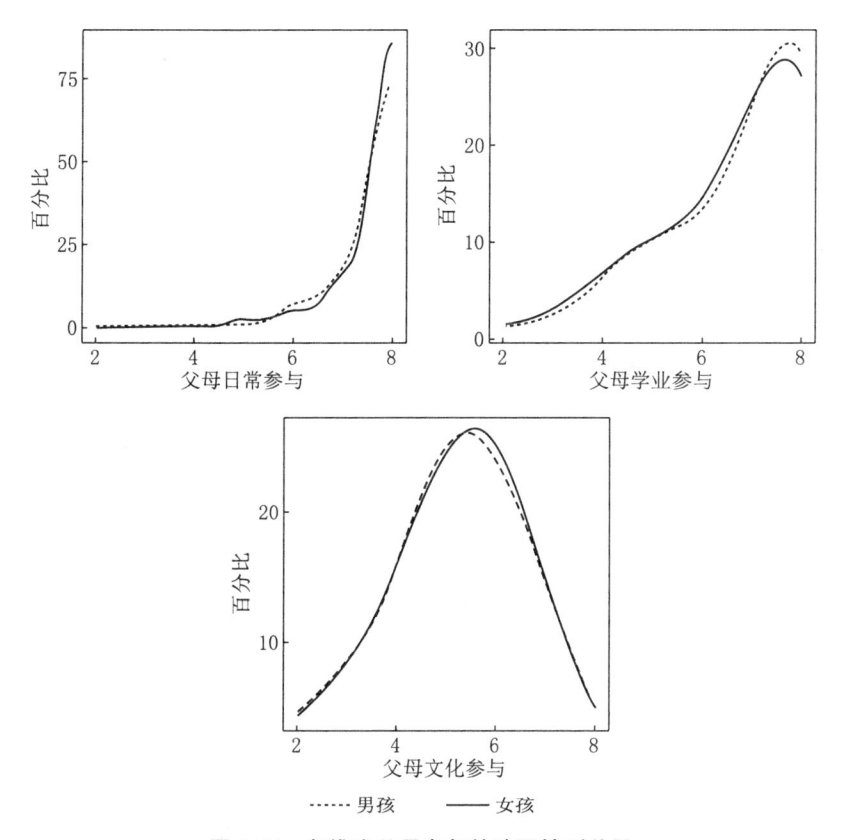

图 4-24　各维度父母参与的孩子性别差异

资料来源：2017年上海都市社区调查数据。

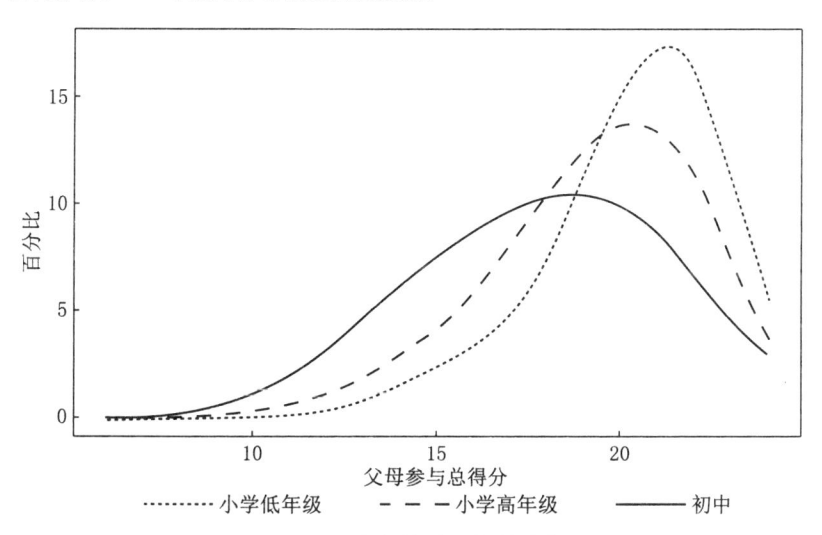

图 4-25　父母参与的孩子年龄阶段差异

资料来源：2017年上海都市社区调查数据。

降低。这或许因为小学高年级和初中阶段孩子学习生活模式有变,父母对其陪伴的方式也因此发生了改变。再者,进入青春期的孩子对父母的依赖减少,而对朋友之间的互动更为看重,孩子的兴趣和时间使用也随之改变,这也一定程度上降低了父母在养育中的参与。

年龄段的变化不但使得总体陪伴逐次降低,在各维度上也存在不同的模式,对父母参与的影响有所差别。如图 4-26 所示,随着孩子年龄增加,父母对其学业上的陪伴减少得最多,从小学低年级的"几乎每天"占据主流锐减至初中时"平均一月几次"的频率。父母对孩子文化活动上的陪伴减少相对较小,但也呈现稳定的降低趋势。而父母对孩子日常的陪伴则减少微弱,其中小学高低年级几乎没有区别。

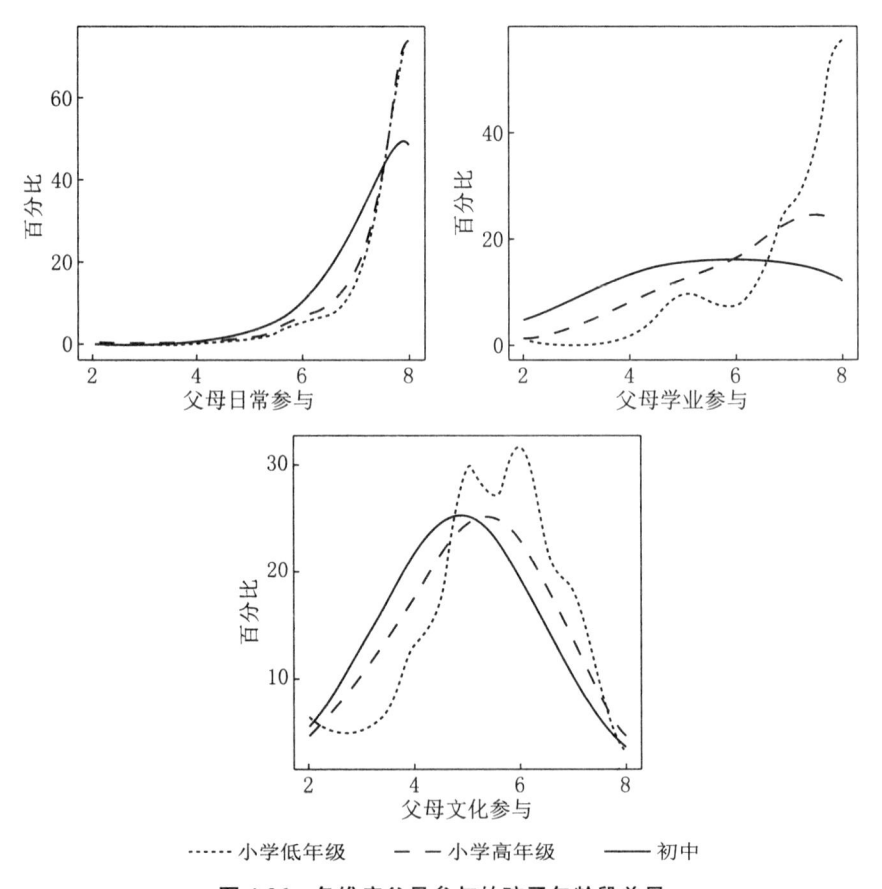

图 4-26 各维度父母参与的孩子年龄段差异

资料来源:2017 年上海都市社区调查数据。

学业参与上的剧烈变化显示了随着孩子教育程度的上升,学习内容越发复杂,父母对于参与学业辅导力有未逮,需要更多依靠学校的教育。但日常陪伴上的相对稳定也显示了在上海的教育模式中,孩子与家庭日常的互动时间仍然得到了保留,并未被学业过多地占用。尽管孩子进入初中后,学校对其学业的影响更大,但家庭的陪伴仍然能影响其社会能力的发展,父母参与对此有重要的影响。父母参与在文化活动维度也呈现了随着孩子长大而减少的趋势,但这一模式值得更多的思考。孩子尚小的时候,其理解能力、接受能力都未得到充分发展,能从文化活动中获得的积极影响也有限。但随着孩子长大,其对文化活动的消化能力将会不断提高,因此,如果能保持或提高父母参与文化活动维度的水平,对于孩子文化资本的培育将有着重要的帮助。

除了上文所述的家庭背景和孩子自身特征会影响父母参与外,上一小节所讨论的养育模式同样对父母参与的多少存在影响。如图 4-27 所示,倾向于

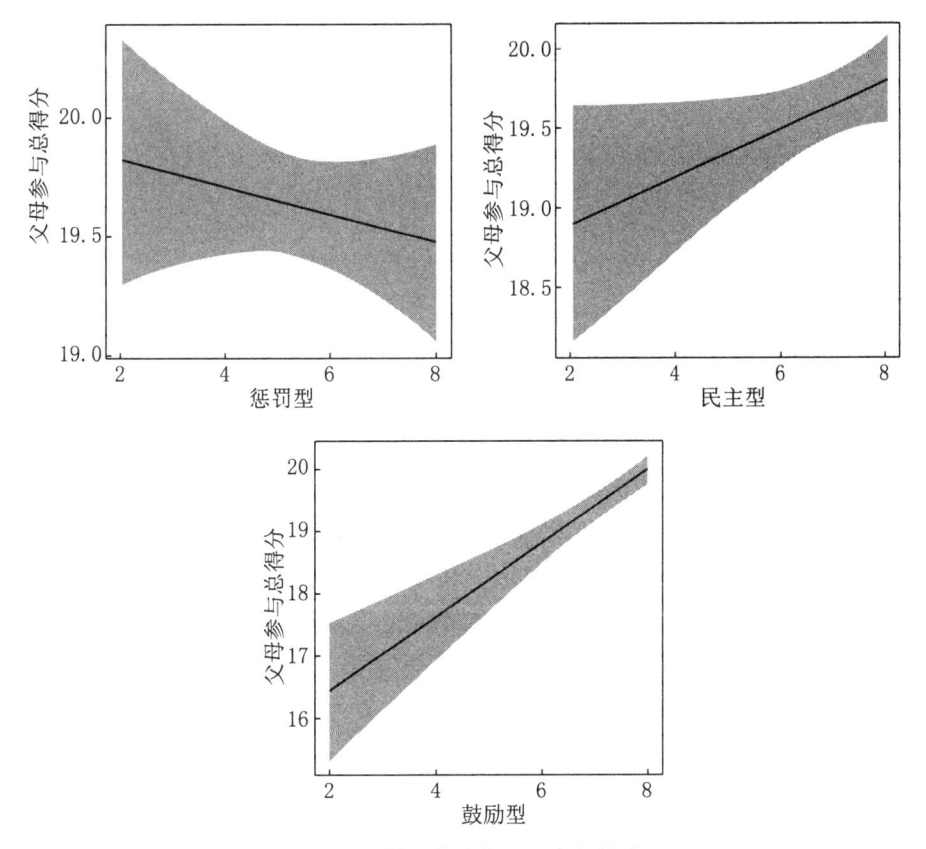

图 4-27　养育模式与父母参与得分

资料来源:2017 年上海都市社区调查数据。

更多使用鼓励型和民主型养育的家庭，其父母的陪伴也会更多，并且这一模式在考虑了孩子的年龄阶段后也仍然是显著的。而惩罚型的养育模式对于父母参与则有着负面的影响。由此可见，作为理念的养育模式和作为实践的父母参与相互影响，进一步拉大了不同家庭背景的孩子的成长环境差异。因此，我们需要理解到家庭环境较为劣势的孩子在成长上面临的不足，并向他们的父母作出更多的针对性宣传教育，提供更多的社会支持。

综上，在本节中，我们呈现了上海父母参与的总体模式与各维度差异。总体而言，上海的父母参与较为充分，但分维度来看，在文化活动上的父母参与尚有不少的进步空间。区分家庭背景来看，家庭的经济与教育资源越好，父母参与也越多，这种区分在日常互动中较小，而在文化活动相关的互动中区分明显。并且随着孩子成长阶段的改变，父母参与的频率也会有所改变。基于本节的分析，我们可以有的放矢地重点提高文化活动上的父母参与，以及采取宣传和具体措施结合的方式，推动劣势家庭的父母也更有条件和意识去陪伴他们的孩子。

第六节 小 结

本章介绍了教育期望、养育模式和父母参与的基本概念和国内外研究进展，并使用中国家庭追踪调查和上海都市社区调查的数据展示了当前我国教育期望和家庭养育的基本情况，再进一步分析了不同区域、家庭背景和孩子特征相应的教育期望和家庭养育的差异，最后初步展示了教育期望和家庭养育对于孩子发展的影响。

当前，中国教育期望以本科程度为主流，富裕地区和优渥家庭都会对孩子有着更高的教育期望，并且随着性别平等观念的提升，过往研究中发现的对女孩更低的教育期望不再出现，对两个性别孩子的教育期望基本持平。但值得注意的是，当前对孩子教育期望为大专的家庭占比很少，与我国推行的教育分流政策间存在一定张力。教育部门仍需不断提升职业教育水平，以增强大众对职业教育的认可度。

在对家庭养育的分析中，本节使用了上海作为例子。在当前的养育模式中，鼓励型养育占据主导地位，并且当家庭经济与文化资源提高时，家长对惩罚型养育模式的偏好会降低，而对民主型养育模式的使用则会提高。除此之外，根据孩子性别与年龄的差异，养育模式的使用也存在一定的区别。

在父母参与方面,上海的总体水平较高,分维度而言则在文化互动上还有较大提高空间。与上述教育期望和养育模式类似,优渥的家庭也表现出了更高的父母参与程度,这种区别主要出现于学习和文化上的父母参与,而在日常陪伴上则更为接近。随着孩子年龄增大,父母的参与呈现出了减少的趋势;而孩子的性别并不影响父母参与的程度,显示出了上海家庭较好的性别平等意识。

教育期望、养育模式和父母参与均对儿童发展呈现出了显著的影响,教育期望和父母参与都与儿童学习能力和人格发展正向相关;养育模式中的惩罚型养育不利于孩子发展,鼓励型养育对儿童发展有一定积极影响,民主型养育则有着显著的积极影响。对家庭教育和儿童发展更详细的分析可以参考第五章的内容。

在数据中,我们可以看到随着家长教育水平增高,教育期望、养育模式和父母参与都随之向好,充分体现了父母教育对于家庭教育和孩子发展的积极影响。而值得乐观的是,随着我国人均教育水平的提高,在家庭教育和儿童未来发展上,我们也可以期待更好的表现。教育水平对家庭教育质量的促进主要通过对家长理念的更新,这彰显出了教育工作的重要性,并呼唤国家和社会对科学的家庭教育模式进行更多的宣传与教育。

除了对于重视教育和科学家庭教育的宣传,我们也呼吁国家对于劣势家庭提供更多切实的社会支持。从上文的分析中可以看到,无论是教育期望,还是养育模式和父母参与,都集中性地在劣势家庭中表现更差。因此,这些家庭的孩子除了因家庭资源不足而面临负面影响外,也成长于有着不利于其成长的养育理念和养育实践的家庭环境之中。国家和社会应该关注到这部分孩子的困境,并为他们针对性地提供更多的公共支持,让他们能享受到社会发展的福利,迈向更平等的未来。

第五章 家庭教育对儿童发展的影响

家庭教育指家庭成员及家庭环境围绕儿童成长而展开的影响过程。家庭是孩子的第一所学校,父母是孩子的第一任老师。这是人们对家庭及家庭教育重要性的最简洁的概括。家庭教育不仅仅是发生在家庭内部的个人行为,更是一项社会工程,需要家庭教育法律保障、家庭公共政策支持以及家庭、学校和社会的共同参与。在本章中,我们首先将探讨家庭教育的重要性及其社会意义。其次,我们将回顾国内外有关家庭背景、家庭教育和儿童发展主题的重要研究成果,并结合中国家庭追踪调查(CFPS)2018—2020年和上海都市社区调查(SUNS)2017年的数据,描述当前在中国,家庭背景、家庭教育是如何影响儿童发展的。具体而言,本章将分析家庭背景是如何通过家庭教育来影响儿童的认知能力和非认知能力发展,并进一步探讨家庭教育的不同维度在其中的重要作用。

第一节 家庭教育的重要性

家庭教育是教育的开端,是教育生态系统的重要组成部分,对学校教育和社会教育具有奠基性作用。有越来越多的实证研究表明,早期的家庭环境对一个人未来的生活机会是至关重要的,是认知和非认知能力的主要预测因素。人们开始逐渐认识到,儿童的智力、情感和社会发展在进入学校之前就与他们的家庭环境息息相关,这促使研究者努力了解家庭在塑造儿童发展方面的作用。[1]

---

[1] Heckman J J. Skill formation and the economics of investing in disadvantaged children [J]. Science, 2006, 312(5782):1900—1902.

家庭教育不仅对于儿童的早期发展有所帮助,同时也会弥补不利的社会经济地位所带来的负面影响,从而进一步促进公平和社会正义。社会对早期儿童的家庭教育的关注、指导和支持具有长期的效益。

从社会流动的视角来看,父代的社会经济地位会影响子代的早期发展,从而进一步影响子代的社会地位获得。来自低社会经济地位家庭的儿童在学业成就和发展方面比来自更富裕家庭的孩子的表现要差。[1][2]这主要是由于不利的社会经济地位会限制家庭对其子女的投资能力,从而使得不利的条件发生代际传递。在当前的教育资源水平下,不同阶层间的家庭教育差异显著,家庭教育正面临新的挑战,主要体现在家庭教育投资、家庭教养方式和家庭教育结果这几个方面。[3]如何促进家庭教育公平,缩小家庭教育的阶层差异,已成为社会关心的核心话题。

从生命历程的视角看,个体的成长是一个动态的、累积的发展过程,个人的早期发展和家庭以及社会环境等因素对成年后的社会成就等方面影响深远,影响波及教育获得、职业地位、收入和身心健康,甚至大脑的结构和功能。[4][5][6]家庭作为儿童最初成长的环境,对儿童的性格和行为具有重要的影响,处于优势和劣势的家庭的子女在早期发展过程中的差距很可能随时间累积而不断扩大,代际间社会经济地位的传递也相应产生。

因此,本章试图探讨家庭背景、家庭教育以及儿童发展这三者之间的关系和影响机制。通过对以往文献的梳理,结合中国教育发展的现状,我们不难发现,一方面,家庭背景会直接影响儿童的发展。例如,社会经济地位较高的家庭往往拥有更好的教育资源和能力,从而对儿童的教育机会获得和社会发展产生影响。另一方面,家庭社会经济地位通过影响家长在家庭教育上的投入,促使家长采取有利于孩子未来发展的教育策略,进而影响儿童各方面的长远

---

[1] Duncan G J, Yeung W J, Brooks-Gunn J, et al. How much does childhood poverty affect the life chances of children?[J]. American sociological review, 1998, 63(3):406.

[2] Duncan G J, Ziol-Guest K M, Kalil A. Early-childhood poverty and adult attainment, behavior, and health[J]. Child development, 2010, 81(1):306—325.

[3] 杨雄,陈建军,李骏等.上海家庭教育的新变化与新挑战[J].当代青年研究,2015(5):8.

[4] Wodtke G T. Duration and timing of exposure to neighborhood poverty and the risk of adolescent. parenthood[J]. Demography, 2013, 50(5):1765—1788.

[5] Mayer K U. New directions in life course research[J]. Annual review of sociology, 2009, 35(1):413—433.

[6] Hackman D A, Farah M J, Meaney M J. Socioeconomic status and the brain: mechanistic insights from human and animal research[J]. Nature reviews neuroscience, 2010, 11(9):651—659.

发展。对于不同社会经济背景的家庭来说，在教育资源和育儿投入上也存在显著差异。社会经济地位较高的家庭往往会采取更为积极的家庭教育策略，比如更加重视父母参与和采取更高质量的亲子互动、拥有更加民主开放的养育观念与更高的教育期望。与之相反，处于劣势家庭中的父母则更容易受到时间和资源的限制，而无法采取成就导向的育儿策略。这些不同家庭教育策略都会对儿童的认知和非认知能力的发展产生重要影响。因此，在家庭教育上的差距可能会导致儿童教育结果的更大差距，进而扩大社会群体之间的差距。

第二节 家庭背景对儿童发展的影响

以往的研究主要将家庭背景划分为经济类因素和非经济类因素。经济类因素，主要包括家庭收入、教育支出、财产等。非经济类因素，则包括家长的教育水平、教育期望、养育行为等。[1]在大多数研究中，家庭背景是由家庭社会经济地位指标（例如，家庭收入、父母的教育水平、父母的职业）来衡量的，而排除了其他也会影响教育成就的家庭特征[2]。在其他条件相同的情况下，父母社会地位较高的儿童在学业和社会发展方面表现更好。然而，在与社会地位相关的变量中，在影响儿童发展结果方面，父母的教育水平相对比父母的职业地位或收入更重要。[3]

一 家庭社会经济地位与儿童发展

家庭的社会经济地位（Socioeconomic Status，简称 SES）与儿童的早期发展之间有着紧密的联系。正如科尔曼报告所指出的，家庭社会经济地位对儿童发展有着显著的影响，这种影响甚至大于学校在儿童发展中所起的作用。[4]高 SES 家庭由于拥有更多的社会、政治和经济资源，生活其中的儿童通常比低

---

[1] Liu A, Xie Y. Influences of monetary and non-monetary family resources on children's development in verbal ability in China[J]. Research in social stratification and mobility, 2015, 40:59—70.

[2] Teachman J D. Family background, educational resources, and educational attainment[J]. American sociological review, 1987, 52(4):548.

[3] Melhuish E. Why children, parents, and home learning are important[M]//Sylva K, Melhuish E, Sammons P, et al, eds. Early childhood matters: evidence from the effective preschool and primary education project. Abingdon, Oxon, UK: Routledge, 2010:44—59.

[4] Coleman J S. Equality of educational opportunity[R]. Washington, DC: National Center for Educational Statistics, 1996.

SES家庭中的儿童在早期发展中占有更多的教育机会和资源,许多地位较低的父母的孩子无法获得这些资源和经验,从而更有可能使孩子面临发展问题的风险。[1][2]如何进一步缩小贫富家庭中儿童之间的发展差异,从而促进教育公平,正成为国内外学者日益关注的重要话题。

基于美国早期儿童纵向研究(Early Childhood Longitudinal Study,简称ECLS)的调查数据,柳皑然检验了家庭社会经济地位对成就的影响是否取决于儿童的非认知技能或受到其调节。[3]研究表明,较高的非认知技能会减少家庭SES对成就的影响。此外,这种调节作用在儿童早期和青少年早期的重点发展阶段都很明显。具体来说,较高的非认知技能有助于弥补家庭社会经济资源的不足,使来自较低社会经济地位背景的儿童获得学业成功,尽管非认知能力的调节作用对于阅读和数学能力的发展有所不同。如果没有进行任何干预,来自低SES家庭的儿童更有可能成为非认知能力较低的人,有可能因此承受双重劣势,进一步扩大他们与来自高SES家庭的同龄人之间的差距。此外,由于非认知能力在进入幼儿园时就开始影响和调节家庭SES对成绩的影响,低SES儿童在非认知技能方面落后于高SES儿童,随着时间的推移,可能会面临更多的不利因素。

在我国,也有大量实证研究关注家庭SES与儿童发展的影响。柳皑然和谢宇研究了关于家庭经济资源与非经济资源对儿童成就和发展的重要性。[4]利用2010年中国家庭追踪调查的基线调查数据,他们通过家庭人均年收入和儿童教育支出来测量家庭所拥有的经济资源,利用教育期望、家长育儿投入、家庭环境(是否与儿童互动)这一系列的变量来测量家庭所拥有的非经济资源。他们的研究发现,家庭收入与儿童的语言能力有显著关系,但家庭资产和经济性资源的作用有限。而非经济性的资源,特别是父母的教育,对儿童的语言能力有很大的影响。在另外的一项研究中,这一结论也得到了支持。张月云和谢宇利用2010年中国家庭追踪调查的数据,表明父母教育程度高、家庭收入

---

[1] 任丽欣,胡碧颖.家庭社会经济地位与儿童入学准备发展之间的关系[C]//中国心理学会编.第二十二届全国心理学学术会议摘要集.杭州:第二十二届全国心理学学术会议,2019.

[2] Brooks-Gunn J, Duncan G J. The effects of poverty on children[J]. The future of children, 1997, 7(2):55.

[3] Liu A. Non-Cognitive skills and the growing achievement gap[J]. Research in social stratification and mobility, 2020, 69:100546.

[4] Liu A, Xie Y. Influences of monetary and non-monetary family resources on children's development in verbal ability in China[J]. Research in social stratification and mobility, 2015, 40:59—70.

高、兄弟姐妹少，都与更高的家教可能性和更高的教育成绩有关。[1]同样也是采取追踪研究的设计，基于广东的调查发现，家庭 SES 与儿童的数学、理解性语言、阅读及社会性—情绪这四个领域的发展均具有正向关系，并且家庭 SES 较高的儿童在理解性语言和阅读两个领域的发展速度也更快。通过中介分析发现，家长的教养行为在家庭 SES 与儿童理解性语言和社会性—情绪两个领域的初始水平之间起到了一定的中介作用。[2]

儿童的学业成就不仅受到家庭背景的影响，也受到户口和居住地等结构因素的影响。在我国，这些结构性因素比家庭和个人特征对儿童教育成就的影响更重要。[3]吕梦捷等人的研究评估了家庭背景与结构性因素在决定三个不同国家的儿童学业成就方面的相对重要性。[4]基于中国、美国和德国这三个国家，分析了五个大规模和具有全国代表性的数据集的数据。结果发现，在美国和德国，家庭社会经济地位对儿童学业成就的积极影响比中国大得多，但是结构性因素（如以地点和城乡居住地衡量的因素）的作用比中国小得多。

接下来，基于 CFPS 2018—2020 年的数据，我们来看家长教育程度与儿童发展之间的关系。在以下分析中，我们将用家长的受教育程度来测量家庭背景，家长的受教育程度包括四类：(1)小学及以下；(2)初中；(3)高中；(4)大专及以上。而关于儿童发展的测量主要集中以下两个方面：(1)认知能力的测试，包括数字测试得分和字词测试得分。(2)学业表现，指的是家长评价的孩子在班中上学期平时的语文和数学的相对成绩。选项为 1—4 的定序变量，分别为差、中、良、优。对于学业表现，我们将家长对于语文和数学成绩的评价加总取均值来进行分析。

图 5-1 描述了 2018—2020 年 CFPS 数据中关于家长受教育程度与孩子的认知能力之间的关系。我们从左图中可以看出，家长受教育程度越高，孩子的

---

[1] Zhang Y, Xie Y. Family background, private tutoring, and children's educational performance in contemporary china[J]. Chinese sociological review, 2016, 48(1):64—82.

[2] 任丽欣,胡碧颖.家庭社会经济地位与儿童入学准备发展之间的关系[C]//中国心理学会编.第二十二届全国心理学学术会议摘要集.杭州:第二十二届全国心理学学术会议,2019.

[3] Liu A, Li W, Xie Y. Social inequality in child educational development in China[J]. Chinese journal of sociology, 2020, 6(2):219—238.

[4] Lyu M, Li W, Xie Y. The influences of family background and structural factors on children's academic performances: a cross-country comparative study[J]. Chinese journal of sociology, 2019, 5(2):173—192.

数字测试得分和字词测试得分越高。例如,在数字测试的得分中,受过大专及以上的教育程度的家长比小学及以下教育程度的家长高 1.4 分,而在字词测试中,这两类家长的孩子得分差距为 1.9 分。同样,从右图发现,家长的受教育程度越高,孩子在班中的相对成绩也越好。

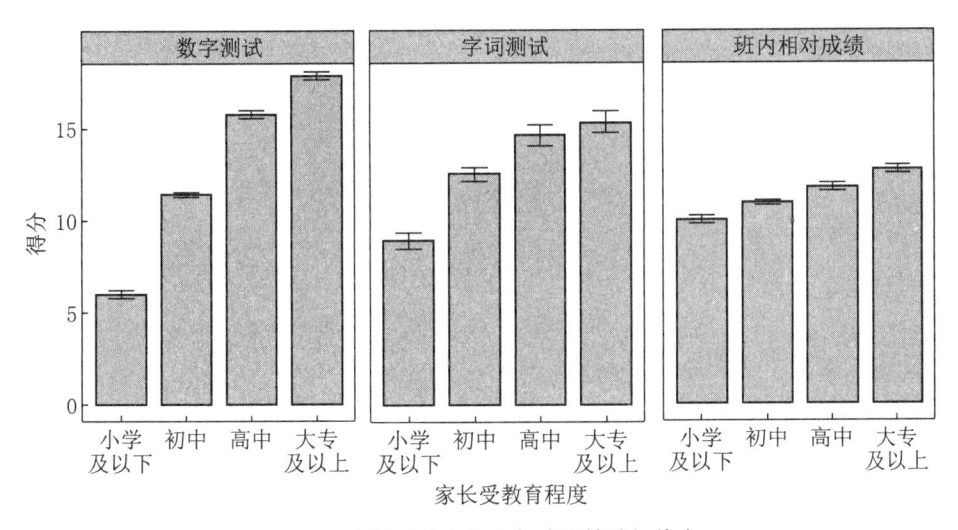

图 5-1　家长受教育程度与孩子的认知能力

资料来源:2018 年中国家庭追踪调查数据。

家庭背景不仅会对孩子的认知能力产生影响,也对孩子的非认知能力的发展具有重要的作用。如图 5-2,我们描述了家长的受教育程度与孩子的专注力之间的关系。CFPS 中询问了家长对于孩子过去三个月一些日常表现的评价,评价这些行为发生的频率是:"从不""偶尔""有时""经常""总是"。我们选取了"游戏时,能够保持注意力集中"和"会花 5 分钟甚至更长的时间去做同一件事"这两个问题来生成关于孩子专注力表现的得分。我们可以看到,家长的受教育程度越高,孩子的专注力表现更好。值得注意的是,对于家长的受教育程度为小学及以下、初中和高中这三组来说,孩子在专注力上的表现分别并没有太大差别(分别为 6.06、6.04 和 6.13),但对于大专及以上学历的家长来说,他们的孩子在专注力上的表现更好。

上述这些结果表明,父母的受教育程度,作为衡量家庭背景的一个重要指标,对儿童的认知能力、学业成就、专注力都具有重要的影响。具体来说,家长的教育程度越高,孩子在认知能力、专注力方面的表现会更好。尤其是对于受

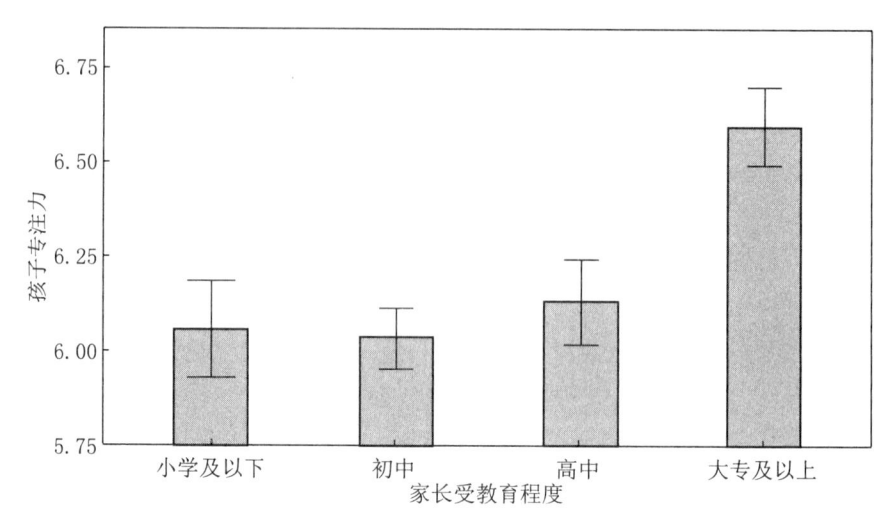

图 5-2 家长受教育程度与孩子的专注力

资料来源：2020年中国家庭追踪调查数据。

过大专及以上教育的家长来说，他们的孩子相较于低学历家长的孩子会更有优势。这从侧面也进一步说明，较高的家庭社会经济地位会将这种优势传递给下一代，进而影响孩子的发展。

二 家庭结构与儿童发展

一些国外的研究揭示了单亲家庭会对孩子的幸福感和教育成就产生负面影响。[1][2]根据家庭生产理论，生活在单亲家庭的儿童，由于其父母用于人力资本投资的资源减少，会降低他们以后的受教育程度。[3]以前的研究将父母离婚与子女教育程度之间的负面关系称为"离婚惩罚"（divorce penalty）。[4]国内这方面的实证研究主要是基于大型追踪调查的数据来展现家庭结构对子女发展的影响。例如，北京大学社会学系的张春泥的一系列研究主要集中展现了离异家

---

[1] Härkönen J, Bernardi F, Boertien D. Family dynamics and child outcomes: an overview of research and open questions. European journal of population, 2017, 33(2):163—184.
[2] Guetto R, Bernardi F, Zanasi F. Parental education, divorce, and children's educational attainment: evidence from a comparative analysis[J]. Demographic research, 2022, 46:65—96.
[3] Krein S F, Beller A H. Educational attainment of children from single-parent families: differences by exposure, gender, and race[J]. Demography, 1988, 25(2):221—234.
[4] Bernardi F, Radl J. The long-term consequences of parental divorce for children's educational attainment. Demographic research, 2014, 30(1):1653—1680.

庭对儿童发展的影响。利用中国家庭追踪调查 2010、2012、2014 三期的数据，张春泥的研究发现，单亲离婚家庭、重组家庭的子女与完整家庭的子女表现并无显著差异，在个别指标上母亲离婚单亲家庭子女的表现甚至更好。[1]反而在完整的家庭中，父母之间的频繁争吵对子女有着严重的负面影响。此外，在另一项研究中，同样也是基于中国家庭追踪调查四期的数据，张春泥研究了离婚和单亲家庭对儿童学习成绩和主观幸福感的影响。研究结果显示，与离婚的单亲母亲生活在一起的儿童的表现与完整家庭的儿童一样好，而与离婚的单亲父亲和继父母生活在一起的儿童则在学习成绩和主观幸福感方面处于不利地位。[2]

虽然父母离婚通常会对儿童的教育产生不利的影响，但是，并不是所有离婚对受其影响的儿童都同样有害。在最近的一项关于美国的研究中，Brand 等（2019）发现，父母离婚确实会降低孩子的教育程度，但只有少数人的受教育程度会降低。[3]换言之，父母离婚只会降低那些父母离婚可能性低的儿童的教育程度，对这些孩子来说，离婚是对其优渥的童年的一个意外冲击。然而，在那些由于社会经济和家庭原因，父母更有可能离婚的儿童中，离婚对他们的教育没有影响。事实上，高风险婚姻中的弱势儿童可能从父母的婚姻不和中受益。鉴于这些发现，研究者认为促进劣势家庭婚姻稳定的政策可能不如解决相关社会经济劣势根源的政策更有效。

通过对 CFPS 2018 年数据的分析，我们展现了家庭结构与孩子认知能力、学业成就以及日常表现之间的关系（图 5-3 和图 5-4）。在 CFPS 中，孩子的行为表现主要是基于家长对孩子以下不同方面的日常观察的评价，这些问题主要针对的是 4 岁及以上的孩子，主要包括：(1)学习很努力；(2)完成作业后会检查；(3)完成作业后才玩；(4)做事时注意力集中；(5)遵规守纪；(6)一旦开始就必须完成；(7)喜欢把物品放整齐。家长被问及在多大程度上同意孩子能够做到上述事情。选项为 1—5 的定序变量，分别为"十分不同意""不同意""既不同意也不反对""同意""十分同意"。我们选取了这几项的均值来评价孩子的学习能力、日常表现及专注力。我们发现，除了数字测试之外，双亲家庭和离异家庭的孩子在

---

[1] 张春泥.当代中国青年父母离婚对子女发展的影响——基于CFPS2010—2014的经验研究[J].中国青年研究，2017(1)：5—16.

[2] 张春泥.中国家庭婚姻破裂对中国子女成就的长期影响[J].北京大学学报(哲学社会科学版)，2020，57(3)：128—139.

[3] Brand J, Moore R, Song X, et al. Why does parental divorce lower children's educational attainment? A causal mediation analysis[J]. Sociological science, 2019, 6:264—292.

字词测试、班内相对成绩和孩子日常表现这几个方面都存在着显著差异。具体来说,虽然离异家庭的孩子在数字测试方面的得分要比双亲家庭的孩子高,但是在其他方面的表现上,无论是在字词测试、班内相对成绩,还是孩子日常表现这几个方面来看,双亲家庭的孩子的表现都更好。但值得注意的是,上述结论都是未控制其他因素的影响下的描述性分析的结果,因此可能与以往实证研究的结论有所出入,我们期待以后会有更多的实证研究参与讨论。

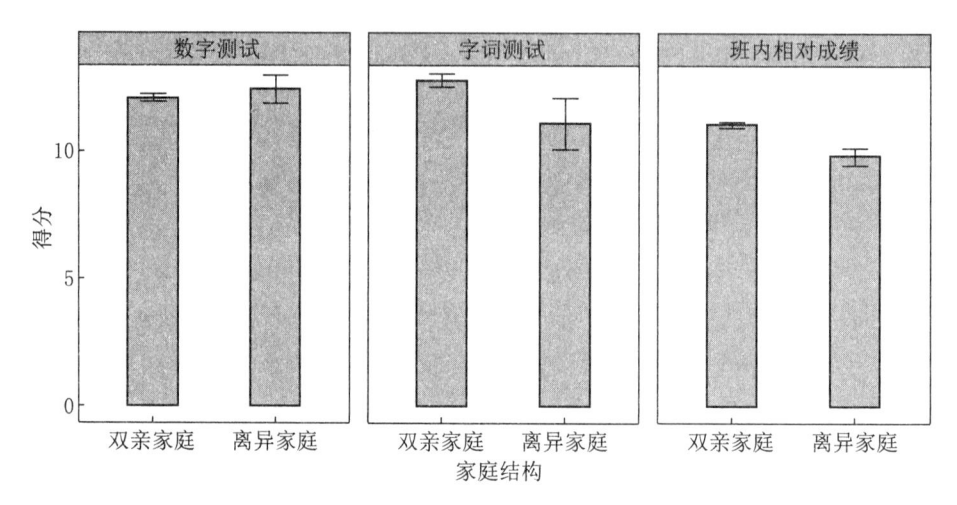

图 5-3　家庭结构与孩子的认知能力

资料来源:2018 年中国家庭追踪调查数据。

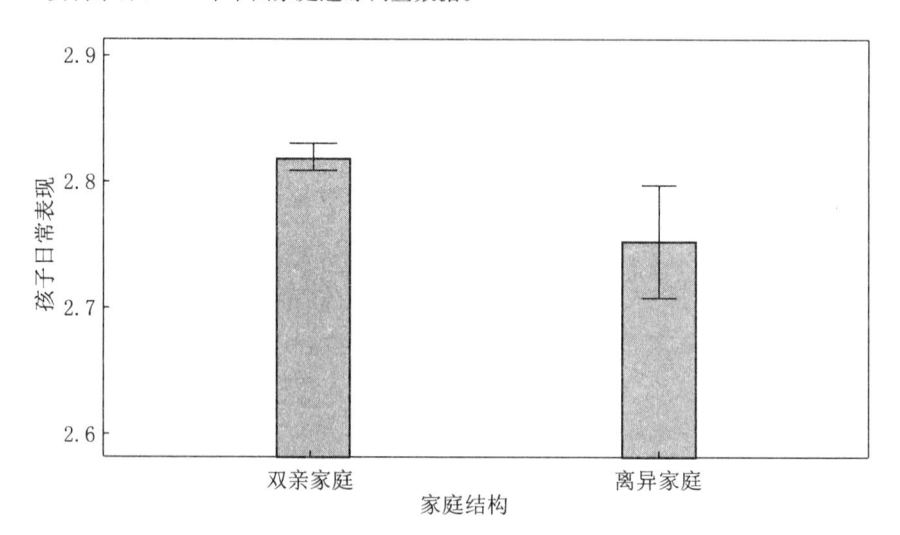

图 5-4　家庭结构与孩子日常表现

资料来源:2018 年中国家庭追踪调查数据。

除了离异家庭之外,关于中国留守儿童的发展现状也是学者们关注的焦点。由于流动的成本和不确定性,许多儿童经历了与父母的分离。在中国,据第七次人口普查数据显示,2020 年中国的流动人口规模达到了 3.76 亿人,而流动人口子女规模约 1.3 亿人,超过中国儿童总数的 40%,其中流动儿童为 7 109 万人。[①]基于中国社会流动儿童的基本情况,许多研究者开始利用全国性的调查数据来分析人口流动所带来的家庭不稳定对儿童各个方面的影响。Lu 等利用一项新的具有全国代表性的中国儿童调查来研究留守儿童的心理和认知发展。[②]在分析中,他们重点比较了农村儿童的几个主要群体:非流动人口家庭的农村儿童、父母一方外出流动的农村留守儿童和父母双方都外出流动的农村留守儿童。与此同时,他们还将农村儿童与两组城市儿童,即流动人口儿童(随迁子女)和非流动人口家庭的城市儿童进行了比较。他们的研究结果发现,父母双方(而非一方)都外出的农村留守儿童在心理健康和认知发展方面都比与父母双方生活在一起的农村儿童要差。留守儿童的劣势与他们的照顾者的情绪健康、养育方式和教育有关。他们还进一步发现,在儿童的认知发展方面存在明显的城乡差异。在另一项关于中国农村儿童的研究中,Lu 等则将父母的外出流动概念化为一个动态的家庭过程,即父母外出流动使得儿童随时面临父母不在身边和家庭不稳定的情况[③]。通过详细的迁移历史,他们确定了中国农村儿童在整个童年时期(1—12 岁)的留守轨迹,并研究了其对心理健康的影响。与生活在稳定的双亲家庭中的儿童相比,持续被双亲留下的儿童和经历过严重家庭不稳定的儿童在心理发展方面的表现都更差。

通过 CFPS2018 年的数据,我们展现了不同的家庭结构类型的儿童在认知能力和学业成就方面的表现。根据以往的研究,通过比较当前的户籍类型与当前的居住类型,我们将儿童分为农村儿童、留守儿童、流动儿童和城市儿

---

① 魏佳羽.在一起! 中国流动人口子女发展报告 2022[R/OL].(2022-07-04). https://zhuanlan.zhihu.com/p/537396985.

② Lu Y, Yeung W J J, Treiman D J. Parental migration and children's psychological and cognitive development in China: differences and mediating mechanisms[J]. Chinese sociological review, 2020, 52(4):337—363.

③ Lu Y, Zhang R, Du H. Family structure, family instability, and child psychological well-being in the context of migration: evidence from sequence analysis in China[J]. Child development, 2021, 92(4):e416—e438.

童四种类型。①②③具体来说,农村儿童指的是拥有农村户口,与出生时居住在同一县城,目前居住地被归类为农村,但与父母双方共同居住的儿童;流动儿童是跟随父母或父母一方从乡村到城市,现在居住在城市,但是拥有农村户口的儿童;留守儿童是指生活在农村的非移民儿童,其父母中至少有一人已迁往城市居住;城市儿童指的是拥有城市户口,并且居住在城市的儿童。如图5-5所示,相比农村儿童、留守儿童、流动儿童,城市儿童在数字测试和字词测试方面的表现要更好,而在学业成就方面,则没有显著的差异。在这些不同组别中,留守儿童在认知能力和学业成就方面的表现都是最差的,尤其是在字词测试方面,与其他组别的差异更大。

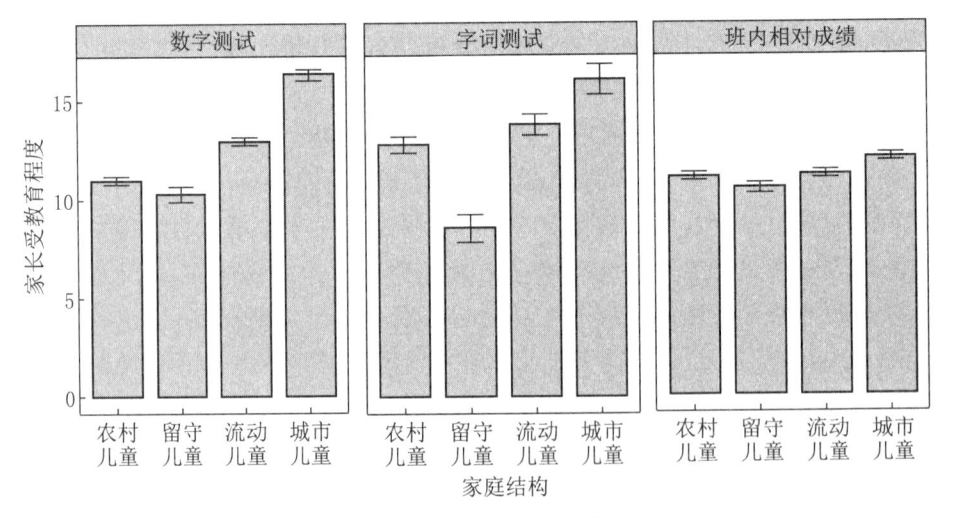

图 5-5 家庭结构与孩子日常表现

资料来源:2018年中国家庭追踪调查数据。

总之,不同的家庭背景或家庭结构都会对儿童的心理和认知发展产生影响。基于不同的教育程度和社会经济背景,父母会采取不同的家庭教育策略,而这些家庭教育策略会进一步影响儿童的认知能力和非认知能力的发展,并

---

① Chan, K. W. and Zhang, L. The hukou system and rural-urban migration in China: processes and changes[J]. The China quarterly, 1999, 160:818—855.
② Cheng T, Selden M. The origins and social consequences of China's hukou system[J]. The China quarterly, 1994, 139:644—668.
③ Xu H, Xie Y. The causal effects of rural-to-urban migration on children's well-being in China [J]. European sociological review, 2015, 31(4):502—519.

加剧育儿方面的不平等。我们将在下面的分析中着重讨论这些不同的影响路径。

第三节 家庭教育对儿童发展的影响

许多研究探讨了儿童发展的潜在决定因素,例如儿童家庭收入和家庭结构、父母教育、母亲的工作等。在社会学中,自从经典的 Blau-Duncan 模型揭示了家庭背景和教育之间的高度相关性以来,大量文献一直致力于研究家庭特征影响儿童发展的机制。[1]教育期望长期以来被认为是父母将家庭优势或劣势传递给子女的重要途径,对于社会成就的获得具有重要的作用。[2]这些研究都表明,学生的教育成就和成绩受到他们对自己的教育期望和他人对他们的期望的积极影响。

家庭教育受到家庭社会经济地位的限制,对儿童的发展过程发挥着重要的中介作用。[3]除了家庭层面的社会经济地位和资源的差异,儿童的非认知技能或社会情感技能的差异,如动机、自我控制、抱负以及其他在态度和行为上表现出来的社会心理特征,也是造成儿童发展不平等的原因,而这些行为特征与表现也与家庭教育的投入息息相关。尽管不可能完全准确地说明家庭教育的哪些特征有利于认知发展,但一些研究表明,这些特征包括:父母对儿童行为的反应,各种积极的亲子互动和交流模式,儿童与父母和其他人的一系列有趣、多样和有意义的经历和活动等。[4]因此,家庭教育不仅受到父母时间或经济状况的约束,也受制于父母持续关注、参与、监督孩子的发展所需要的精神投入。根据孩子的发展状况,家庭教育需要不断调整以适应儿童发展各个阶段所面临的挑战。

家庭教育作为一个复杂的概念,具有不同的意涵。结合以往的研究,本节将家庭教育归纳为以下三个维度:(1)父母参与;(2)父母教育观念;(3)父母教育期望,从而进一步探讨这些维度对儿童的认知能力和非认知能力的影响。

---

[1] Blau P M, Duncan O D. The American occupational structure[M]. New York: Wiley, 1967.
[2] Robert B, Karl A, Doris E, et al. Framing the future: revisiting the place of educational expectations in status attainment[J]. Social forces, 2010(5):2027—2052.
[3] 周皓.家庭社会经济地位、教育期望、亲子交流与儿童发展[J].青年研究,2013(3):16.
[4] Rutter M. Family and school influences on behavioural development[J]. Journal of child psychology and psychiatry, 1985, 26(3):349—368.

一　父母参与对儿童发展的影响

长期以来,父母参与(parental involvement)对儿童发展的重要性已得到社会学家们的认可,并且得到了越来越多的关注。父母参与涵盖了各种各样的父母行为模式和养育方式,学前阶段的父母参与是日后儿童发展的强有力预测指标,父母参与程度不同的儿童进入小学教育时,他们在语言和数学能力上存在着显著差异。亲子活动,比如阅读和日常沟通交流能够提高子女的学业成绩和非认知能力。父母参与有助于进一步缩小因家庭资本、学业基础导致的发展不平等。[①]因此,了解父母参与的不同方面对儿童发展的影响具有重要意义。

CFPS收集了关于家长的教育参与以及每月父母与孩子之间的亲子互动的频率的详细信息。关于家长教育参与的测量,主要有两个指标:第一个指标测量的是家长对子女教育的直接参与,包括四个题目:(1)当这个孩子在学习时,您会经常放弃自己喜欢的电视节目吗?(2)自本学年开始以来,您经常和这个孩子讨论学校的事情吗?(3)您经常要求这个孩子完成家庭作业吗?(4)您经常检查这个孩子的家庭作业吗? 家长被问及参与这些活动的频率,选项为1—5的定序变量,分别表示"从不""很少""偶尔""经常""很经常"。我们将这四道题加总取均值进行分析。

第二个指标测量的是家长对于子女教育的间接参与,我们主要考察了两个方面,一是家长为孩子在市场上购买的教育服务,由孩子是否上辅导班反映。二是亲子互动,CFPS询问了家长在以下七个方面与孩子互动的频率:(1)讲故事;(2)买书;(3)出游;(4)识数;(5)识字;(6)辨认色彩;(7)辨认形状。其中只对0—3岁的孩子询问了识数、辨认色彩和辨认形状这三个方面的频率,而对3—6岁的孩子询问了关于讲故事、买书、出游和识字这四个方面的频率。选项为1—5的定序变量,分别表示"一年几次或更少""每月一次""每月两三次""一周数次""每天"。我们选取了这几项的均值作为亲子互动的频率进行分析。

接下来,我们将基于CFPS 2020年的数据具体分析家长的教育参与及每月亲子互动的频率分别与孩子的认知能力以及学习能力的关系。图5-6报告了是否上辅导班与孩子的认知能力和学业表现之间的关系。可以看到,上辅导班的孩子在数字测试和字词测试上的得分更高(分别高出1.2分和1.6分),在班里的

---

① 李波.父母参与对子女发展的影响——基于学业成绩和非认知能力的视角[J].教育与经济,2018(3):11.

学习成绩也更好(6.2分)。图5-7进一步展现了上辅导班的孩子在专注力上面的表现(6.44)比不上辅导班的孩子(5.97)更好。需要指出的是：在这里，我们用是否上辅导班来反映家长对子女教育的间接参与。在现实中，上辅导班也与家庭收入、父母教育期待等相关。因此这里的发现并不能解读为上辅导班一定能够提高孩子的学习成绩。辅导班对孩子发展的因果影响还需要更加严谨的实证研究。

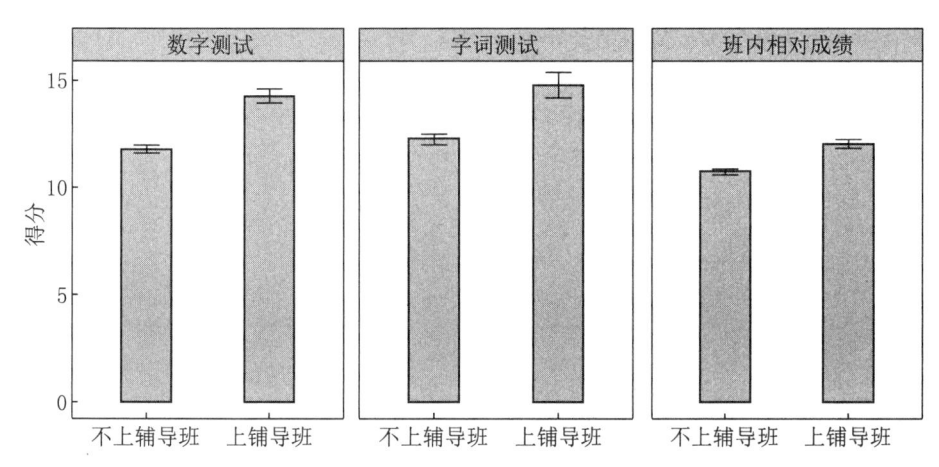

图5-6 是否上辅导班与孩子的认知能力和学业表现

资料来源：2020年中国家庭追踪调查数据。

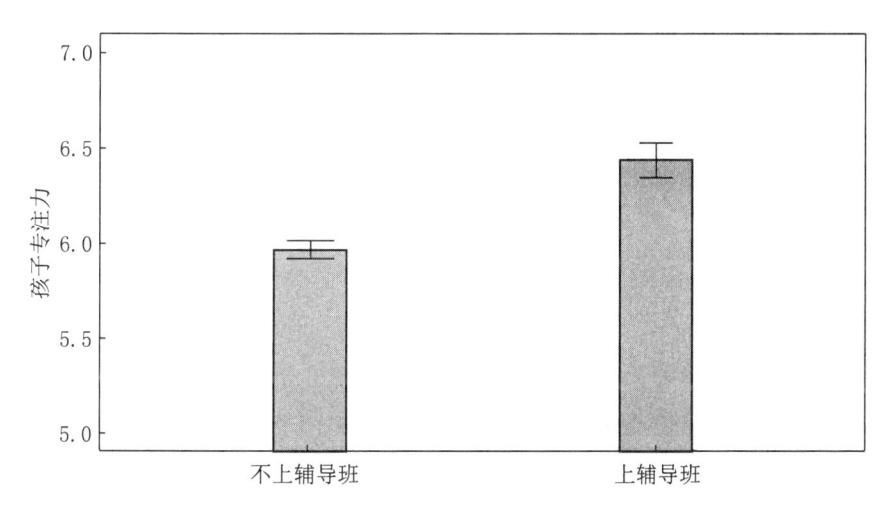

图5-7 是否上辅导班与孩子的专注力

资料来源：2020年中国家庭追踪调查数据。

亲子互动也是父母参与的一个重要方面，如何通过有效的亲子互动培养父母与孩子之间的信任一直是育儿实践中的难题。作为一种以家庭为基础的父母参与形式,亲子互动有助于帮助我们进一步了解家庭中的育儿实践是否会对儿童的发展产生积极的影响。图5-8展现了3岁以下和3—6岁这两个年龄阶段,每月亲子互动的频率和孩子的专注力之间的关系,在这里我们并未控制其他变量。可以看到,无论是哪个年龄阶段,亲子互动的频率对孩子的专注力都有积极的作用,具体表现为,每月的亲子互动的频率越高,孩子的专注力越好。如果我们直接比较亲子互动与孩子专注力之间关系的斜率,可以进一步发现,这种相关关系对于3岁以下的孩子的影响会更大。也就是说,对于3岁以下的孩子来说,亲子互动作为一种参与式陪伴,对于孩子在非认知能力的发展是有积极影响的。虽然由于数据限制,亲子互动的频率无法用来直接测量亲子互动的质量,但也在一定程度上揭示了亲子互动是父母参与育儿时不可忽视的一个重要方面。

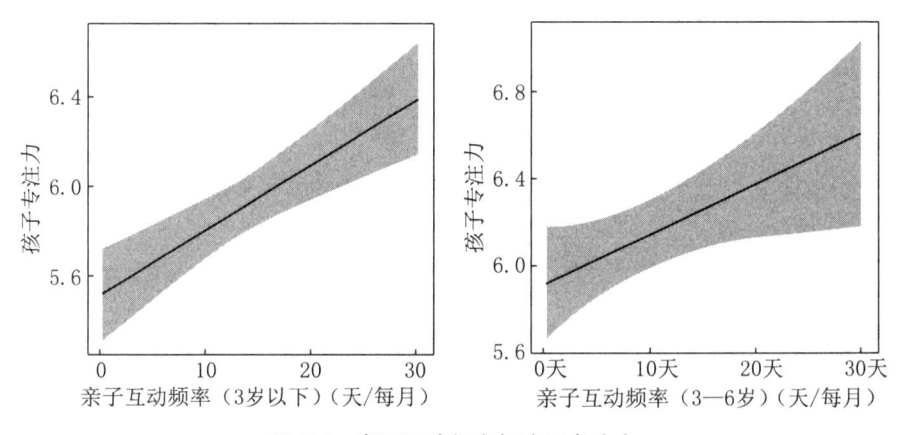

图 5-8 亲子互动频率与孩子专注力

资料来源:2020年中国家庭追踪调查数据。

基于CFPS 2020年的数据,图5-9描述了亲子互动频率和孩子能力(即日常表现)之间的关系。我们可以看到,对于3—6岁的儿童来说,每月的亲子互动频率与孩子的能力之间并没有显著的相关关系。这有两个可能的解释:一是可能与孩子的发展阶段有关。许多研究都表明,0—3岁是儿童发展的重要阶段,3岁以后的儿童在各方面的表现日趋成熟稳定,尤其是对于孩子能力的塑造方面。因此,对于3—6岁的儿童来说,亲子互动对于孩子的能力表现并没有显著的影响。二是CFPS中有关亲子互动方面的测量主要是基于互动频率,可能没有捕捉到亲子互动其他重要的维度,例如互动的类型与质量可能也会进一步影响儿童的发展。

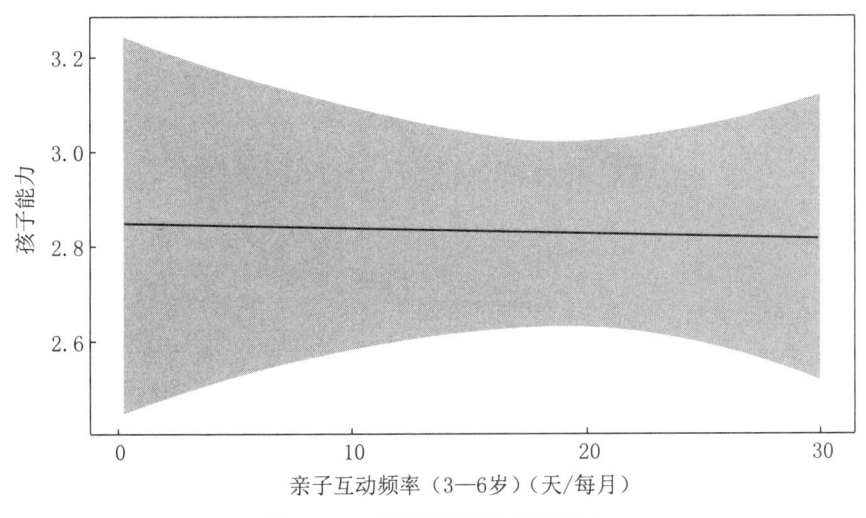

图 5-9　亲子互动频率与孩子能力

资料来源:2020 年中国家庭追踪调查数据。

接下来,利用 SUNS 2017 年的数据,我们展现了亲子互动与儿童日常表现以及学习表现之间的关系。与 CFPS 中的问题不同,关于亲子互动的信息,SUNS 主要询问了家长有多经常与孩子从事以下活动:(1)讨论书籍、电影或电视;(2)讨论他在学校的表现;(3)陪他一起吃晚饭;(4)花时间与他聊天;(5)与他一起去书店、图书馆或博物馆;(6)辅导他做功课。选项为 1—4 的定序变量,分别表示"几乎从不""一或两月一次""一或两周一次""几乎每天"。我们选取了这几项的均值来进行分析。关于孩子的日常行为表现,SUNS 使用了与 CFPS 相同的测量,在接下来的分析中,我们主要区分为日常行为表现和学习表现。从图 5-10 可以看出,亲子互动对儿童的日常表现和学习表现都有积极的影响。

上述结果表明,父母教育参与和亲子互动作为父母参与的两个重要方面,对于儿童的认知能力、专注力、学习表现方面具有重要的影响。比如,尤其是对于 3 岁以下的孩子,诸如识数、辨认色彩和辨认形状这样的亲子互动对于孩子的认知能力的发展非常有益。我们发现上海的代表性数据也支持了这一结论,当亲子互动作为一种高质量的陪伴时,基于不同维度的互动(包括辅导家庭作业、谈论学校事务、参加文化或艺术类活动)不仅有利于提高儿童在日常行为和学习上的表现,也对儿童的社会和文化资本的塑造有潜移默化的影响。因此,当我们关注亲子互动所带来的影响的时候,互动的频率固然重要,互动的类型和质量也应该引起足够的重视。

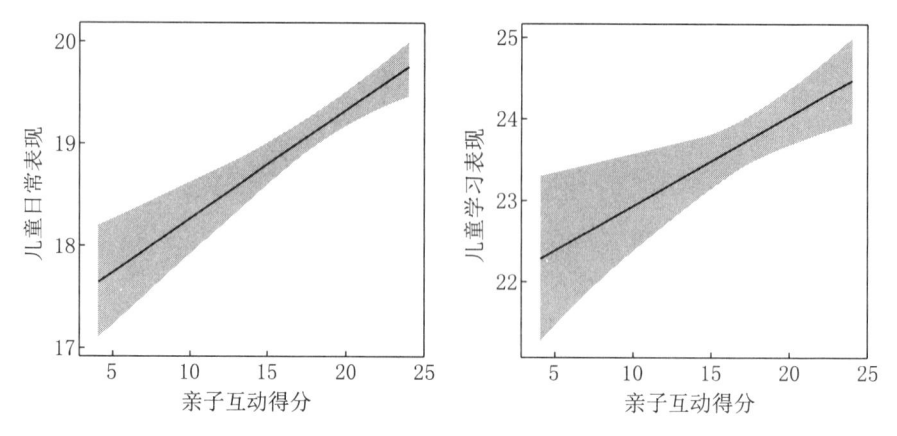

图 5-10　亲子互动与儿童表现

资料来源:2017年上海都市社区调查数据。

二　父母教育观念与儿童发展

在发展心理学和社会学里,有一个研究传统,是将儿童的发展与他们所经历的教养方式联系起来。50多年前,"教养方式"的概念在发展心理学中被正式确定下来,作为描述父母对其子女的监管和管教方式的一种手段。具体来说,教养方式被认为是一种投资,不仅取决于时间和市场商品的投入,还取决于注意力或认知努力的投入。[①]根据父母对子女的监管和自由的相对重要性,鲍姆林德提出了三种养育方式的类型:放任型、专制型和权威型。[②]后来,这个分类不断被扩展以适应更广泛的父母养育行为。总的来说,无论社会经济状况如何,培养父母支持其子女发展的能力是打破代际贫困的重要一步。有效的养育方式也可以保护儿童避免在不利条件下成长所受到的许多负面影响。

在以下分析中,我们展现了父母的养育观念与孩子的学习成绩以及孩子的专注力之间的关系。对于CFPS 2020年数据,我们选取了两个家长认为影响孩子未来成就的因素,即(1)受教育程度对孩子未来成就有多重要;(2)努力程度对孩子未来成就有多重要。0分表示最不重要,10分表示最重要。图5-11

[①] Cobb-Clark D A, Salamanca N, Zhu A. Parenting style as an investment in human development[J]. Journal of population economics, 2019, 32(4):1315—1352.

[②] Baumrind D. Effects of authoritative parental control on child behavior[J]. Child development, 1966:887—907.

表明，家长越是认为受教育程度和努力程度对孩子未来成就更重要，孩子在班内的相对成绩就越高。此外，图 5-12 和图 5-13 关于父母养育观念与孩子专注力和行为表现的关系也进一步说明了父母的教养方式在儿童发展过程中所起到的不可或缺的作用。具体来说，父母的养育观念不仅对孩子的学习成绩有着正面的影响，也对孩子的专注力、行为表现有着积极作用。

除了养育观念之外，具体的养育行为也对儿童的认知发展和非认知技能形成至关重要。接下来，我们将以上海的数据为例，展现养育行为与儿童发展之间的关系。SUNS 2017 年收集了关于养育行为和亲子互动的信息。关于养

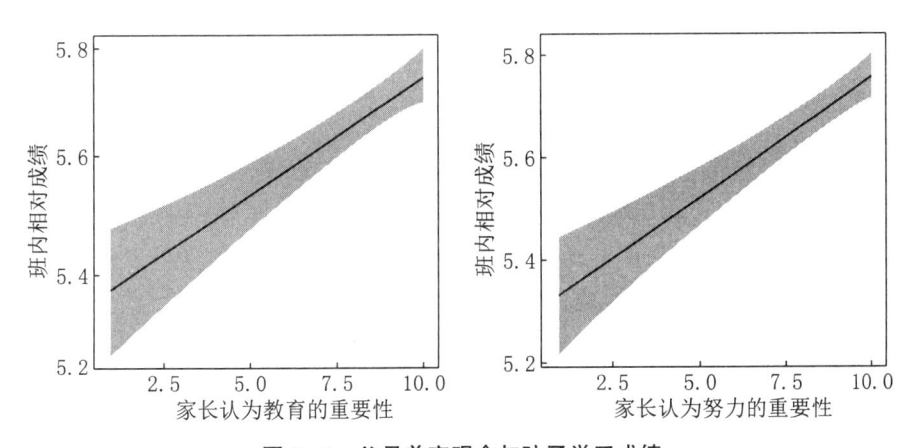

图 5-11　父母养育观念与孩子学习成绩

资料来源：2020 年中国家庭追踪调查数据。

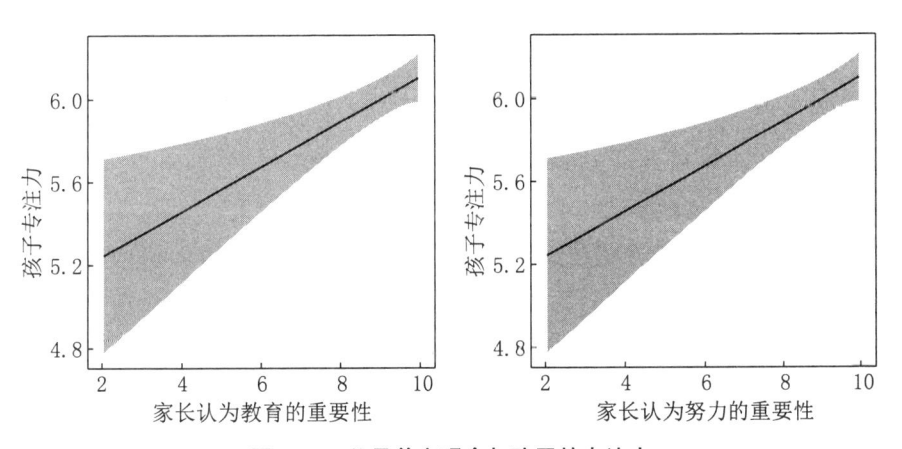

图 5-12　父母养育观念与孩子的专注力

资料来源：2020 年中国家庭追踪调查数据。

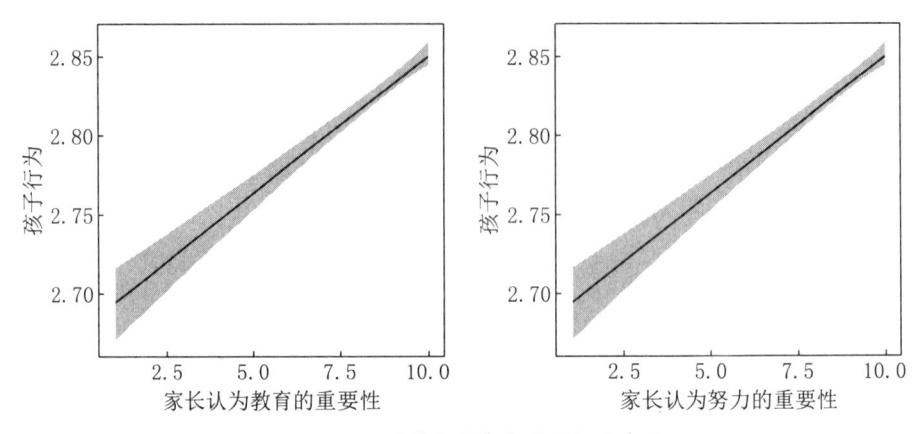

图 5-13 父母养育观念与孩子行为表现

资料来源:2020年中国家庭追踪调查数据。

育行为,SUNS询问了家长平时对小孩的教养情况,包括:(1)当他表现不好或犯错时,您会不会严厉的责骂或处罚他?(2)当他的表现不好或犯错时,您会不会告诉他不要伤父母的心或做让父母丢脸的事?(3)当他学业表现不错或有进步时,您会不会称赞或奖励他?(4)当他有好的行为表现时,您会不会称赞或奖励他?(5)与他有关的事,您会不会让他自己决定?家长被问及他们在多大程度上同意这些描述。选项为1—5分的定序变量,分别表示"十分不同意""不同意""一般""同意"及"十分同意"。结合中国的具体情境,我们依据通常的分类方法,将父母的养育行为分为惩罚型、鼓励型和民主型三类。关于孩子的日常行为表现,SUNS使用了与CFPS相同的测量,在接下来的分析中,我们主要区分为日常表现和学习表现。

图 5-14 展现了养育模式与儿童日常表现之间的关系。可以看到,对于惩罚型的养育行为来说,儿童的日常表现会更差。而对于鼓励型和民主型的家长来说,无论是家长的鼓励和称赞,还是放手让孩子自己做决定,都对孩子的日常表现有积极的影响。图 5-15 描述了家长的养育模式与孩子的学习表现之间的关系。基于养育模式的三种分类,我们可以看到,惩罚型对孩子的学习表现并无积极影响,但是民主型的养育模式对孩子的学习表现有积极的影响。值得注意的是,与儿童日常表现有所不同的是,对于鼓励型的养育模式来说,家长对孩子的鼓励式教育对孩子的学习表现并没有显著的正向影响。

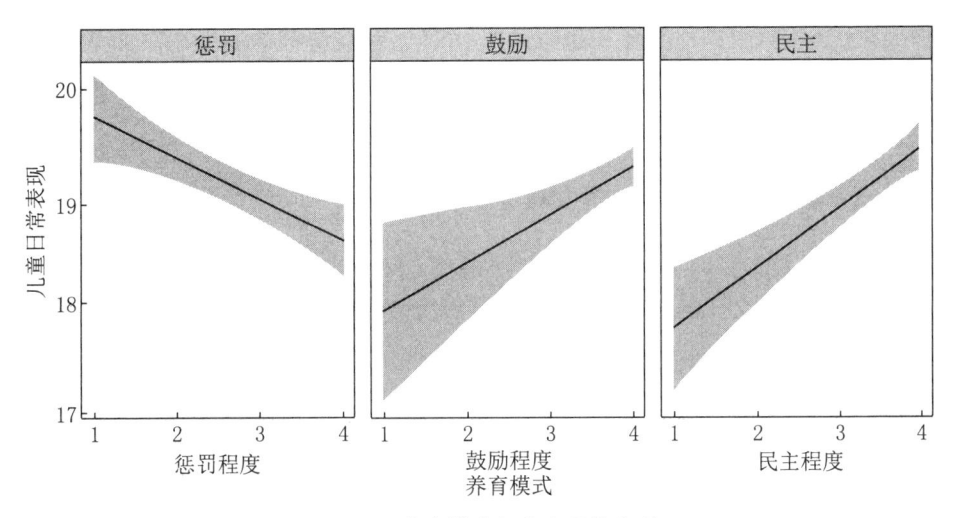

图 5-14　养育模式与儿童日常表现

资料来源：2017年上海都市社区调查数据。

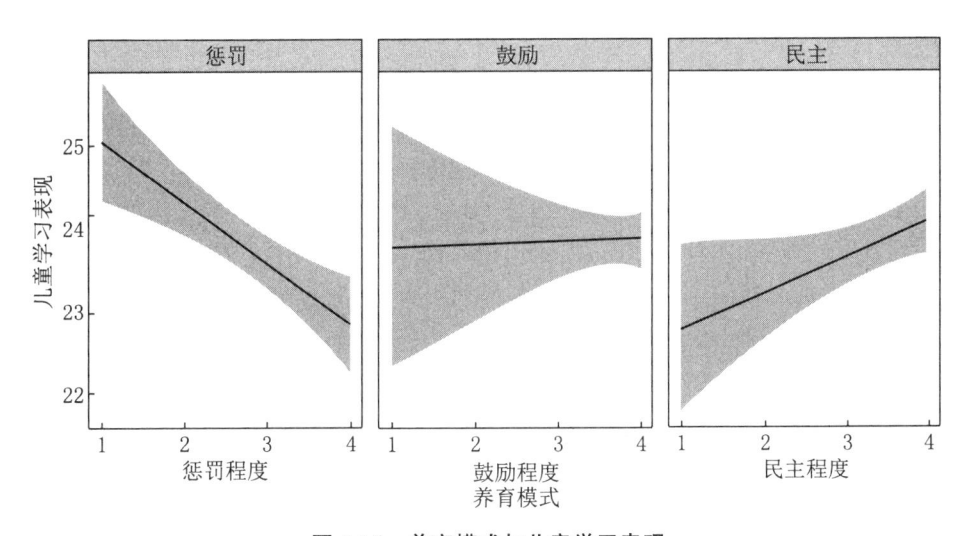

图 5-15　养育模式与儿童学习表现

资料来源：2017年上海都市社区调查数据。

综上，为了衡量父母的教育观念，我们从父母的养育观念和养育行为出发，探讨了这些观念和行为对儿童认知和非认知能力发展的影响。养育观念主要选取了父母对教育和努力的重要程度的观念，养育行为则主要划分为惩罚型、鼓励型和民主型这三种类型。基于这些不同的维度，我们发现，就养育观念而言，受到传统儒家文化的影响，中国父母会更重视教育和努力对孩子未来发展的影响，而这种教育观念也会潜移默化地促进孩子的发展。而从养育行为来看，相比惩罚型的教育方式，鼓励型和民主型的教养方式会带来更为积极的发展结果。

三　家长教育期望与儿童发展

在过去关于东西方教育差距的研究中，文化的作用得到了极大的关注。然而，对于不同文化的社会中家庭背景与教育态度之间的关系是否不同，研究还相对缺乏。在美国，高社会地位的家长对孩子抱有更高的教育期望，并通过纳入有组织的活动来促进孩子的教育成果。[1]与西方相比，在东亚社会中，家庭背景与教育期望之间的关联要更弱，东亚社会的父母对子女的教育期望并不会因为家庭社会经济资源的不同而有很大差异。[2]在东亚社会，人们更有可能采取有利于学业成功的态度和做法，如更严格的工作道德和更高的教育期望。一些在中国、日本和韩国的经验研究发现，对教育的重视对儿童的成就非常重要。[3][4][5]

接下来的分析中，我们将使用CFPS的调查数据来探讨中国父母的教育期望对于儿童发展的作用。在进行分析的时候，我们将家长的教育期望分为以下四类：(1)高中及以下；(2)大专；(3)本科；(4)研究生及以上。图5-16展示了家长教育期望和孩子认知能力之间的关系。分析发现，家长的教育期望越高，孩子在数字测试和字词测试中的得分都越高。相比之下，教育期望最高的一组（研究生及以上）与教育期望最低的一组（高中及以下）在数字测试和字词测试方面的差距分别有2.7分和2.8分。与认知能力的表现类似，家长的教育期望越高，孩子在班里的相对成绩越好。这进一步说明，家长的教育期望会影响孩子的学业表现。

---

[1] Lareau A. Unequal childhoods: class, race, and family life[M]. Oakland: University of California Press, 2011.
[2] Li W, Xie Y. The influence of family background on educational expectations: a comparative study[J]. Chinese sociological review, 2020, 52(3):269—294.
[3] Byun S Y, Kim S K K. Revisiting the role of cultural capital in east Asian educational systems: the case of South Korea.[J]. Sociology of education, 2012, 85(3):219—239.
[4] Liu A, Xie Y. Influences of monetary and non-monetary family resources on children's development in verbal ability in China[J]. Research in social stratification and mobility, 2015, 40:59—70.
[5] Yamamoto Y, Brinton M C. Cultural capital in east Asian educational systems: the case of Japan[J]. Sociology of education, 2010, 83(1):67—83.

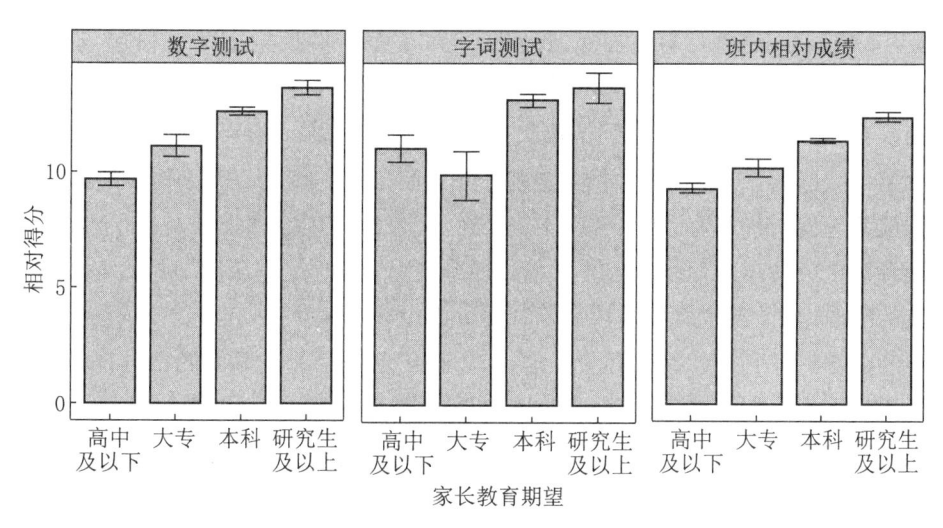

图 5-16　家长教育期望与孩子认知能力和学业表现

资料来源：2018/2020 年中国家庭追踪调查数据。

图 5-17 展示了家长的教育期望与孩子专注力之间的关系。在分析中，我们主要选取了孩子的专注力这一维度来看孩子的行为表现。我们发现，家长的教育期望为高中及以下和大专的这两组孩子，他们在专注力上面的表现并没有太大差异，分别为 5.48 和 5.36。相比之下，父母的教育期望为本科和研究生及以上的这两组孩子，他们在专注力上的表现会更好，分别为 5.74 和 5.97。

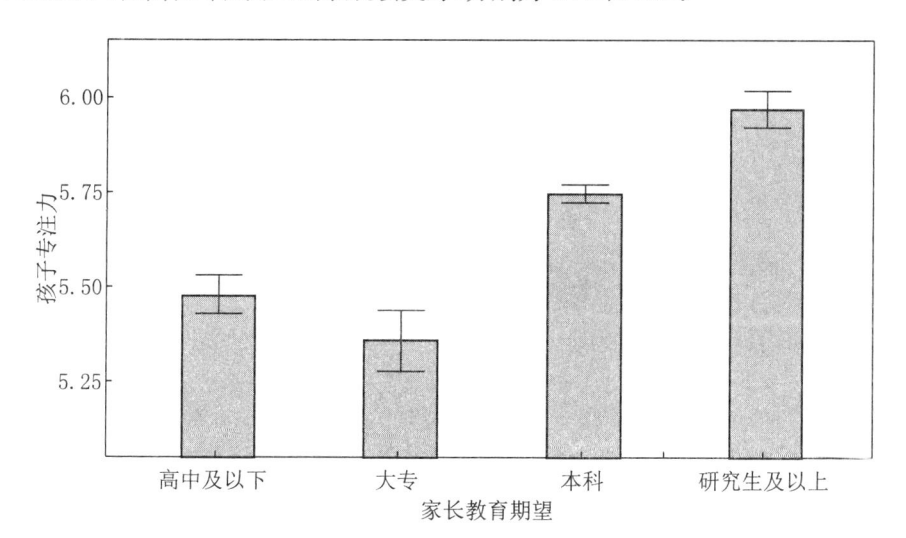

图 5-17　家长教育期望与孩子专注力

资料来源：2020 年中国家庭追踪调查数据。

除了家长的教育期望之外,我们也选取了家长的期望成绩来看它与孩子的数字、字词测试得分以及孩子的行为表现与能力之间的关系(图 5-18 和图 5-19)。CFPS 问卷中询问了家长对孩子的期望成绩,具体的问题是"如果满分是 100 分,您期望孩子的平均成绩是多少?"在图 5-18 中,我们选取了家长期望成绩为 60 分及以上的样本,可以看到,家长的期望成绩如果在 60—85 分,随着期望成绩越高,孩子的数字测试得分也越高,但是在期望成绩为 85—90 分的时候,家长期望成绩与数字测试得分则没有太大关系,甚至在期望成绩高于 90 分以上的时候,家长期望成绩越高,孩子在数字测试方面的得分也越差。类似的情况也发生在字词测试的得分上,如果家长的期望成绩为 60—90 分,则随着家长的期望成绩越高,孩子的字词得分也越好。但是当家长的期望成绩超过 90 分的时候,这一关系将不再明显。也就是说,这个时候家长的期望成绩越高,孩子的字词得分反而会呈现出略微下降的趋势。图 5-19 则展现了家长的期望成绩与孩子行为表现之间的关系。可以看到,家长的期望成绩越高,孩子的行为表现也越高。

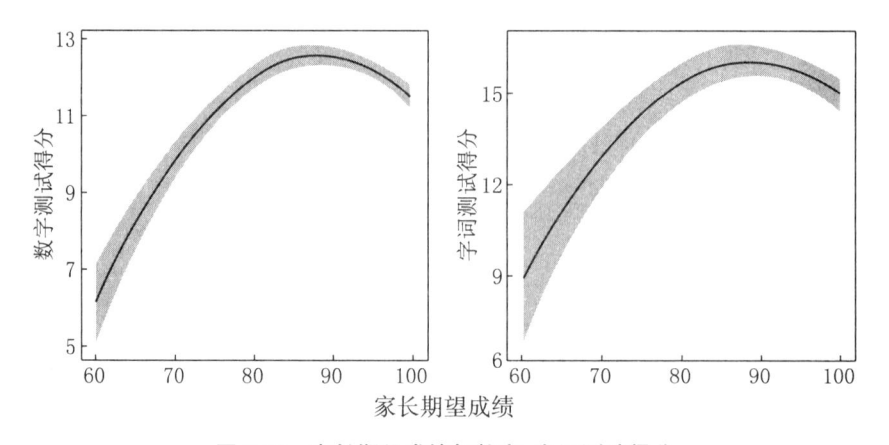

图 5-18　家长期望成绩与数字、字词测试得分

资料来源:2018 年中国家庭追踪调查数据。

综上所述,家长教育期望对孩子的认知能力和学业表现都有积极的影响。父母较高的教育期望会潜移默化地影响孩子,从而促进孩子的学习动力和行为表现。与西方社会不同的是,无论家庭的社会经济地位如何,在中国,父母和孩子都拥有更高的教育期望。这种差异可能与儒家文化重视教育的传统有关。

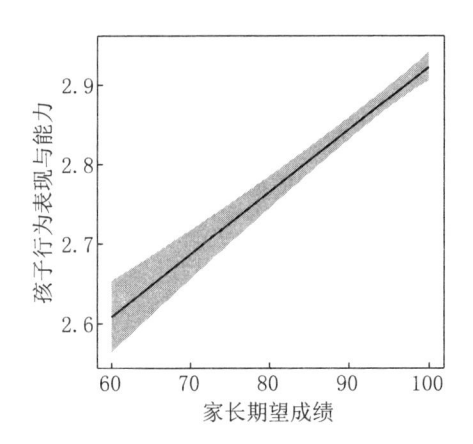

图 5-19　家长期望成绩与孩子的行为表现与能力

资料来源：2020 年中国家庭追踪调查数据。

第四节　小　结

基于 CFPS 2018—2020 年和 SUNS 2017 年数据的实证分析，本章的主要发现和讨论如下：

第一，家庭背景对于儿童发展有较大的影响。家庭的社会经济地位（如父母的受教育程度）不仅对孩子的数字和字词测试以及学业成就有影响，也对一些非认知的能力，比如对孩子的专注力有着积极的影响。此外，不同的家庭结构（例如，离异家庭和留守儿童家庭）也会对孩子的社会性发展和心理健康产生影响。然而，既有的研究往往关注家庭背景对于大学教育获得的影响，而缺乏对儿童时期的认知能力、非认知能力以及学业成就的影响机制的探讨，即家庭背景是如何影响不同家庭选择适合自己的家庭教育策略的。很少有实证研究证明家庭的社会经济地位对孩子未来成就的影响是如何被不同的家庭教育策略所解释的，这也是在未来的研究中需要关注的重要议题。

第二，不同家庭教育策略的选择对于儿童发展具有重要的作用。父母参与、父母养育观念以及家长教育期望这些维度都对儿童的学业成就、认知与非认知能力的发展具有重要的影响。在父母参与方面，我们通过父母的教育参与和亲子互动这两个指标，发现父母的教育参与，无论是直接参与还是间接参与，都对孩子的认知能力和学业成就大有好处，亲子互动频率对孩子的专注力有积极的作用。在父母养育观念方面，家长认为教育的重要性和家长认为努力的重要性这两个维度都是影响儿童学业成就、学习能力和非认知能力的重要因素,民主的养育模式也比惩罚型的养育模式有更好的效果。当然,由于数据的限制,如何准确有效地测量这些不同的维度和指标是值得进一步商榷的,这也为以后的研究设计提供了有价值的参考。事实上,家庭背景和家庭教育对于儿童发展的影响不是独立存在的,家庭教育作为影响儿童发展的重要路径,值得研究者们进一步探索。本章尝试从父母参与、父母养育观念以及家长教育期望来探讨家庭教育的具体表现,而家庭教育作为一个复杂的概念,还有其他被忽视的理论意涵,有待未来的社会科学研究中进行补充。

第三,在上述发现中我们可以看到,在我国,家庭背景、家庭教育与儿童发展之间的关系是复杂的。我们的报告对于这一方面的描述仍然相当有限,基于中国的城乡二元结构,不同社会经济地位的家庭在儿童发展上存在着结构性的差异。也正因为如此,家庭教育的投入才显得如此重要,许多学者也开始关注如何通过一些早期干预的研究项目来帮助父母建立更为科学的养育模式,达到更高质量的教育投入,促进儿童在学业成就和非认知技能(例如,学习动机、学习态度、学习行为)上的表现。上述这些努力都表明,如何提高低社会经济地位的孩子在学业成就和认知能力上的发展,从而减少基于家庭背景所带来的一系列差距,需要引起研究者和政策制定者们关注。

最后,值得注意的是,本章所描述的都是两个变量之间的相关关系,而不是致力于探索两者之间的因果效应。但是基于对以往研究的梳理,我们努力展现了不同家庭社会经济地位的孩子在不同年龄阶段、不同发展方面所表现出的差异,这些描述性的分析在一定程度上也符合以往实证研究的结论。除此之外,我们将家庭教育作为一个重要的影响机制来展现家庭背景与儿童发展之间的关系,这一尝试本身是具有研究意义的。在未来的研究中,我们将使用更好的数据和测量,尝试探索因果关系和检验这些因果关系背后的机制。

附录　中国儿童发展干预项目及评估

第一节　中国早期儿童发展干预项目实施背景

儿童发展大致可以分为0—6岁、6—12岁以及12—18岁三个阶段。其中,儿童早期发展尤其得到关注,它是指0—6岁期间儿童认知、语言、运动和社会情绪的发展。[1]早期儿童发展对于儿童发展的其他两个阶段乃至成人阶段都至关重要。首先,个体生命0—3岁的营养健康是未来人力资本形成和发展的基础和保障。对婴幼儿进行早期的营养健康保障、早期启蒙、养育关爱、疫苗接种、学习训练及保护,将促进大脑结构和功能发育,帮助儿童发挥他们的最大潜能,为以后的学习、社会交往、心理发育和应对挑战等奠定良好的基础,减少其所面临的生命早期风险,降低发展迟缓对儿童造成的深远影响。与此同时,0—3岁这一时期大脑可塑性最强,人力资本投资的回报率最高。[2]在人类生命早期阶段进行及时干预非常重要,且干预成本相对较低。[3]其次,3—6岁儿童在幼儿园的早期发展活动和经验会激发他们的求知欲、增加社会交往、增强自信心,从而为终生学习打下基础。最后,投资贫困儿童早期发展有助于消除贫困代际传递。大量的实证研究和国际经验均表明,对儿童成长早期的营养、健康、教育等方面进行积极干预,可以显著改善儿童发展的不利地位,比儿童成

---

[1] United Nations Children's Fund. UNICEF's programme guidance for early childhood development[R]. New York: United Nations Children's Fund, 2017.
[2] Grantham-McGregor S, Cheung Y B, Cueto S, et al. Developmental potential in the first 5 years for children in developing countries[J]. The Lancet, 2007, 369(9555): 6070.
[3] 联合国儿童基金会.儿童早期综合发展:0～3岁[R/OL]. (2015-10-16)[2018-07-05]. http://www.unicef.cn/cn/uploadfile/2017/1109/20171109092215727.pdf.

长后期的补救性干预效果更好、收益更高,是消除贫困代际传递的根本之策,对于巩固提高减贫成果和促进社会公平具有基础性、先导性作用。①

虽然我国儿童发展水平和家庭需求不断提高,但是促进儿童早期发展的服务能力和供给不足问题依旧突出,尤其体现在城乡间的供给不均衡。②

第一,农村地区往往忽视儿童在社会情感、社会交往、认知和语言等方面的发展需求。由于照养人缺乏科学的养育知识、技能和缺少有效亲子互动③,农村贫困地区儿童平均生长迟缓率、低体重率较高,因微量元素缺乏引起的贫血现象非常普遍,纯母乳喂养率低,认知、语言、社会情绪等早期发展滞后风险的比例较高;留守儿童往往得不到早期教育和关爱,在认知、语言、情绪、行为等方面发展落后,更容易陷入贫困的代际传递恶性循环。④儿童留守、事实单亲(即父母一方离家,但未办理离婚)、家长冷漠忽视,甚至家庭暴力等问题与贫困相互交织,对儿童的早期发展产生不利的影响。

第二,农村地区儿童早期发展服务和政策体系有待完善。农村地区促进儿童早期发展的服务有较大的短板,缺乏充足的服务供给、有力的监督和明确的考核方式,缺少与之相匹配的具体战略方案和公共资助。总体看来,我国目前针对0—3岁儿童早期发展还未形成明确的政策体系,尚缺乏针对这一阶段儿童早期发展的综合干预策略。为了更好地推动儿童早期发展,亟须确立一套在农村地区可持续促进儿童早期发展的有效服务模式。⑤

第三,农村教育问题突出。虽然我国在农村教育方面已经取得了巨大成就,小学教育基本普及,基础教育中的性别差异缩小,九年制义务教育阶段学生父母所负担的费用减少,但是农村教育依旧面临挑战。例如,在师资力量方面,农村教学点教师短缺,教学水平参差不齐,教师年龄结构出现"断层"。在课程设置方面,农村的中小学普遍存在体音美等综合发展课程开设不足和质量不佳的现象。尽管农村教育所面临的问题和挑战受到了广泛关注,大多数旨在解决这些问题和缩小贫困地区教育差距的政策决策或大规模政策干预仍缺乏实证研究基础。

---

① 李伟.在第六届反贫困与儿童早期发展国际研讨会上的致辞[N].中国经济时报,2018-11-07(1).
②⑤ 卜凡.构建促进农村地区儿童早期发展服务体系的思考——以"慧育中国:山村入户早教计划"为例[J].人口与健康,2021(9):19—21.
③ 汤蕾,马静,刘涵等.打开教育政策研究的"黑盒子"——基于理论的影响评估在随机干预实验研究中的应用[J].华东师范大学学报(教育科学版),2020,38(8):99.
④ 史耀疆,张林秀,常芳等.教育精准扶贫中随机干预实验的中国实践与经验[J].华东师范大学学报(教育科学版),2020,38(8):35.

第四，儿童早期发展服务人员存在巨大缺口，尤其是农村地区的供给更为有限。究其根本原因是我国缺少儿童早期发展服务人员的系统培养课程及培养途径。相应地，儿童早期发展相关研究有待完善，近年来的学术研究致力于探索农村儿童早期发展迟缓的影响因素，但是相关研究还需进一步推进。

我国政府充分认识到了促进儿童发展的重要性，相继出台了一系列全国性规划与指导意见，以促进儿童早期发展服务更加完善。2015年，习近平总书记指出要对农村贫困家庭幼儿特别是留守儿童给予特殊关爱，探索建立贫困地区学前教育公共服务体系。2016年，国务院印发《国家人口发展规划（2016—2030年）》，指出建立完善包括"幼儿养育"在内的家庭发展政策，尽快实施促进儿童早期发展的各项政策措施，探索适合国情的儿童早期发展指导模式，抓好提高人口素质的奠基工程。2018年12月举行的中央经济工作会议明确将"增加对学前教育、农村贫困地区儿童早期发展、职业教育等的投入"确定为2019年度重点工作任务。2019年5月9日发布的《国务院办公厅关于促进3岁以下婴幼儿照护服务发展的指导意见》指出"加大对农村和贫困地区婴幼儿照护服务的支持，推广婴幼儿早期发展项目"。《中国儿童发展纲要（2011—2020年）》中明确提出到2020年在全国90%以上的城乡社区建立一所为儿童及其家庭提供儿童早期发展、卫生和保护服务的儿童之家的目标。《国家贫困地区儿童发展规划（2014—2020年）》也明确提出将儿童营养改善、开展婴幼儿早期发展工作列为促进贫困地区儿童发展的重要战略。

第二节　中国0—6岁婴幼儿主要干预项目及评估

在国家政策的支持下，中国开展了一系列的早期儿童发展干预项目，它们是早期发展项目的重要组成部分，对于评估和推广儿童发展项目具有重要政策意义。**干预**是有目的的改变策略，这些策略是技术、治疗、服务、项目等单一或者一组行动，发生在个体、家庭、组织、社区乃至社会等系统层面，旨在改变行为、降低风险和改善结果。[1][2]在社会学领域，干预多为在社会层面的**结构性干预**，旨在影响社会角色、社会经济地位乃至社会结构。其中，政策干预就是一个较为典型的例子。值得注意的是，在结构性干预之中，**地域性干预**

---

[1] Fraser M W, Richman J M, Galinsky M J, et al. Intervention research: Developing social programs[M]. New York: Oxford university press, 2009.

[2] Midgley G. Systemic intervention for public health[J]. American journal of public health, 2006, 96(3):466—472.

会将关注点集中于生活在共同空间,拥有相同目标和价值观的特定群体。地域性干预关注地域的同时,也关注将人们凝聚在一起的集体过程和集体效能,尝试通过增强社会的组织能力和改善其他基础设施来提高对个体的干预效果。①

干预研究则是指使用科学的研究方法,证明一种意向性改变策略的有效性(干预在最理想条件下产生的效应)和效果(干预在真实环境下的实施产生的影响)。在此基础上,得出具有因果关系的推断,甚至进一步形成理论。

干预研究主要是由六个阶段的活动组成的一个过程:(1)问题分析和项目策划;(2)信息收集和综合;(3)设计干预模型和测量模型;(4)早期开发和试点测试;(5)评估和推广;(6)传播。在这个过程中,项目逐步得到发展。②③在干预研究的第三个阶段,研究设计的科学性直接影响着支持干预的证据强度。根据研究设计的科学性,最高层级首先为元分析和对多个随机对照实验的系统综述,其次为随机对照实验,再次为群组追踪研究,在这之后,依次为案例控制研究、横截面研究、案例系列研究、案例轶事;最低层级的研究设计采用专家意见或者参与者报告作为证据支撑。④本章对于目前中国主要的儿童发展干预项目的梳理,也将围绕这六个阶段展开。

在干预项目的设计、开发和评估的不同阶段,需要用到不同层级的证据来保证干预的效果或者有效性。例如,专家意见或者参与者报告可以在干预项目的早期阶段使用;在干预实施过程中,群组或者案例实验可以提供信息用以完善干预内容;在干预开发之后的推广阶段,随机对照实验可以进行科学的评估。事实上,有些干预效果显著,而有些干预收效甚微甚至无效。对于有效的干预,如果该干预使用科学的方法进行评估,我们将其称为循证干预(Evidence-based Intervention,EBI)。循证干预使用科学的方法进行评估,并从结果数据中证明目标行为发生了变化、干预有效地产生了预期的效果。

---

① Wagner E F, Swenson C C, Henggeler S W. Practical and methodological challenges in validating community-based interventions[J]. Children's Services, 2000, 3(4):211—231.

② Rothman J, Thomas E J. Intervention research: design and development for human service [R]. New York: Haworth Press, 1994.

③ Onken L S, Blaine J D, Battjes R J. Behavioral therapy research: A conceptualization of a process[M]//Henggeler S W, Santos A B, eds. Innovative approaches for difficult to treat populations. Washington, DC: American Psychiatric Press, 1997:477—485.

④ Petticrew M, Roberts H. Evidence, hierarchies, and typologies: horses for courses[J]. Journal of epidemiology & community health, 2003, 57(7):527—529.

循证干预要运用于实践中,需要进行**转化研究**①。它是干预研究的一个分支,是对已经被科学证实的干预的宣传和执行的研究。在社会学领域,转化研究往往与社会改革联系在一起,在社会实践中使用基于研究支持的干预。以下将通过梳理目前中国主要的儿童发展干预项目及评估,为未来中国儿童发展的转化研究及项目推广提供有益参考。

一 山村入户早教计划

2015年9月,国家卫健委妇幼健康司和中国发展研究基金会在甘肃省华池县启动了"慧育中国:山村入户早教计划"项目。

1. 问题分析和项目策划

为0—3岁阶段的婴幼儿提供充分的营养和养育刺激,可以有效促进其在认知、心理和社会情感等方面的发展,为今后各阶段的学习和生活奠定坚实基础。尽管儿童早期发展的重要性已被众多学者论证,但是由于贫困、缺乏营养以及缺乏基本养育服务等,全球43%的5岁以下儿童无法在早期阶段实现足够的发育成长。同样地,由国家卫生和计划生育委员会发布的《中国0—6岁儿童营养发展报告》指出,我国贫困地区儿童营养问题突出,营养改善基础尚不稳定,呈现脆弱性,容易受到经济条件和突发事件影响。②

山村入户早教计划以家访为主,辅助以集中亲子活动,针对农村欠发达地区6—36个月婴幼儿家庭低质的早期养育环境,为条件不利的婴幼儿家庭提供早期养育指导。项目将入户养育指导和营养干预相结合,由村级育婴辅导员每周到婴幼儿家中进行一次约1小时的养育指导,根据地方实际情况举办集体亲子活动。此外,项目遵循"滚动进出原则",即满6个月时自动进入项目,满36个月时自动退出项目,给农村家庭提供可及的早期养育指导。③

2. 信息收集和综合

项目定期、系统地收集不同省份贫困县儿童和家庭等各方面数据。在信息搜集和汇总上,项目以政府卫生健康系统为依托,采用"县—乡/镇—村"三

---

① Fraser M W, Richman J M, Galinsky M J, et al. Intervention research: developing social programs[M]. New York: Oxford university press, 2009.
② 刘蓓,刘鹏,卜凡等.慧育中国:儿童早期发展综合干预的社会实验[R/OL].(2019-11-20). https://max.book118.com/html/2019/1110/6121014205002122.shtm.
③ 卜凡.构建促进农村地区儿童早期发展服务体系的思考——以"慧育中国:山村入户早教计划"为例[J].人口与健康,2021(9):19—21.

级管理服务网络,并从试点当地招募项目执行团队。具体的运作模式如下:在县级层面,由分管副县长、县卫生局牵头,县妇幼保健站具体执行,设置项目办公室,并聘用"县级总督导",负责协调项目总体业务,对团队进行日常管理。[①]在乡镇层面,依托各乡镇卫生院,设"乡镇督导员"1至2名,负责管理和培训村级育婴辅导员,确保家访质量。在村级层面,根据干预幼儿数聘用多位育婴辅导员,负责每周家访、玩具制作、信息上报、项目与家户关系维护等。[②]三级管理服务网络是项目搜集信息的重要途径,先由村级育婴辅导员直接搜集数据,即村级育婴辅导员每周入户,为8—14名儿童提供60分钟的教育指导,教育并鼓励家长与孩子一起玩游戏,亲子阅读和唱歌,刺激儿童早期语言、动作、社交、情感发展相关的大脑发育,记录家访活动内容和问题。村级育婴辅导员每周向村级督导员提供家访记录和相关资料,再由村级督导员汇总资料,每月向县级总督导提交。

3. 设计干预模型和测量模型

项目的干预模式为家访课程,该家访课程采用经过本土化改编的牙买加家访教材,根据发展心理学理论,针对婴幼儿每个月龄段的发展特点,按周次具体设计家访活动。家访由经过培训的村级育婴辅导员实施,育婴辅导员主要由在村妇女组成,工资及工作经费由基金会拨付。[③]家访频率为每周一次,每次60分钟左右;小组或中心式活动隔周一次。在家访中,育婴辅导员遵循既定的流程与幼儿及看护人共同进行若干项活动,包括游戏、绘画、阅读等。[④]除育婴辅导员手工制作的玩具外,各类成品玩具及统一印刷的画册、拼图、分类配对卡片等作为辅助材料发放给家庭。在当次家访结束到下次家访之间的一周时间里,育婴辅导员督促看护人要尽可能每天与幼儿反复进行本周家访的活动。

项目采用随机对照试验法,系统收集干预组和对照组儿童的基线、一年后追踪评估数据,描绘试点地区婴幼儿生长发育和早期发展变化趋势,重点评估家访形式的早期养育干预效果。项目运用随机对照实验法,以贫困镇村民小组为单位,划分为若干片区,随机将片区分成干预组和对照组。干预组儿童每周接受一次入户家访指导,直至年满36个月,同时每两周参加一次集中亲子活动(集中亲子活动包括亲子小组和"早教中心"),月龄6个月以上婴幼儿

---

①③ 刘蓓,刘鹏,卜凡等.慧育中国:儿童早期发展综合干预的社会实验[R/OL].(2019-11-20). https://max.book118.com/html/2019/1110/6121014205002122.shtm.

②④ 卜凡.构建促进农村地区儿童早期发展服务体系的思考——以"慧育中国:山村入户早教计划"为例[J].人口与健康,2021(9):19—21.

每天食用一袋"营养包",直至年满36个月。对照组月龄6个月以上婴幼儿同样每天食用一袋"营养包",直至婴幼儿年满36个月,但不进行入户家访指导和集中亲子活动。在基线评估中,评估组对儿童家庭经济状况、养育环境、母亲健康等方面进行问卷调查,并对儿童生长发育和营养、认知、语言、动作、社会性进行多维度的测试。最后的追踪调查通过调查问卷、体格测量、智力筛查(Denver Developmental Screening Test,简称Denver Ⅱ),全面对儿童早期发育发展情况进行测量。其中调查问卷分为三个部分:确认问卷、家庭问卷和儿童问卷,内容涵盖了儿童的基本信息、母亲孕产期情况、儿童日常照料、健康与患病、营养包、家庭环境、儿童膳食等。体格测量包括身长、体重测量,并采集指尖血进行儿童贫血评估。Denver Ⅱ发育筛查采用上海市改编的小儿发育筛查量表,从粗动作、言语、细动作—适应性、个人—社会四个维度综合评价儿童的发育状况。①

4. 早期开发和试点测试

山村入户早教计划由中国发展研究基金会2015年首先在甘肃省华池县试点运行。②截至2018年11月,项目已在全国7个省份(甘肃、新疆、贵州、四川、湖南、西藏、青海)试点。

项目在不同的地区因地制宜,在家访的基础上进行多样化的尝试和探索。亲子活动作为家访的辅助,由督导员或育婴辅导员组织家庭,隔周开展一次。目前主要采取两种形式:第一种是"家访+中心式",在新疆吉木乃县实行。活动利用山村幼儿园的现有场地在周末进行,每次亲子活动包含阅读、亲子游戏、音乐律动等部分,配备主教老师1名、辅教老师1名以及相应玩教具,参与家庭不超过15个。第二种是"家访+小组式",在贵州七星关区实行。每次小组活动约90分钟,由2—4户家庭组成亲子小组,采用"玩中学、读中学、养中学"的养育理念,将游戏和阅读贯穿于亲子小组活动之中。

项目在试点地区取得了良好的效果。"综合干预措施改善了家庭养育环境,积极影响了儿童的语言、个人社会、精细运动和粗动作发展;每周一次家访对营养干预以及儿童营养和健康状况改善具有明显的促进作用。"③项目干预的核心目的在于教会家长与幼儿互动,为幼儿提供具有启蒙性的养育环境,从而促进幼儿发展。根据实地考察及摸底情况,项目组将有针对性地确定项目

---

① ③ 刘蓓,刘鹏,卜凡等.慧育中国:儿童早期发展综合干预的社会实验[R/OL].(2019-11-20). https://max.book118.com/html/2019/1110/6121014205002122.shtm.

② 刘中一.聚焦农村欠发达地区项目引领促进儿童早期发展[J].人口与健康,2021(9):18.

干预模式,在家访、小组活动或混合模式中选择适宜的方式并加以改良。

5. 评估和推广

学术评估结果有力地证明了入户早教对儿童的认知、语言、个人社会性等有显著改善效果。以华池县为例,经过基线、中期、末期评估,家访干预显著改善了幼儿家庭环境,家庭育儿模式发生积极变化。首先,家访有效促进了婴幼儿认知、语言、粗大动作发展。末期在控制儿童月龄、性别、出生顺序、母亲受教育年限等变量条件下,家访干预使儿童 Denver 智力筛查正常的概率提高 51.4%,干预组比对照组的言语能区原始得分提高 0.56 分,粗大动作得分提高 0.436 个标准差。其次,家访改善了看护人养育行为和家庭养育环境。对基线儿童的跟踪分析表明,经过 22 个月家访,家庭环境观察量表(Infant/Toddler Home Observation for Measurement of the Environment,简称 HOME IT)总得分提高 4.41 分。[1]类似地,贵州毕节市七星关的评估研究发现,家访仅一年,干预组儿童在经过家访后筛查正常的概率比对照组高 18.4%。[2]

在项目推广方面,为推动"慧育中国:山村入户早教计划"项目提质升级,基金会针对不同试点地区的督导员、育婴辅导员以及相关工作人员,举办了为期八天的新版家访课程及小程序使用培训。此外,项目组在 2015 年《家访课程》(试用版)的基础上,对课程做了全面修改,形成了《婴幼儿养育指导课程》以及配套的《培训手册》和《玩具手册》。新的家访课程,更贴合新时代背景下我国农村社区和家庭的实际情况,增加了丰富多彩的玩具和绘本活动,增设了备选活动环节,还进行了重新排版和绘制插画等配套视觉设计。同时,基金会还对慧育中国信息化手段,尤其是微信小程序进行了升级开发。[3]

6. 传播

项目为儿童早教项目积累了经验,培养了一批具有一定专业素质的育婴辅导员,家长的育儿模式、家庭教育环境有所改善。同时,项目在一定程度上为当地女性创造就业机会,赋能当地女性,培养她们的养育观念、养育技能和团队协作管理能力。截至 2020 年底,项目已在甘肃、青海、新疆、西藏等全国

---

[1] 刘蓓,刘鹏,卜凡等.慧育中国:儿童早期发展综合干预的社会实验[R/OL].(2019-11-20). https://max.book118.com/html/2019/1110/6121014205002122.shtm.

[2] 卜凡.构建促进农村地区儿童早期发展服务体系的思考——以"慧育中国:山村入户早教计划"为例[J].人口与健康,2021(9):19—21.

[3] 中国发展研究基金会.基金会举办"慧育中国"项目新版家访课程及小程序使用培训[EB/OL].(2021-12-22). https://www.cdrf.org.cn/hyzgxmdt/5840.htm.

10个省(自治区)11个县成功试点,累计覆盖94个乡镇,941个村,家访员达1 007名,累计受益儿童数超过17 500名。①

二 贫困地区儿童营养改善项目

关于中国0—6岁早期儿童营养干预的项目众多,干预对象大都为6—24个月的婴幼儿,且大都是通过"营养包"(即由政府免费发放的带有能量、蛋白质、各种维生素、叶酸、钙、铁和锌等营养物质的产品)的形式进行营养干预,此类项目都大同小异。其中,2012年10月由国家卫生和计划生育委员会与全国妇女联合会合作实施的贫困地区儿童营养改善项目,从规模和人口数来看,是目前全球最大的贫困地区早期儿童国家营养干预项目。

1. 问题分析和项目策划

婴幼儿时期是人体发育的重要阶段,这一时期的智力发育和体格发育对个体的一生有着不可逆转的决定性作用,而为婴幼儿补充充足的营养能够对个体的健康发育产生积极影响,其影响甚至惠及个体的成年阶段。②充足的营养摄入有助于促进婴幼儿健康发育,婴幼儿时期的营养状况对其体格发育、脑部发育和学习能力会产生重要影响,对其成年后的学习能力和活动能力也会产生决定性作用。③早期充足的营养对个体健康发育的作用,集中体现在大脑发育上。有学者指出,早期营养对大脑的发育极其重要,尤其在妊娠期和婴儿期,大脑作为"耗能大户",吸收了人体从食物所中获得的50%—75%的能量,而营养能够为大脑提供能源,刺激神经元连接,缓冲压力对大脑产生的不利影响。④

然而,我国贫困地区的婴幼儿普遍面临着营养摄入不合理的问题,其贫血率和发育迟缓率较高。基于此,国家卫生计划生育委员会与全国妇联组织实施"贫困地区儿童营养改善项目"。该项目通过向6—24个月龄儿童免费发放富含高密度营养素的营养包,同时开展儿童营养知识宣传和教育等方式,来改善贫困地区儿童的营养健康状况。项目利用中央财政专项补助经费,为项目

---

① 中国发展研究基金会.基金会在新疆巴楚县及图木舒克市开展"慧育中国"项目前期调研工作[EB/OL].(2021-06-17). https://www.cdrf.org.cn/hyzgxmdt/5644.htm.
②③ 李帅,张琨,邱洁等.婴幼儿辅食营养包对6~24个月龄婴幼儿营养干预的效果评价[J].中国妇幼保健,2017,32(1):58—61.
④ 方晋.投资儿童早期发展,阻断贫困代际传递[J].民主与科学,2020(3):49—51.

地区6—24个月婴幼儿发放辅食营养补充品①,普及婴幼儿科学喂养知识与技能,改善贫困地区儿童营养和健康状况,以提高我国农村儿童保育质量。项目有四个具体目标,分别针对项目地区的相关人员培训覆盖率(要求达到80%以上)、营养包发放率(要求达到80%以上)和营养包有效服用率(要求达到60%以上)、儿童看护人健康教育②覆盖率(要求达到80%以上)、婴幼儿贫血患病率(要求在基线调查基础上下降20%)和生长迟缓率(要求在基线调查基础上下降5%)。③④⑤2012年贫困地区儿童营养改善项目启动,2019年项目实现国家级贫困县全覆盖。⑥

2. 信息收集和综合

项目以6—24个月婴幼儿及婴幼儿家长为服务对象,依托妇幼保健服务体系,充分发挥村医作用,进行营养包发放。搜集了有关营养包发放人群、营养包需求量和儿童领养和服用营养包的情况、档案等信息,并将其进行汇总管理。

3. 设计干预模型和测量模型

项目的干预内容主要是为6个月至2岁的婴幼儿每天提供1包富含蛋白质、维生素和矿物质的营养包,同时开展儿童营养知识的宣传和健康教育,努力改善贫困地区儿童营养健康状况。该项目由营养干预和学前教育两部分组成。营养干预包括为孕妇免费提供营养素片补充,对6—24个月婴幼儿免费发放营养包,以及设立"妈妈学校",为孕妇和婴幼儿母亲提供营养知识培训等内容。学前教育包括设立村级早教点,以志愿者"走教"方式为3—5岁幼儿提供学前教育等内容。

项目测量的内容包括婴幼儿身长、体重和血红蛋白,同时也调查婴幼儿辅食添加时间、添加种类、添加频率、过去24小时喂养情况、过去两周患病率和

---

① 青海省的营养包发放月龄从6—24月龄延长到6—36月龄。
② 儿童看护人健康教育包括提高婴幼儿科学喂养知识水平和对营养包的知晓率。
③ 中华人民共和国中央人民政府卫生计生委发布贫困地区儿童营养改善项目实施情况[EB/OL].(2014-02-10). http://www.gov.cn/gzdt/2014-02/10/content_2582446.htm.
④ 中华人民共和国中央人民政府关于印发2014年贫困地区儿童营养改善项目方案的通知[EB/OL].(2014-12-01). http://www.nhc.gov.cn/fys/s3585/201411/254523446f9241a3a3553e19dec77421.shtml.
⑤ 中华人民共和国中央人民政府关于印发2013年贫困地区儿童营养改善项目方案的通知[EB/OL].(2013-11-29). http://www.gov.cn/gzdt/2013-11/29/content_2538706.htm.
⑥ 营养扶贫——贫困地区儿童营养改善项目[J].卫生研究,2021,50(3):533.

婴幼儿家长关于婴幼儿喂养的相关知识等。①

4. 早期开发和试点测试

在实地调研和专家论证基础上,2012 年,8 个贫困片区的 10 个省的 100 个县作为试点,开始组织实施"贫困地区儿童营养改善项目",由中央财政提供项目经费 1 亿元。2012 年,试点地区 27 万 6—24 月龄婴幼儿吃上了政府免费发放的营养包,并获得宣传资料。②

5. 评估和推广

为使项目顺利实施,以贵州省为例,贵州省黔西县妇联联合科协、卫生等部门深入各乡镇、社区、乡村开展"贫困地区儿童营养改善项目"妇女干部培训活动。务川县充分发挥妇联组织的优势,利用"留守儿童之家"等平台,传播儿童早期发展科学理念和知识,加强儿童早期家庭教育指导服务。在少数民族地区则使用苗语、布依语等少数民族语言进行传播,也取得良好效果,其中贵定县创作的以"营养包"为主题的布依族歌谣在当地农村广为传唱。同时,为提高村医积极性,促进营养包发放,贵州省政府和省卫生计生委根据《省人民政府办公厅转发省财政厅省卫生厅关于提高村医补助的意见的通知》有关规定,多次对村医待遇落实情况进行督导。根据文件规定,每一个村医补助平均每年可达 30 000 元左右。③

经过对整体项目的监测评估,结果显示,贫困地区婴幼儿贫血率和生长迟缓率显著下降,营养状况有效改善。④

第一,营养包有效改善了贫困地区婴幼儿的营养健康状况,其中降低贫血率效果最明显。12—24 月龄的项目县儿童比对照县儿童的贫血率低 4.4 个百分点,相对下降幅度为 15%。对比中国疾控中心 2012 年基线数据,2016 年项目县婴幼儿贫血率下降了 8.2 个百分点,相对下降幅度为 25%。项目儿童家庭占农村低保家庭的 11%、留守儿童家庭的 41%,精准对焦贫困人群,很好地起到了"保基本、兜底线"的作用。

第二,项目改善了婴幼儿家长营养知识和喂养理念。83% 的项目县家长从村医、项目手册和乡镇妇幼专干获得营养包等喂养相关知识。项目家庭对"微量营养元素作用和重要性的认识""因缺某种微量元素对孩子有何种危害"

---

① 孙静,李瑾,蔡祥焜等.贫困地区儿童营养改善项目效果监测评估[C]//第十二届全国营养科学大会论文汇编.[出版者不详],2015:65.
②④ 营养扶贫——贫困地区儿童营养改善项目[J].卫生研究,2021,50(3):533.
③ 王远白.贵州省"贫困地区儿童营养改善"项目纪实[J].当代贵州,2015(38):36—37.

等知识的知晓率比非项目家庭平均高出15个百分点。走访中了解到,以前有的农村家庭认为鸡蛋为发物,不宜食用;项目开展之后,家长观念逐渐转变,现在每日喂养婴幼儿一只鸡蛋。

第三,家长及村医满意度高。97%的项目家长认为孩子吃了营养包后,"生病少、长得壮、更活泼"。87%的项目家长愿意主动推荐营养包给亲戚或朋友,反映了家长对营养包政策的信任和认可。通过43 867份村级问卷,90%的村医对该项政策前景有信心,愿意继续从事该项工作,这有助于吸纳更多有效社会力量参与政策的实施,提高政策的认可度,促进政策的实际实施。

总的来说,基于中国农村贫困地区家庭经济困难和家长营养、养育知识普遍缺乏的现状,营养包作为一项科学简便、投资小收益大的干预手段,有效缓解了贫困地区婴幼儿营养元素摄入不足、种类单一的问题,奠定了儿童脑神经发育关键期的营养基础,一定程度上减少了贫困地区儿童因营养不良导致的生长发育障碍等问题。

然而,该项目仍然存在一定的局限。第一,项目覆盖的深度和广度还比较有限。一方面,现有项目县尚有部分贫困儿童未被覆盖。这些儿童的家庭因各种原因生活往往更加困难,居住更加偏僻,更难被顾及。第二,营养包有效服用率有待巩固提高。影响营养包有效服用的因素很多,有营养包本身质量和口感的原因,也有执行的原因。从村医发放营养包、看护人喂服到婴幼儿服用等环节,各项目地区执行效果参差不齐,有效服用率从46%到90%多。第三,资金剩余和工作经费不足并存,一定程度说明资金结构不尽合理,使用效率需进一步提高。第四,招标采购成为突出难点。现有的方法中价格评分权重偏高,产品质量和配套服务评分偏低,导致低价竞标,营养包产品质量难以保证。个别地区多次出现营养包变味的严重食药安全质量事件,有损政府公信力。第五,现有招标对竞标企业技术、资质等方面的要求比较笼统宽泛,企业准入门槛过低,营养包生产企业良莠不齐。第六,发放到户的营养包成为"监测盲区"。现有中标企业营养包配方不一,口感多样,产品稳定性和保质期各异,加上因各地交通、气候等条件影响,发放到户的产品与中标样品品质出现不一致,难于统一检测和评判,存在质量事故风险。

6. 传播

项目先行试点,逐步推进,惠及面逐年拓宽,受益儿童数量不断增加。由中央财政出资1亿元,全国首批10个中西部省份的100个集中连片贫困县27万6—24月龄婴幼儿吃上了政府免费发放的营养包,并获得宣传资料。2013

年项目更名为"贫困地区营养改善项目",扩大至集中连片特殊困难地区的21省300个贫困县,营养包采购经费增加到3亿元,年度受益婴幼儿数达83万。2014年项目覆盖增至341个县,采购经费增加到5亿元,年度受益婴幼儿数达到143万。2018年后项目经费采用因素法管理,营养包覆盖715个贫困县。2019年贫困地区儿童营养改善项目纳入基本公共卫生服务项目,营养包实现832个贫困县全覆盖,累计受益婴幼儿达947万。各项目省已经实现了贫困县的全部覆盖,其中一些省份在为贫困县提供营养包的基础上,也为其他县的婴幼儿提供营养包。①

三 社区儿童早期综合发展项目

有关社区儿童早期综合发展项目中,"贫困地区儿童早期综合发展试点项目"较为典型。该项目于2013年启动,旨在探索我国偏远贫困地区儿童早期发展综合干预模式和多部门协作的工作机制,促进项目地区0—3岁儿童及其看护人接受综合的、规范的儿童早期发展服务,为项目的推广、相关政策和指南的出台提供依据。②

1. 问题分析和项目策划

0—3岁是儿童成长和发展重要的"机会窗口期",在该阶段为儿童提供良好的营养、早期启蒙、疫苗接种和安全关爱的环境,可以促进大脑充分发育,帮助儿童发挥他们的最大潜能。联合国儿童基金会儿童保护处、教育和儿童发展处、卫生营养与水环境卫生处以及社会政策处及其合作伙伴,致力于为全国0—3岁最弱势儿童提供综合的儿童早期发展服务,为最弱势的儿童、家庭及社区提供支持,为他们提供所需的科学育儿知识和信息(包括生长监测和促进、预防贫血、微量营养素补充、儿童发育筛查和咨询、早期启蒙、社会福利和儿童保护等服务,并通过村卫生室、儿童早期发展社区服务中心、家访以及小组活动等多种形式向目标人群提供服务)。探索基于社区的、综合的儿童早期发展干预模式,并为模式的推广和可持续发展开发适宜的工具、指南和材料。③

---

① 营养扶贫——贫困地区儿童营养改善项目[J].卫生研究,2021,50(3):533.
② 赵春霞.探究我国农村地区0~3岁儿童早期发展的综合干预模式——以0~3岁儿童早期综合发展试点项目为例[J].人口与健康,2021(9):25—27.
③ 联合国儿童基金会.儿童早期综合发展:0—3岁[EB/OL].(2017-09-01). https://www.unicef.cn/reports/integrated-approaches-early-childhood-development-0-3-years.

2. 信息收集和综合

通过采用定性的和定量的研究方法,项目搜集了 80 个项目村儿童早期发展的基本状况。①

3. 设计干预模型和测量模型

贫困地区儿童早期综合发展项目实施以来,探索了以社区为基础、以机构为依托、以流动服务为补充的 0—3 岁儿童早期发展综合干预模式。②

模式 1:儿童早期发展社区服务中心

全国妇联在四省(六个市、郊区)的城乡交接地区和流动人口集中的城区试点建立了 60 个儿童早期发展社区服务中心,并为各中心配备了故事书、游戏玩具、育儿信息自助服务终端、桌椅及儿童户外活动设施。中心每周开放 5 天,家长和看护人(通常是祖父母)每周都会带着 3 岁以下的孩子到中心去几次。在中心,家长/看护人和孩子们或自由活动玩耍,或在志愿者的带领下一起做亲子活动。家长和看护人能够学习到科学的育儿理念和更多儿童养育实践、改善营养以及如何与孩子一起阅读和游戏等的知识与方法。中心的志愿者和村妇干帮助父母/看护人及时发现儿童发育迟缓的征兆,建议并协助他们将儿童转送到附近的医疗机构进行全面检查。

模式 2:基于社区的 0—3 岁儿童早期发展外展服务

在此模式下,中心的志愿者会走访那些 0—3 岁儿童的家庭,特别是那些因为某些原因无法前往社区中心参加活动,或者需要一些中心未提供的额外支持的家庭,为他们提供一对一的支持。在不能设立中心的社区,志愿者以家庭为中心,每周在不同家庭的临时场所组织活动,让附近的 5—6 个家庭和孩子们前来参加活动,普及科学育儿知识和亲子活动技巧。此模式目前仍处于探索阶段,并且由于此模式对志愿者有更高的要求,因此目前只能在小范围地区开展。

模式 3:以社区为基础、以流动服务为补充的儿童早期发展综合服务

鉴于偏远贫困地区村级服务不足的现状,利用流动服务车作为移动资源

---

① 联合国儿童基金会.儿童早期综合发展:0—3 岁[R/OL].(2017-09-01). https://www.unicef.cn/media/7066/file/%E5%84%BF%E7%AB%A5%E6%97%A9%E6%9C%9F%E7%BB%BC%E5%90%88%E5%8F%91%E5%B1%95%EF%BC%A0%E2%80%933%20%E5%B2%81.pdf.

② 赵春霞.探索我国农村地区 0~3 岁儿童早期发展的综合干预模式——以 0~3 岁儿童早期综合发展试点项目为例[J].人口与健康,2021(9):25—27.

中心,为偏远贫困地区儿童提供促进儿童早期发展的综合服务。同时对村级人员进行技术支持和指导,提升以社区基础的儿童早期发展综合服务水平和质量。此模式以降低儿童面临的家庭风险因素为出发点,对儿童健康、营养、早期启蒙、儿童保护和福利等方面进行全面干预。①

4. 早期开发和试点测试

2013—2016年项目主要在2个省4个县开展,后被国家卫生健康委员会和全国妇联进一步细化、调整、完善,推广至13个省的部分县域,惠及至少900个乡村和社区的0—3岁儿童及家庭,为我国贫困地区儿童早期发展起到了先试先行的作用。②

5. 评估和推广

项目评估发现,该项目整体实施效果较为显著。一是项目干预显著改善了儿童发展结果。项目地区的0—3岁儿童可疑发育迟缓率从2013年的37%下降到19%。年龄别ASQ可疑发育迟缓率也明显降低,其中,12—17月龄可疑发育迟缓率由39%下降到15%,18—23月年龄段儿童可疑发育迟缓率由38%下降到15%。二是项目降低了看护人抑郁的患病率,显著改善了看护人的养育行为。干预组看护人抑郁患病率下降了9.1%,对照组下降了1.6%,对混杂因素进行控制后,干预组比对照组下降幅度高7%,且项目干预显著降低了家庭暴力使用、增加了儿童图书数量、增强了亲子互动质量等。三是项目干预促进了儿童早期综合发展服务提供和利用。项目开始之初,儿童早期综合发展服务,尤其是儿童发育筛查、评价和指导服务、亲子互动、儿童保护服务在项目县尚未开展。项目实施后,上述服务从无到有,实现了零的突破。③

在项目推广方面,一是利用科学育儿网和儿童早期综合发展家长手册,使更多家长和看护人能够方便地获得他们需要的儿童早期发展信息,以此来判断儿童的生长发育是否达到了各年龄段应该达到的标准水平,同时也提供多种形式的技术和宣传材料(包括儿童早期综合发展咨询卡、家长手册、社区家庭支持手册、贫困地区社工服务指南和儿童早期发展相关的宣传材料等)。二是出版儿童早期发展中心社区家庭支持服务指导丛书,用以指导基层从事儿童早期发展的志愿者和社区妇干,使他们有能力提供有质量的服务。此外,还

---

① 联合国儿童基金会.儿童早期综合发展:0—3岁[EB/OL](2017-09-01). https://www.unicef.cn/reports/integrated-approaches-early-childhood-development-0-3-years.

②③ 赵春霞.探索我国农村地区0～3岁儿童早期发展的综合干预模式——以0～3岁儿童早期综合发展试点项目为例[J].人口与健康,2021(9):25—27.

开发出 12 本故事书、家长/看护人培训资源包、志愿者培训资料和《0—3 岁儿童学习与发展指南》等工具、指南及材料。[①]

6. 传播

联合国儿童基金会支持的试点项目为儿童早期发展的指南、模式和策略的制定提供了依据,这种模式目前已得到大范围推广,用以改善数百万儿童的早期教育状况。

四 农村教育行动项目(婴幼儿阶段)

"农村教育行动项目"(Rural Education Action Program, REAP)是一项针对农村儿童教育的综合性计划,其目标对象涵盖了婴幼儿、儿童照顾者、教师等。

1. 问题分析和项目策划

REAP 主要由美国斯坦福大学、中国科学院农村政策研究中心和陕西师范大学教育实验经济研究所共同参与运营,并与其他组织、公司和政府部门合作开展项目,旨在进行早期干预和育儿培训,改善中国儿童的发展现状,着重缩小农村教育差距。中国农村婴幼儿存在较大程度的发育迟缓或发育障碍的问题。通过在多个农村给 1 800 名 0—3 岁的婴幼儿进行智商测试,REAP 团队发现,有近半的农村幼儿认知水平低下。与此同时,团队发现由于饮食结构的不合理,25%—40%的中国农村小学生患有缺铁性贫血。贫血会导致学习能力降低和身体发育受阻,并可能导致学生在学校的表现变差。35%的农村孩子感染了肠道寄生虫病,73%的患有近视的农村儿童没有适合他们学习的眼镜。

2. 信息收集和综合

服务范围及信息主要涵盖西部贫困地区及偏远地区。利用量表和其他工具,针对农村儿童及其照顾者,搜集儿童技能发展、照顾者对儿童的投资等综合信息。

3. 设计干预模型和测量模型

针对婴幼儿阶段,项目干预模式分为四种[②]:

第一,开展育儿课程。培训父母如何更好地与孩子互动并促进孩子成长。

[①] 联合国儿童基金会儿童早期综合发展:0—3 岁[R/OL]. (2017-09-01). https://www.unicef.cn/media/7066/file/%E5%84%BF%E7%AB%A5%E6%97%A9%E6%9C%9F%E7%BB%BC%E5%90%88%E5%8F%91%E5%B1%95%EF%BC%9A0%E2%80%933%20%E5%B2%81.pdf.

[②] The Rural Education Action Program. Early Childhood Development [EB/OL]. https://sccei.fsi.stanford.edu/reap/research/early_childhood_development.

每周为照顾者和儿童提供游戏和活动的步骤说明,课程中的每一个游戏或活动都旨在解决一个或多个儿童发展的关键问题。通过课程帮助孩子们发挥他们的潜力。

第二,成立育儿中心。通过育儿中心将照顾者和儿童聚集在一起,以促进双方的共同发展。进入这些中心的父母比同龄人更多地与婴儿玩耍、阅读和唱歌。除了游戏时间,育儿中心每周一天为看护人提供一对一的量身定制的育儿课程。这些课程由受过儿童发展和育儿课程培训的工作人员教授。

第三,进行营养干预。REAP 努力为未受教育的看护者提供值得信赖的信息和培训,以帮助他们更好地照顾自己的孩子。通过"健康的移动消息",即使用技术来改善照顾者为孩子提供服务的方式,开展短信活动,每天向护理人员发送短信,提醒他们给孩子营养支持包,以改善营养和贫血水平。此外,短信活动帮助护理人员与孩子互动。每周给新手妈妈发三次短信,提供与孩子的年龄相吻合、与育儿课程相吻合的互动相关提示,以及有关现在适合与孩子一起玩哪些游戏以及向他们介绍哪种食物的提示。

第四,在农村社区进行医疗保健。开展标准化患者、临床医生培训、社区卫生工作者计划。其中,标准化患者是从当地社区招募并受过培训以充当"卧底患者"来评估临床医生的人,他们被训练在佩戴电子医学器件以评估临床医生行为的同时呈现疾病症状。临床医生培训是指培训和激励中国教育不足的临床医生。社区卫生工作者计划是指社区卫生工作者向农村社区介绍他们应得的优质医疗支持,赋予农村社区权力,社区卫生工作者计划将训练有素的乡村卫生工作者安排在农村社区,为幼儿的母亲提供优质的卫生保健和支持。服务范围从母乳喂养支持到儿童成长跟踪,从营养教育到儿童早期刺激。孕妇可能会收到有关母乳喂养的信息,而 12 个月婴儿的母亲会收到有关如何以及何时向孩子介绍肉类的信息。

4. 早期开发和试点测试

在早期开发阶段,在秦巴山区随机抽取 100 个村子,其中 50 个村子作为干预组,建立养育中心,另外 50 个村子则作为控制组。

5. 评估和推广

项目团队实地测试了育儿课程的成效,使得儿童的认知、运动和社会情感发展平均提高了 6—8 分;[1]实验组的儿童的认知评分(由贝利婴儿发育量表测

---

[1] The Rural Education Action Program. Parenting Curriculum[EB/OL]. https://sccei.fsi.stanford.edu/reap/research/early_childhood_development/parenting_curriculum.

量)高于对照组约 0.2 个标准差。①

育儿中心对儿童的照顾者也有益处。一方面,育儿中心扩展了育儿课程,为照顾者和儿童提供了机会,让他们借助促进认知发展的玩具和书籍进行更多的互动,并与其他同龄儿童互动,也让孩子们有机会探索音乐和乐器。照顾者也发展了自己的人际网络,减少了孤立感和抑郁感。②另一方面,基于中心的育儿干预增加了照顾者对儿童的投资,包括增加了对玩具和图画书的物质投资,增加了对刺激养育活动的时间投资,实验组的照顾者在刺激育儿实践(互动游戏、阅读、讲故事和唱歌)方面表现出更多的时间投入。③

6. 传播

目前,项目团队在多个省份的县、乡镇和村一级建立近 100 个育儿中心。④

五　山村幼儿园计划

山村幼儿园计划开始于 2009 年,中国发展研究基金会通过和当地政府、捐赠企业、机构、个人及非盈利组织深度合作,将山村幼儿园设在村一级单位,为偏远贫困村落 3—6 岁儿童提供低成本、保质量的免费学前教育。山村幼儿园项目随着规模的不断扩大、质量的不断提升,在政府的大力推广下,2016 年提升为"一村一园"计划。⑤"一村一园:山村幼儿园计划"将可及的早期教育带入我国偏远农村地区。

1. 问题分析和项目策划

虽然中国政府高度重视各阶段教育发展,通过学前教育三年行动计划,使 2010—2013 年的全国学前教育毛入园率提高了 37%,但中国农村依然严重缺少对儿童的早期教育,中国依然面临城乡差距、地区间发展不平衡等问题,贫困地区农村学前教育资源短缺、教师不足、入学困难、教育质量无法保障、重视不够。目前普及村学前教育过程中,采用的是"自上而下"的供给方式,农村欠发达地区最底层的儿童依旧缺乏学前教育机会。对于欠发达地区,不能只靠在县城和乡镇集中建设幼儿园,等着困难家庭送孩子入园。

---

①③ Sylvia S, Luo R, Zhong J, et al. Passive versus active service delivery: comparing the effects of two parenting interventions on early cognitive development in rural China[J]. World development, 2022, 149: 105686.

②④ The Rural Education Action Program. Parenting Centers[EB/OL]. https://sccei.fsi.stanford.edu/reap/research/early_childhood_development/parenting_centers.

⑤ 卢迈,方晋,赵晨等.教育精准扶贫:"一村一园"计划乐都十周年效果评估[J].华东师范大学学报(教育科学版),2021,39(7):107—126.

提高幼儿园和教师质量对儿童早期干预具有重要意义。一是幼儿园和教师质量是促进儿童发展的关键因素（比如，在牙买加，教师培训干预不仅提高了教师的正向行为、减少其负面行为，并且促进了儿童的社会情感发展、减少儿童的行为问题并提高儿童对学习的兴趣和热情）；二是早期项目对儿童发展具有积极影响（早期儿童项目可以有效促进儿童发展，减少贫困、营养不足、学习机会缺乏等不公平因素带来的影响，并提高处于不利环境的儿童的认知和读写发展）；三是早期项目对儿童的认知和性格有长效影响。

为了提高贫困地区农村学前教育普及率，通过教育手段阻断贫困代际传递、促进社会公平，中国发展研究基金会在贫困地区农村与地方政府合作，启动实施了"一村一园"计划。该项目由县级教育部门负责实施，由企业及个人捐资，中国发展研究基金会负责技术支持、监督以及指导。"一村一园"计划主要接收贫困农村的 3—6 岁儿童，不收取保教费用，为保证"一村一园"顺利实施，基金会就教学环境建设①、教师招聘与管理②、教师培训③以及课程与教学标准的制定与实施做了明确规定，遵循因地制宜的基本原则，以《3—6 岁儿童学习与发展指南》为指导纲要，以地方政府为责任主体，以地方幼儿园整体建设和质量标准为主要依据，管理、完善山村幼儿园。实行标准化管理，实行"统一基础标准、统一教学模式、统一培训模式、统一营养干预"，在有限的资金投入下，提升项目质量和建设水平。④

2. 信息收集和综合

项目的服务对象为农村地区 3—6 岁学龄前儿童，服务范围及信息涵盖了中西部贫困地区及偏远地区。

3. 设计干预模型和测量模型

干预模型为 3—6 岁儿童提供全覆盖的早期教育。项目组对县级公立幼

---

① 教学环境建设，包括教室的装修装饰，教学功能区的划分与建设，玩教具的配备、补充和更新，厨房与睡眠室配套设施的配备等。
② 基金会与地方政府商定，招聘本地中专以上学历的有幼教育背景或从业经历的人员作为幼教志愿者，以地方政府为主体进行管理，前 3 年由基金会筹措资金保障教师经费，3 年后由地方政府财政承担人员经费，基金会承担志愿者教师的相关补助及奖励。
③ 基金会与地方政府整合双方学前教育培训资源对志愿者教师进行定期培训，培训由线上和线下课程组成，培训周期约两周 1 次，假期一般有时间较长的集中培训，培训内容包括儿童心理学，儿童语言、认知、科学、社会性发展，儿童卫生健康习惯的养成，幼儿园管理，如何带动儿童家庭对儿童进行教育等。
④ "一村一园"计划课题组,卢迈,方晋等.教育精准扶贫："一村一园"计划乐都十周年效果评估[J].华东师范大学学报(教育科学版),2021,39(7):107—126.

儿园、县级私立幼儿园、乡镇幼儿园、"一村一园"计划幼儿园（山村幼儿园）这四类幼儿园及儿童进行比较，并测量了以下四个方面：各类幼儿园儿童发展水平（包括认知、社会情感、动作、语言、健康、卫生与安全、文化意识与参与、学习品质、执行功能等方面的发展情况）、山村幼儿园的教学质量（幼儿园教师的教龄、教育背景、工资、教育效能感、教学质量之间的差异）、幼教志愿者与其他类型幼儿园教师具备可靠教学能力的程度、山村幼儿园对儿童的长远发展是否有帮助。

4. 早期开发和试点测试

2009年，基金会在乐都试点。10年间，建成了村一级学前教育服务体系，显著提升了贫困地区学前教育3年毛入园率。2008年，乐都区学前3年毛入园率仅47%左右；2011年，乐都区学前3年毛入园率已超过80%。现在，乐都区学前3年毛入园率已超过98%。10年间，乐都有8 705名儿童从山村幼儿园毕业进入义务教育阶段，受益家庭超过5 400户。

5. 评估和推广

整体来看，山村幼儿园对受益儿童发展水平有显著促进作用。评估组将乐都儿童分为四类（即山村幼儿园儿童、县级公立园儿童、县城私立园儿童、乡镇幼儿园儿童）进行比较发现，山村幼儿园儿童发展水平接近县级公立园儿童，比其他幼儿园儿童更具有优势。山村幼儿园幼教志愿者的教龄和学前教育经验比其他三类幼儿园教师更长。从课堂学习环境质量的角度看，山村幼儿园在设施与安全方面存在劣势，但在学习活动安排、课堂互动和学习方法、儿童学习环境建设等方面，山村幼儿园虽然与县级公立园有差距，但与县级私立园水平接近，显著好于乡镇幼儿园。在教室空间布置、教学材料等方面，山村幼儿园优势明显。

以乐都区为例，在心理发展方面，山村幼儿园对儿童的心理韧性（resilience）、亲社会倾向等方面产生了长期的积极效果。没上过幼儿园的学生的亲社会价值取向表现最差，竞争性价值取向和个人主义价值取向更强烈。山村幼儿园受益学生的亲社会行为与其对家庭生活的满意度呈"U形"关系，即家庭环境越不利的学生的亲社会行为和家庭环境越好的学生的亲社会行为一样好。在家庭生活满意度评价方面，县级公立园学生的评价最高，山村幼儿园学生的评价偏低，但比没有上过幼儿园的学生高。在智力发育方面，接受不同类型学前教育学生的智力水平和学习成绩存在显著差异。没上过幼儿园学生的流体智力显著低于其他三类幼儿园的学生，山村幼儿园学生的智力显著高于没上过幼儿园和其他幼儿园的学生。山村幼儿园学生的流体智力测验结果在全国14—15岁常模人群位于50%以上的水平(即中等智力水平)。在学业成绩方面,山村幼儿园学生的学业成绩显著好于没有上过幼儿园的学生和其他幼儿园学生。综合儿童发展水平、心理特质、智力与学习能力等方面来看,虽然山村幼儿园学生在一些方面没有超过资源更好的县级公立幼儿园学生,但是县级公立幼儿园受益学生仅占全县学生的6%左右,而山村幼儿园则保障了全县贫困学生的近30%。山村幼儿园的总人均成本仅为县级公立园的1/6—1/8。从受益面、成本效益、教育效果、社会影响等方面,"一村一园"计划更符合基本公共服务价值取向。

6. 传播

"一村一园"的幼儿园设在公办园覆盖不到、民办园不去的村寨。从项目启动至2019年2月,基金会与地方政府合作,先后在青海、贵州、湖南等9个省(自治区)的22个县(市)设立山村幼儿园。现有幼儿园1 697所,2 347个班,招聘幼教老师2 700余人,在园幼儿近6万人。[1]截至2019年底,"一村一园"计划已在我国11个中西部省份的33个县广泛实施。[2]项目的开展提升了儿童的认知和非认知能力,缩小了城乡儿童发展水平的差距,为农村儿童健康发展奠定良好基础,对贫困家庭从根本上脱贫产生了深远影响。[3]

第三节 小 结

通过梳理中国目前具有代表性的儿童发展干预项目及其试点,我们发现这些项目涵盖了儿童发展的整个阶段并涉及儿童发展的多个领域。针对0—6岁婴幼儿,项目主要以早期养育干预和营养干预为主要内容,以机构为依托、以社区为基础进行综合性干预,有效提高了儿童在认知功能、行为、情绪控制和社会互动等方面的能力。这些项目的初步成果,让我们有信心进一步开发儿童发展干预项目。

根据国际经验,干预项目从试点到大规模推广过程中,伴随一系列的挑

---

[1] 人民网-教育频道."一村一园"、"慧育中国":让每个农村孩子在健康的环境中成长[EB/OL].(2019-06-03). http://edu.people.com.cn/GB/n1/2019/0603/c367001-31117032.html.
[2] "一村一园"计划课题组,卢迈,方晋等.教育精准扶贫:"一村一园"计划乐都十周年效果评估[J].华东师范大学学报(教育科学版),2021,39(7):107—126.
[3] 卢迈,方晋,杜智鑫等.中国西部学前教育发展情况报告[J].华东师范大学学报(教育科学版),2020,38(1):97—126.

战,只有及时全面总结经验,积极应对、防范风险,才可以为项目的可持续发展和进一步的转化研究及应用奠定基础,这些经验包括:

第一,需要打造稳定的、可持续提供服务的地方团队。持续干预对儿童发展具有重要意义,政府在发挥监管和指导作用的同时,也要给予地方团队足够的支持与宣传。

第二,需要在地方政府与社会公益机构相结合的方式的基础上,引入具有相同理念的全国性组织(如协会、扶贫机构、科研院所)共同参与执行,各取所长,分担责任,降低风险。[1]

第三,需要拓展干预项目内容。目前早期干预主要集中在早期养育、学前教育、儿童营养改善等社会试验。然而,随着城镇化进程的不断加快、程度的不断加深,留守儿童数量不断增加,中国贫困农村学生的心理健康落后于中国较发达的城市地区的同龄人,因此需要发展关于心理健康、家庭关系、亲社会技能等多方面的干预项目。

第四,需要加强项目监测和评估,尤其在项目早期开发和试点测试阶段,开展形成性评估,及时发现项目存在的挑战,在项目开展的不同阶段及时对项目的实施情况进行调整。

第五,需要关注持续性干预对开展儿童工作的影响,在干预结束的一段时间里,也有必要对干预的服务对象进行适当时长的跟踪随访,以便观察干预效果是否能够在接下来的生命周期中持续。如有条件,可以设计队列研究,通过持续性干预所形成的工作记忆,探究其在儿童的认知功能、行为、情绪控制和社会互动中发挥的作用。

第六,需要将科学研究与干预服务有机结合,因地制宜,因时制宜,以研究指导干预服务,以干预服务促进研究。使用科学严谨的研究设计,开发并推广具有中国本土特色、具备可行性和可持续性的干预项目,为社会各界提供清晰、科学的研究结果,为政策制定者提出创新性的政策措施提供实证依据,推动国家政策的制定。

---

[1] 卜凡.构建促进农村地区儿童早期发展服务体系的思考——以"慧育中国:山村入户早教计划"为例[J].人口与健康,2021(9):21.

图书在版编目(CIP)数据

中国家庭教育与儿童发展蓝皮书.2023 / 吴晓刚主编；缪佳副主编.— 上海：上海社会科学院出版社，2024
ISBN 978-7-5520-4328-0

Ⅰ.①中… Ⅱ.①吴…②缪… Ⅲ.①家庭教育—研究报告—中国—2023 ②少年儿童—研究报告—中国—2023 Ⅳ.①G78 ②D432.5

中国国家版本馆 CIP 数据核字(2024)第 053080 号

中国家庭教育与儿童发展蓝皮书(2023)

主　　编：	吴晓刚
副 主 编：	缪　佳
责任编辑：	杜颖颖
封面设计：	裘幼华
出版发行：	上海社会科学院出版社
	上海顺昌路 622 号　邮编 200025
	电话总机 021-63315947　销售热线 021-53063735
	https://cbs.sass.org.cn　E-mail:sassp@sassp.cn
照　　排：	南京理工出版信息技术有限公司
印　　刷：	浙江天地海印刷有限公司
开　　本：	710 毫米×1010 毫米　1/16
印　　张：	10.5
字　　数：	177 千
版　　次：	2024 年 4 月第 1 版　2024 年 4 月第 1 次印刷

ISBN 978-7-5520-4328-0/G·1303　　　　　定价:75.00 元

版权所有　翻印必究